本书受中南财经政法大学出版基金资助

中南财经政法大学
青|年|学|术|文|库

传统社会的纠纷预防机制
——以明清地缘社会为中心

陈会林　著

中国社会科学出版社

图书在版编目（CIP）数据

传统社会的纠纷预防机制：以明清地缘社会为中心 / 陈会林著 . —北京：
中国社会科学出版社，2014.10
（中南财经政法大学青年学术文库）
ISBN 978 - 7 - 5161 - 4657 - 6

Ⅰ. ①传… Ⅱ. ①陈… Ⅲ. ①民事纠纷 - 研究 - 中国 - 明清时代
Ⅳ. ①D925. 102

中国版本图书馆 CIP 数据核字（2014）第 186057 号

出 版 人	赵剑英
选题策划	田 文
责任编辑	金 泓
责任校对	周 昊
责任印制	王炳图

出 版	中国社会科学出版社
社 址	北京鼓楼西大街甲 158 号 （邮编100720）
网 址	http://www.csspw.cn
	中文域名：中国社科网 010 - 64070619
发 行 部	010 - 84083685
门 市 部	010 - 84029450
经 销	新华书店及其他书店

印刷装订	北京市兴怀印刷厂
版 次	2014 年 10 月第 1 版
印 次	2014 年 10 月第 1 次印刷

开 本	710×1000 1/16
印 张	17.5
插 页	2
字 数	300 千字
定 价	55.00 元

凡购买中国社会科学出版社图书，如有质量问题请与本社联系调换
电话：010 - 64009791

总　序

　　一个没有思想活动和缺乏学术氛围的大学校园，哪怕它在物质上再美丽、再现代，在精神上也是荒凉和贫瘠的。欧洲历史上最早的大学就是源于学术。大学与学术的关联不仅体现在字面上，更重要的是，思想与学术，可谓大学的生命力与活力之源。

　　中南财经政法大学是一所学术气氛浓郁的财经政法高等学府。范文澜、嵇文甫、潘梓年、马哲民等一代学术宗师播撒的学术火种，五十多年来一代代薪火相传。世纪之交，在合并组建新校而揭开学校发展新的历史篇章的时候，学校确立了"学术兴校，科研强校"的发展战略。这不仅是对学校五十多年学术文化与学术传统的历史性传承，而且是谱写21世纪学校发展新篇章的战略性手笔。

　　"学术兴校，科研强校"的"兴"与"强"，是奋斗目标，更是奋斗过程。我们是目的论与过程论的统一论者。我们将对宏伟目标的追求过程寓于脚踏实地的奋斗过程之中。由学校斥资资助出版《中南财经政法大学青年学术文库》，就是学校采取的具体举措之一。

　　本文库的指导思想或学术旨趣，首先，在于推出学术精品。通过资助出版学术精品，形成精品学术成果的园地，培育精品意识和精品氛围，提高学术成果的质量和水平，为繁荣国家财经、政法、管理以及人文科学研究，解决党和国家面临的重大经济、社会问题，作出我校应有的贡献。其次，培养学术队伍，特别是通过对一批处在"成长期"的中青年学术骨干的成果予以资助推出，促进学术梯队的建设，提高学术队伍的实力与水平。再次，培育学术特色。通过资助在学术思想、学术方法以及学术见解等方面有独到和创新之处的成果，培育科研特色，力争通过努力，形成有我校特色的学术流派与学术思想体系。因此，本文库重点面向中青年，重点面向精品，重点面向原创性学术专著。

春华秋实。让我们共同来精心耕种文库这块学术园地，让学术果实挂满枝头，让思想之花满园飘香。

2009 年 10 月

Preface

A university campus, if it holds no intellectual activities or possesses no academic atmosphere, no matter how physically beautiful or modern it is, it would be spiritually desolate and barren. In fact, the earliest historical European universities started from academic learning. The relationship between a university and the academic learning cannot just be interpreted literally, but more importantly, it should be set on the ideas and academic learning which are the so – called sources of the energy and vitality of all universities.

Zhongnan University of Economics and Law is a high education institution which enjoys rich academic atmosphere. Having the academic germs seeded by such great masters as Fanwenlan, Jiwenfu, Panzinian and Mazhemin, generations of scholars and students in this university have been sharing the favorable academic atmosphere and making their own contributions to it, especially during the past fifty – five years. As a result, at the beginning of the new century when a new historical new page is turned over with the combination of Zhongnan University of Finance and Economics and Zhongnan University of Politics and Law, the newly established university has set its developing strategy as "Making the University Prosperous with academic learning; Strengthening the University with scientific research", which is not only a historical inheritance of more than fifty years of academic culture and tradition, but also a strategic decision which is to lift our university onto a higher developing stage in the 21st century.

Our ultimate goal is to make the university prosperous and strong, even through our struggling process, in a greater sense. We tend to unify the destination and the process as to combine the pursuing process of our magnificent goal with the practical struggling process. The youth's Academic Library of Zhongnan University of Economics and Law, funded by the university, is one of our specific measures.

The guideline or academic theme of this Library lies first at promoting the publishing of selected academic works. By funding them, an academic garden with high – quality fruits can come into being. We should also make great efforts to form the awareness and atmosphere of selected works and improve the quality and standard of our academic productions, so as to make our own contributions in developing such fields as finance, economics, politics, law and literate humanity, as well as in working out solutions for major economic and social problems facing our country and the Communist Party. Secondly, our aim is to form some academic teams, especially through funding the publishing of works of the middle – aged and young academic cadreman, to boost the construction of academic teams and enhance the strength and standard of our academic groups. Thirdly, we aim at making a specific academic field of our university. By funding those academic fruits which have some original or innovative points in their ideas, methods and views, we expect to engender our own characteristic in scientific research. Our final goal is to form an academic school and establish an academic idea system of our university through our efforts. Thus, this Library makes great emphases particularly on the middle – aged and young people, selected works, and original academic monographs.

Sowing seeds in the spring will lead to a prospective harvest in the autumn. Thus, Let us get together to cultivate this academic garden and make it be opulent with academic fruits and intellectual flowers.

Wu Handong

2009. 10

自　序

一

　　人类生活的多样性与社会价值的多元性，决定了社会各主体的不同价值取向，决定了人类社会难免出现不同的利益归属与恩怨情仇，人类社会因此从产生的那一天开始，便伴随着不同的矛盾或纠纷——社会主体之间的利益对抗状态。这正如清代著名知县崔述所说的，"自有生民以来，莫不有讼。讼也者，事势之所，必趋人情之所断，不能免者也。"① 过去儒家追求的"无讼"，道家所说的"鸡犬之声相闻，民至老死不相往来"，这些从来就只是一种理想。以西方社会法学和制度法学的思维来看，纠纷乃是社会存在的一种"基本事实"②，一种"应然"与"实然"有机结合的"制度性事实"。③ 在唯物辩证法中，纠纷普遍存在是"矛盾普遍性"规律的反映。总之，社会纠纷是一种客观的社会现象，没有纠纷的社会是不存在的。④ 现在中国人所说的"和谐社会"——"民主法治、公平正义、诚信友爱、充满活力、安定有序、人与自然和谐相处"的社会——是权利主体处于相互协调状态、纠纷解决得比较好的社会，这种社会只是纠纷较少或纠纷解决得比较好的社会，并不是没有纠纷的社会。

---

　　① （清）崔述：《无闻集》卷之二《讼论》，载顾颉刚编订《崔东壁遗书》，上海古籍出版社1983年版，第701—702页。

　　② 例如法国的莱翁·狄骥认为社会连带关系是社会存在的基本事实（第一因素）而不是某种道德观念。

　　③ 英国麦考密克和奥地利魏因贝格尔共同创立的制度法学（分析实证主义法学支派之一）认为"事实"有两种：一是纯物质事实（brute fact）或原始事实；二是制度事实（institutional fact）或受人制约的事实，例如语言、合同、婚姻、比赛、习俗、法律等，后者是既有应然因素又有实然因素的"事实"。

　　④ 相关的具体论述参见范忠信教授的《纠纷解决是和谐社会的第一要义》，《湖北大学学报》2008年第6期。

　　既然从社会总体而言，纠纷不可能杜绝①，那我们为什么还要研究纠纷的预防？社会纠纷有可能被预防掉吗？

　　从终极意义上讲，纠纷有积极纠纷与消极纠纷之分。例如，表达正当权利诉求所引起的利益冲突就是一种积极纠纷，而违法犯罪导致的社会失序则是典型的消极纠纷。对于社会的意义，社会纠纷是一把双刃剑。

　　西方传统的社会学观点都把纠纷或冲突视为负面的破坏现象。例如结构功能主义学派认为冲突意味着功能失调，均衡才是社会的"正常"状态。美国社会学家伦德堡（George A. Lundberg，1895—1966）在《社会学基本原理》（The Foundations of Sociology）一书中强调，沟通是社会过程的基础，而"断绝沟通就是冲突的实质"②；帕森斯（Talcott Parsons，1902—1979）说"阶级冲突是我们现代工业社会的特有病态"③，他强调社会系统静态的均衡，认为冲突是一种社会"病态"（Disease）。

　　但西方的现代社会学学者大都不再认为纠纷或冲突只具有负面作用，而是强调它是一把双刃剑。德国社会学家齐美尔（Georg Simmel，1858—1918，被西方学者称为"第一个论现代性的社会学家"）在《冲突论》（Conflict）和《冲突与团体成员间的关系网》（Conflict & the Web of Group Affiliations）两本书中，反复论证了两个观点：第一，社会冲突是人们社会交往的一种不可避免的主要形式；第二，社会冲突的作用并非完全是消极的，它同时也具有一些积极的作用。④ 为此他提出了一系列命题，例如：（1）"一定程度的不一致、内部分歧和外部争论，恰恰是与最终将群体联结在一起的因素有着有机的联系……敌意不仅能保持群体的疆界以防其缓慢消失，而且还会经常向阶级和个人提供他们自己不能发现的交互性地位"⑤；（2）"一个成员与另一个同伙的对立，并不是一种纯粹消极的社会因素……如果我们甚至连反抗暴政、专制及令人不愉快和感到不得体的事物的力量和权利都没有，我们就无法与那些使我们深受其害的人建立关

---

　　① 从社会个体而言，纠纷也许是完全可能被消除的，例如某人一辈子不与其他任何人发生纠纷，这在理论上和事实上都是可能的。

　　② Lewis A. Coser, *The Functions of Social Conflict* (New York: The Free Press, 1956), p. 23.

　　③ Talcott Parsons, "*Social Classes and Class Conflict*", American Economic Review, Vol. 39, No. 3, May 1949, p. 18.

　　④ ［美］D. P. 约翰逊（Doyle P. Johnson）：《社会学理论》（Sociological Theory），南开大学社会学系译，国际文化出版公司 1988 年版，第 336—366 页。

　　⑤ ［美］L. 科塞：《社会冲突的功能》，孙立平译，华夏出版社 1989 年版，第 17 页。

系。我们就会感到应采取一种铤而走险的步骤"。① （这使我们联想起当今中国的很多社会纠纷是如何恶化成刑事案件或重大群体事件的）（3）"在冲突仅仅是一种由更高目标所决定的手段时，就没有道理去限制或避免它"。② "比如，一个为了增加工资、提高自己的地位或增加他的工会的权利而参加罢工活动"，这里的劳资纠纷就是不必预防的，"因为它是获得某种结果（如更高的地位、更大的权利、更多的经济报酬）的手段"。③

美国社会学家 L. 科塞（Lewis A · Coser，1913—2003）的《社会冲突的功能》（*The Functions Of Social Conflict*）一书，其写作主旨就是要"校正"过去人们认为纠纷只具有负面功能的"偏见"。他说："社会冲突不仅仅是'起分裂作用'的消极因素；社会冲突还可以在群体和其他人际关系中承担起一些决定性的功能；比如，它可以有助于维护群体的疆界"，可以"增强特定社会关系或群体的适应和调适能力"。④ 科塞强调："冲突对其发生于其中的关系并不总是反功能的；冲突经常是为维护这种关系所必须的"⑤；"冲突可能有助于消除某种关系中的分裂因素并重建统一"⑥；"互相'排斥'，通过在不同群体间建立一种平衡而使整个社会系统得到了维持"⑦。

西方现代社会法学家的基本共识是："强调社会冲突的（正面）功能方面并不意味着否认某些冲突的确会破坏群体的团体，也不否认它会导致特定社会结构的解体"。⑧ "稳定"本身是个中性词，可能意味着良性的秩序，也可能意味着保守、滞后、不公平，酝酿着危机的秩序。表面的稳定可能在为激烈的社会动荡酝酿爆发力，良性、持续的政治发展才能为社会与政治稳定提供长治久安的活力。⑨ 不和谐虽是社会的固有特征，但可以通过社会秩序的调整来缓解冲突，保持一种动态的平衡与和谐，并在冲突

① ［美］L. 科塞：《社会冲突的功能》，孙立平译，华夏出版社 1989 年版，第 24 页。
② 同上书，第 34 页。
③ 同上书，第 36—37 页。
④ 同上书，前言。
⑤ 同上书，第 33 页。
⑥ 同上书，第 67 页。
⑦ 同上书，第 18 页。
⑧ 同上书，前言。
⑨ 参见江振昌《机制与变迁：中国信访制度的存废争议》，《远景基金会季刊》第 7 卷第 4 期，2006 年 10 月。

与缓解的互动中寻求发展。

与西方的情形相类似，传统中国也曾经视所有纠纷为恶。中国传统主流文化把和睦视为"善"，把争讼视为"恶"，把纠纷本身抽象地看作是破坏和谐的一种罪过，主张"和为贵，权为次"，"和气生才"，"天时不如地利，地利不如人和"①。位于百经之首的《易经》中，"讼"卦基本上是一个凶卦，其卦辞是："有孚（俘），窒（刑具）。惕，中吉，终凶。利见大人。不利涉大川。"② 意思是，讼意味着有羁押有刑具，因此要特别警惕。即使中期平安，但终有凶险。遇到公正的裁判者可能会有利，否则就像"涉大川"一样凶险无比。总之，筮遇此卦，中吉终凶。在当代中国，已有学者开始特别意识到纠纷功能的多面性。例如何兵教授指出："和谐社会并非是一个没有纠纷的桃花源，一个人们梦中的'太平'盛世。纠纷不仅是人类社会的通则，而且，纠纷对于调整生活规则、促进社会发展、清醒人们的头脑，都有积极意义。"③

既然纠纷有积极的纠纷和消极的纠纷，那么预防纠纷就有了存在的空间，预防消极纠纷或可能导致消极后果的纠纷就有了应然性与合理性。预防全部纠纷既不可能也不必要，但预防消极纠纷是既可能也是必要。在社会治理层面上，我们可以把有选择地预防消极纠纷称为"纠纷的弹性预防"，把不加区别地强制预防所有纠纷称为"纠纷的刚性预防"。我们应该追求的是纠纷的弹性预防而非刚性预防，刚性预防纠纷永远只能是一种愿景，而且是一种可能在现实中造成难以预料之后果的愿景。

上述思想是本书研究的语境和立论的前提。

二

与视所有纠纷为恶的价值判断相一致，古代中国的主流意识主张对纠纷进行刚性预防，认为没有纠纷的社会是最好的社会。《中庸》说："预则立，不预则废"；《论语》讲："人无远虑，必有近忧"；《黄帝内经·素问》讲得更透彻："圣人不治已病治未病，不治已乱治未乱，此之谓也。夫病已成而后药之，乱已成而后治之，譬犹渴而穿井，斗而铸锥，不亦晚乎。"这些都是传统中国特有的预防理念。传统法文化之所以重礼轻刑，

---

① 《孟子·公孙丑下》。

② 《易经·讼卦》。

③ 何兵：《和谐社会与纠纷解决机制》"序"，北京大学出版社 2007 年版。

其原因之一就是"礼者禁于将然之前，而法者禁于已然之后。"① 预防和杜绝所有纠纷，建设绝对和谐的社会，在古代中国，既是官方对民间社会组织的政治要求，也是民间社会组织自定的政治使命。清代台湾地区的乡庄《庄规》规定"各庄总董庄正副责任大端，无非约束庄众、和睦乡邻之事"②。明代南直隶徽州府祁门县仙桂乡二十都的"文堂乡约"的约规强调该约人际关系要保持"父子相亲，兄弟相友，长幼相爱，夫妇相敬，朋友相信"③ 的状态。

古代中国是集农耕文明、宗法社会、熟人社会、中央集权、君主专制等因素于一体的非民主非法治社会，公平意识淡漠，维权意识欠缺，奉行重让非争、息事宁人的人生哲学。在这样的社会中强调刚性预防纠纷，并非完全没有合理性与必要性。但在追求民主法治的今天，如果仍将刚性预防纠纷作为社会治理目标与司法理念则是有问题的，是同现代法治要求相冲突的。在民主法治社会，从社会个体来讲，公民的权利恰恰是可能要通过发生和解决纠纷来实现的，对纠纷的刚性预防很可能就是对维权途径的阻灭；从社会总体来讲，纠纷及其解决并不总是使社会产生混乱，不仅纠纷及其解决与社会的混乱没有必然的关系，而且在一定程度上，某些纠纷还可能是一个社会的法律秩序得以稳定的条件。一个稳定而繁荣的现代社会可能是通过无数纠纷的产生和解决（包括诉讼）来实现的。

既然如此，那么现在研究传统中国的纠纷预防机制，包括研究传统中国民间社会的纠纷预防机制，还有什么意义？

我们认为这种研究是有意义的，而且有很大的意义。第一，从纠纷之弹性预防与刚性预防的关系来说，二者所用的方法措施大多是相通的。传统中国基于刚性预防理念的纠纷预防机制，在一般情况下同样适合于弹性预防纠纷。第二，从古今关系来说，中国在数千年的实践或试错中形成的纠纷预防机制，无疑可以为当今"维稳"机制的健全和完善提供传统方面的经验与智慧。第三，从官民关系来说，在中国"国家"与"社会"二元结构客观存在但这二元并非像西方那样必然存在对立紧张关系（这是中

①《大戴礼记·礼察》。

② 张磊：《清末台湾北部乡治组织的法律考察》，附录一《庄规四则》，硕士学位论文，中南财经政法大学，2007年。

③《隆庆［祁门］文堂乡约家法》，明隆庆刻本，原件藏安徽省图书馆。

国的传统①）的特定国情中，民间预防纠纷与国家预防纠纷具有一致性。当今中国已在强调民间组织预防纠纷的作用，2006 年中共中央发布的《关于构建社会主义和谐社会若干重大问题的决定》中，"推进社区建设"和"健全社会组织"两项任务和内容都涉及加强民间组织建设、促进社会纠纷预防与解决的问题。

<h2 style="text-align:center">三</h2>

　　本书是在上述语境下对中国传统社会纠纷预防机制的一个梳理，亦系《地缘社会解纷机制研究——以中国明清两代为中心》② 一书的姊妹篇，旨在通过以点带面地考察和深度解读传统中国预防社会纠纷的历史实情，揭示其通过有效预防社会纠纷而实现社会和谐的机制与规律，为当代中国必要的社会纠纷预防机制建设，乃至法治社会与和谐社会建设以及地方自治建设寻找新突破口和新思路，提供传统方面的思想借鉴和法制资源。

　　本书所谓纠纷预防机制是指特定主体在特定理念指导下通过具体的方式有效预防社会纠纷，以维护社会和谐，促进社会发展的范式。无论是纠纷解决还是纠纷预防，其主体历来包括国家机关和民间社会（包括组织与个人）两大方面；社会组织有血缘社会、地缘社会、业缘社会、信缘社会、江湖社会等具体形式。地缘社会是指人类以地理因素（包括自然地理因素和人文地理因素）为主要机缘或纽带而形成的民间生活共同体形式，其具体组织形式在明清时期有乡里组织、乡约组织、同乡社会组织、乡间结社组织、乡间集会组织等。传统地缘社会虽然在古代社会纠纷预防中的总体作用亚于血缘（宗法）社会，但它是最能与现代乡村、社区或基层行政组织对接的民间社会形式，研究它具有直接的现实意义。

　　本书本着"切入主流、干预社会"的学术精神和"开拓新领域、挖掘新材料、掌握新方法、得出新结论"③ 的学术理念展开研究。

---

　　① 对于古代中国的这种情形，陈会林著《地缘社会解纷机制研究》（中国政法大学出版社 2009 年版）第八、九章有专门论述，至于当今的情况则有待另外深入研究。

　　② 陈会林：《地缘社会解纷机制研究——以中国明清两代为中心》，中国政法大学出版社 2009 年版。

　　③ 国学大师陈寅恪指出："一时代之学术，必有其新材料与新问题。取用此材料，以研究问题，则为此时代学术之新潮流。治学之十，得预于此潮流者，谓之预流（借用佛教初果之名）。其未得预者，谓之未入流，此古今学术之通义，非彼闭门造车之徒，所能同喻者也。"（陈寅恪：《〈陈垣敦煌劫馀录〉序》，《金明馆丛稿二编》，上海古籍出版社 1980 年版）。

先说"切入主流、干预社会"的学术精神。德国哲学家费希特1794年在《论学者的使命》一文中说：学者的真正使命是"高度注视人类一般的实际发展进程，并经常促进这种发展进程"，"他应当尽力而为，发展他的学科"，"为社会服务，他要优先地、充分地发展他本身的社会才能、敏感性和传授技能，真正用于造福社会"。① 这些年来，笔者把这一精神概括为"切入主流、干预社会"并以此指导自己的研究，抱着参与和尝试的态度，进行经世致用的学术研究。这里的"主流"主要是指国家要及时解决的、社会所关注的重大政治法律问题；"社会"乃是指代民生、民权之类以及自己置身其中的生活共同体之发展变化问题。"切入主流、干预社会"所要表达的整体意思是：学术研究要在"中国问题意识"主导之下，主动运用学术话语权，积极参与焦点热门问题的讨论，以此促进或影响问题的解决，为社会进步做一点至少自认为是贡献的一点贡献！法学研究，不仅要有前瞻视角与全球视野，还要有"知屋漏者在宇下，知政失者在草野"的草根情怀；不仅要考察和反思国家法律，还要关注这些法律背后的隐性规则与运行实效。当年国学大师刘文典在清华大学教学生写文章，仅授以"观世音菩萨"五字，"观"乃观察社会生活；"世"乃洞察世故人情；"音"乃讲究音韵，也就是注意表达；"菩萨"则是关爱众生、匡扶正义。这五字与上面八字的意思相近。

再说"开拓新领域、挖掘新材料、掌握新方法、得出新结论"。这里的"新"，体现在本研究中，准确地说应该是一种探索创新的努力，或者说有一些"新"的元素。（1）关于"领域"。本书试图别开生面，突破过去研究传统社会纠纷问题主要立足于血缘宗法社会的单向进路。本书聚焦于地缘社会，但同时注意地缘社会与其他民间社会组织交叉互补、涵摄对接的开放性特征。这种努力或许可以为相关研究的深入提供新路径。此外，本书研究强调以传统中国基层社会前民主意义上的社会自治为视角或语境，这也就是费孝通所说的"（古代）中国虽没有政治民主，却有社会民主"②。（2）关于"材料"。本书通过大量原始史料及实例展示明清时期各类地缘社会组织参与纠纷预防的历史实情。这些史料主要有八大类：乡治乡约法律文献、契约文书、州县档案、碑刻馆志、律典圣谕、民俗方

---

① ［德］费希特：《论学者的使命　人的使命》，梁志学、沈真译，商务印书馆1984年版，第40—41页。

② 费孝通：《乡土中国　生育制度》，北京大学出版社1998年版，第65页。

志、公牍笔记、家谱族规等。这些材料在本书中大都属于"旧材新用"，也就是用旧材料研究新问题。值得特别一提的是，本书在研究"文会"这一古代中国非常先进的民间地缘社会组织时，用到了中国徽学研究中心所藏的稀世孤本《呈坎潨川文会簿》。本书首次将《呈坎潨川文会簿》中的四个"序言"和"会规"全文断句、标点、注释之后迻录于附录之中。（3）关于"方法"。本书将以历史法学理念和法律社会学方法为主，辅之以解释学和比较研究的方法进行研究。这些方法在本书中属于"旧法新用"，主要是将上述四种方法系统运用于同一个问题的研究中，形成一个方法上的"组合拳"，这可能是一种新的尝试。这种系统运用贯穿着"历史学→社会学→法学"这样一种研究理路，在方法论意义上，历史学是社会学研究的起点，社会学是法学研究的起点。（4）关于"结论"。本书的研究目标是归纳和阐释中国传统地缘社会组织预防纠纷的机制，揭示中国传统法律文化的特质和精神，把握体现中国"民族精神"、"民族性格"的民族法制，深入认识在官方制度和信息构成的显性的"大传统"之下由民间惯习和信息构成的隐性的"小传统"。在此目标之下，本书主要想证成三个方面的命题：1）中华民族不仅有追求社会和谐的特殊传统[1]，而且有实现这种和谐的特别智慧与手段，地缘社会的纠纷预防机制就是这种智慧与手段的重要组成部分。2）社会纠纷预防机制的要素包括纠纷预防的主体、纠纷预防的理念和纠纷预防的方式三个方面。地缘社会在明清时期的纠纷预防主体主要是乡绅；理念主要是"和为贵"和"贵绝恶于未萌"，其中"和为贵"强调和睦重于维权，"贵绝恶于未萌"强调预防重于调处；预防纠纷的方式主要是教化、救助、维权及其三者的结合，其中教化是主导、救助是根本、维权是保障。3）提出并论证传统社会预防纠纷的活动是当时社会自治的表现，是与国家治理并列的和谐社会建设活动。这种自治是管理性的民间自治，不是分权意义上政治性的地方自治；

---

① ［英］李约瑟说："古代中国人在整个自然界中寻求秩序与和谐，并将此视为一切人类关系的理想。"（潘吉星主编：《李约瑟文集：李约瑟博士有关中国科学技术史的论文和演讲集》，陈养正等译，辽宁科学技术出版社1986年版，第338页）与西方相比尤其如此，因为"古代的西方和东方都崇尚和谐，然而彼此有别。西方所崇尚的主要是艺术上的和谐，对政治上、社会上乃至世界上的和谐殊少关注；东方的中国所崇尚的和谐则如气之充盈于天地之间，几乎无所不在"。（张正明：《和谐境界浅说》，载湖北省炎黄文化研究会编《传统文化与和谐社会》，香港天马出版有限公司2005年版，第10页）

这种自治是社会组织依法管理社会内部事务的内向度自治，不是自治组织分享国家政治权力的外向度自治，因而并不必然构成与国家治理的紧张关系。

以上文字是笔者特别想向读者交待和说明的内容。

是为序。

陈会林

2013 年 5 月于武昌晓南湖畔法律文化研究院

目　录

导　　论

一　研究的问题与思路

（一）研究的问题

本书主要是从法社会学的角度考察和解读中国明清时期（1368—1911年）各类地缘社会组织参与纠纷预防的历史实情，探清它们在什么角色主导之下、以什么样的理念、通过什么方式预防或减少当时社会纠纷的发生，从而保持了当时基层社会的相对稳定与和谐，进而管窥整个中国传统社会纠纷预防机制的基本状貌与现代价值。这一研究主要目的是为健全中国当前的乡村或社区自治机制、社会消极矛盾预警，特别是必要的群体纠纷事件防治机制，以及促进当代中国的法治社会与和谐社会建设提供传统方面的借鉴思路和法制资源。在"社会"五大形式（地缘社会、血缘社会、业缘社会、信缘社会、江湖社会）中，地缘社会是最能与今天民间社会对接贯通的社会组织形式。

本书所谓纠纷预防机制是指特定主体在特定理念指导下通过具体方式有效预防社会消极纠纷，以维护社会和谐，促进社会发展的范式。严格来说，纠纷发生后的解决机制也有预防纠纷再发或恶化的作用，正如美国学者戈尔丁所说的，"类法律式的解决纠纷可以发挥预防或处理纠纷的作用"[①]，但本书暂不对此专门研究。

（二）研究的思路

本书主要从背景交代、概念梳理、历史还原、文化解读、基本结论五个大的块面展开研究。（1）背景交代。主要考察传统中国对待社会纠纷的一般态度（第一章）以及预防纠纷的基本思路（第二章）。（2）概念梳理。主要是理清明清时期地缘社会的基本情况以及可能遭遇的社会纠纷（第三章）。（3）历史还原。通过整理史料，拼合历史碎片，大致探清明

[①]　[美]马丁·P. 戈尔丁：《法律哲学》，齐海滨译，生活·读书·新知三联书店1987年版，第211页。

清时期五种地缘社会组织参与纠纷预防的实情（第四至第八章）。这一部分是本书研究内容的主体。（4）文化解读。通过逻辑归纳和学理分析，从整体和宏观上揭示传统地缘社会组织预防社会纠纷的机制的内容（第九章）。（5）基本结论。在观今鉴古、反省现实的基础上，理出传统地缘社会预防纠纷之机制中的智慧因素，指明其中可供现实借鉴参考的具体思路与资源。

二　基本概念

（一）社会与地缘社会

本书考察和讨论的纠纷预防，其主体是社会而非国家。要说清传统社会、地缘社会，必须先说清"社会"。

1. 社会

什么是"社会"？我们不能仅仅从社会关系、人际交往、公共生活的角度来理解"社会"。"社会"（society）的本义是结社和集会，原生态的"社会"就是以"结社"和"集会"的形式与活动构建起来的人类生活共同体①，其要义是自由人的自由联合，是人民在国家安排以外自发组织起来满足自身特定需要的组织形态；是一群具有自主权利的人通过特定机缘（血缘、地缘、业缘等）而组成的，没有朝廷命官或不直接通过国家权力管束的各类生活共同体与民间公共关系载体。本书所谓"社会"，除了在乡村结社组织、乡间集会组织中用到了一种与祭祀土地神相关的具体"社

---

① 其他社会形式都由这两种形式发展而来。现今所用的"社会"有多种意义，主要是三种：（1）广义的社会，即人类存在形态意义上的社会，指与自然界相对应的人类生活共同体。马克思讲："生产关系总合起来就构成所谓社会关系，构成为所谓社会，并且是构成为一个处于一定历史发展阶段上的社会，具有独特的特征的社会。"（《马克思恩格斯选集》第 1 卷，人民出版社 1972 年版，第 363 页）这种"社会"在马克思主义那里可以分为原始社会、封建社会、资本主义社会、共产主义社会（初级阶段是社会主义社会）等不同阶段或形态；西方资本主义主流政治学说认为广义的社会包括国家和市民社会（民间社会）两部分。（2）中义的社会，即与国家相对的民间组织或社团共同体，也就是因特定机缘而形成的、与国家或个人相对的民间生活共同体。这种"社会"概念源于西方的国家与社会二元对立观念。地缘社会、血缘社会、业缘社会、信缘社会等都是这种社会的具体形式。马克斯·韦伯社会分层理论中的"社会"，美国唐纳德·布莱克的法律运行理论中的"社会"，都是这种意义上的社会。（3）狭义或具体的"社会"，即中国民间与祭祀土地神相关的集会或结社组织。以上三种社会的外延依次形成整体与部分的关系，即人类生活共同体意义上的社会包括民间社会，民间社会又包括具体的社会。本书所用的"社会"，除了后面的乡村结社组织和乡间集会组织中用到上述具体的"社会"之外，其余地方都是中义的社会。

会"之外，都是上述意义上的一般"社会"。

（1）社会是与国家相对（但并非必然对立）的民间共同体

本书的讨论是以这样一种预设——人类在文明时代的生活共同体存在着一种国家与社会二元并存的结构——为前提的。从中世纪国家与教会的权力博弈，到近现代民族国家与市民社会的相对分离，人们都在高度关注"国家—社会"这样一种二元结构形式。上述"社会"是与国家和个人相对应的民间共同体组织形式。在西方或近现代中国的政治观念或学说中，与"国家"形成二元对立的东西实际上是"市民社会"（Civil Society）。"市民社会"在西方原本指城邦文明的生活状态，到了中世纪便成为对抗中央专制集权的政治形式，近代启蒙思想家们的契约理论认为市民社会先于国家并决定国家，社会权力先于并决定国家权力，根本矛头直指当时的专制国家。这种市民社会理论成为资产阶级革命的理论武器和思想先导。现代西方虽然赋予了市民社会以私人领域、公共领域、志愿社团、社会运动等结构要素和个人主义、多元主义、民主参与、法治原则等价值取向[①]，注重国家与社会的互动而不是对立，但国家与社会作为人类生活共同体的二元结构要素的基本思路并未发生本质变化。"国家—社会"二元结构说成为西方关于人类生活共同体结构要素理论的主流，成为社会学和政治学研究的经典分析框架。

（2）古代中国也存在与国家相对应的"社会"

从制度意义上讲，古代中国不存在西方那样与国家分享政治权力、关系对抗而紧张的教会和市民社会，但有别于皇权国家的"民间社会"——没有钦派官员，有时显得"天高皇帝远"，"自治兼佐官治"，以宗族、里甲、乡约等形式表现出来——是客观存在的。在这里，"国家—社会"二元结构至少在形式上没有根本变化，并且在基层呈现出"小政府、大社会"的治理结构。在古代中国，哪怕是在国家专制主义中央集权逐渐走向极端的明清时期，帝国政治生态环境也并没有禁绝民间社会组织的存在。学者周绍泉指出："在中国（传统）社会中，在县以下存在着各种各样的'社会组织'，如以一个村庄和数个临近村庄组成的'乡约'、宗族与家族及其成员组成的'祠会'、由'进学'的人组成的'文会'、以修桥渡河而组成的'桥会'、'船会'、结合节气和风俗，以'游神赛会'为中心的

---

①　参见何增科《公民社会与第三部门》导论，社会科学文献出版社2000年版。

由自然村落组成的'社会'。此外，还有书院、诗社、商会等各种各样的社会组织。它们都在古代社会中起着各自的作用。即在调节和裁处社会区域范围内的纷争与纠葛方面，有资料表明，它们也起着重要的作用。"① 这里所说的"乡约"、"文会"、"桥会"、"船会"等都是地缘社会组织。明清时期州县以下的乡里组织是这种社会的重要形式。这种"社会"有三大特征：一是民间性，它与国家相对，能够实行有限自治；二是因特定机缘（血缘、地缘、业缘等）而形成；三是有一定的组织形式②、共同的价值观念和行为规范。

（3）古代中国"社会"的形式与结构

根据其形成的主要机缘③不同，古代中国比较正式的社会大致可分为五大类：（1）血缘社会，即因血缘关系形成的社会（组织），如宗族、宗亲会等。（2）地缘社会，即以地理因素为主要机缘而形成的社会（组织），如里甲、保甲、乡约、同乡会馆等。（3）业缘社会，即以相同职业或兴趣爱好为主要机缘形成的社会（组织），如产业社会、生产社会、商业社会、职业社会、学术社会、行会、艺趣社会等。在某种意义上，传统的农村也是一种以农业为共同职业的业缘社会④。（4）信缘社会，即基于某种共同的信仰（政治信仰和宗教信仰等）而形成的社会（组织）⑤，包括政治社会（如复社、东林党）、宗教社会（如寺院、教会）等。（5）江湖社会，即通过"义气"、"结拜盟誓"或特定经济目的、生活目的为机缘形成的社会（组织），如帮会、会党，以及部分民间艺人组织、部分秘

---

① 周绍泉：《退契与元明的乡村裁判》，《中国史研究》2002 年第 2 期。

② 这种组织形式可以是固定的、有形的，也可以是松散的、临时的，后者如"吃讲茶"所形成的"社会"。

③ 形成社会的机缘往往是复合的，即有多根联结纽带。例如费孝通曾讲："在稳定的社会中，地缘不过是血缘的投影，不分离的。……世代间人口的繁殖，像一个根上长出的树苗，在地域上靠近在一伙。地域上的靠近可以说是血缘上亲疏的一种反映，区位是社会化了的空间。……血缘和地缘的合一是社区的原始状态。"（费孝通：《乡土中国 生育制度》，北京大学出版社 1998 年版，第 70 页）在这里，血缘纽带与地缘纽带就是重合在一起的。但每一具体社会，其主要纽带只有一根，我们对社会的分类就是以这根主要纽带为依据的。

④ 杨开道指出，中国古代的农村不同于一般的"共同社会"，而应称为以农业为主要职业的"地方共同社会"。见杨开道《农村社会学》，世界书局 1929 年版，第 42—43 页。

⑤ 还有另外两种意义上的"信缘社会"：一是以智慧为主导的社会（又称智缘社会）（参见牛龙菲《超越·民族·音乐》，《交响》1999 年第 1 期）；二是以生产（高科技）信息为特点的社会（参见周凯模《中国民族音乐教育的主体建设与整合意识》，《中国音乐》2000 年第 1 期）。

密社会或黑社会等。上述五类社会里面，都有合法社会和非法社会之分。这些社会一般都参与社会纠纷的预防与解决，古今皆然。秘密社会或黑社会是一种非正式的社会①，虽然也参与甚至热衷于民间纠纷的预防与解决，但往往是官方严厉禁止的。②

"社会"的结构，一般来说有三个层次：社会——组织（领导机构及社会的代表或首领）——自然人（社会的成员）。也就是说，社会有组织，组织之下有自然人。社会之所以是生活共同体，就是因为它有结社、有集会、有组织，是一个有机体，而不是一帮自然人的乌合。各种社会的组织机关，特别是社会的代表或首领，是社会参加预防或解决纠纷等实践活动的实际主体。这些代表或首领在中国历史上的地缘社会中，就是里老人、里长、甲长、保长、约正、会馆首事、会首或社长、中人、公道人等。正是因为社会的具体表现形式是组织，所以本书为了增强直观性，又将"地缘社会"称之为"地缘社会组织"，将"乡约"称之为"乡约组织"。

（4）古代中国"社会"与"国家"的常态关系不是对立而是分工互补

社会与国家的关系，中西情况有差异，例如中国明清时期的情况与西方中世纪的情况就不大一样。第一，西方所言的那种与国家分享政治权利的市民社会在中国明清时期并不存在，中国只有国家政权不直接管理的民间社会，中国当时在形式上相当于或接近于市民社会的就是民间社会③。

---

①　秘密社会或黑社会是一个非法暴力泛滥的世界，私人暴力成为最后的仲裁手段。

②　如《大清律例》"谋反"条例规定："凡异姓人但有歃血定盟、焚表结拜弟兄，不分为数多寡，照谋叛未行律，为首者拟绞监候。其无歃血盟誓焚表情事，止结拜弟兄，为首者，杖一百；为从者，各减一等。"连成立组织都当作"谋反"论处，遑论其解纷活动了。

③　把民间社会视为市民社会，现在已经成为中国学界传统或共识。其中"市民社会"在台湾更多地被直接表述为"民间社会"。这不仅是个翻译的问题，而且有其更复杂的背景因素，"提出民间社会理论，并不是一味翻版西方最新学说，而是基于我们对过去历史实践的反省，以及对理论在实践中的种种偏异、异化、乃至形成'非人化'的'真理政权'的失望与觉悟"。（参见马长山《"民间社会"与"市民社会"的不同旨趣及其对法治进程的影响》，《民间法》第6卷，山东人民出版社2007年版；江讯、木鱼《为民间社会辩护》，《南方》1987年第10期）笔者对这种"背景因素"的理解是：随着1949年新中国的成立，中华传统出现了两种走势，一是大陆的全面抵制或清算，二是台湾在反思中的秉承。台湾市民社会即民间社会的理论与实践，是其将传统与现代结合得比较好的典型事例。西方汉学家如魏菲德、罗威廉、黄宗智等对中国市民社会的实证研究，也往往是立足于明清时期的"民间社会"来考察的。（参见黄宗智主编《中国研究的范式问题讨论》，社会科学文献出版社2003年版）。

第二，明清帝国与民间社会的关系，并非如同西方中世纪国家与市民社会那样对抗或紧张。中国"民间社会"虽然比"市民社会"更具有本土情怀和"民"对"官"的指向性，但这种民间社会本身并不是作为抵御国家权力渗透的力量而存在的，皇权与"民权"在这里有时不仅没有紧张的对抗关系，而且还有某种分工合作的互补关系，此即所谓民间社会"自治兼辅佐官治"的功能，民间社会与国家在总体上呈现出二元分工的结构关系样态。

在古代中国，"社会"作为当时民间社会的组成部分或具体形式，不存在纯粹的国家政权因素，没有直接的政权因素存在。但它与国家的常态关系是非对抗性的，这主要在两个方面体现出来：首先，"社会"中可能存在国家政权的影子，例如里长、保长的举任有时候需要官方批准，部分乡约组织由官方倡办或督办，赋税征纳、谕律宣教等事务更是国家行政的附属或延伸。其次，"社会"的活动大都是国家授权或默许的，与国家具有某种分工合作的因素。比方说，民间社会组织对社会纠纷解决的参与，在某种意义上就是通过分割国家司法权力而表现出来的分工合作方式。

2. 地缘社会的特征

这里所谓地缘社会（The Geographical-link Society），是指以地理因素（包括自然地理因素和人文地理因素）为主要机缘或纽带而形成的社会。这种地缘社会具有鲜明的民间性、乡土性特征。①

地缘社会是由一群居住在相同地方的人民，因为生活或生产的需要，或是因彼此相近的生活形态，或因基层行政区划，在本地或异地逐渐形成的一种相对稳定的群体状态。形成地缘社会的主要纽带既包括自然地理因素也包括人文地理因素。自然地理因素在很大程度上直接表现为区域性，人文地理因素主要表现为行政区划，例如明代惠安县令叶春及说：中国历朝"皇制建府、置县、划乡、分里，以奠民庶，乃立耆老，以佐令敷政

---

① "地缘社会"、"地方社会"、"民间社会"是三个相近而不完全相同的概念。第一，地缘社会不同于地方社会。地方社会是地缘社会的上位概念，地方社会中可以有地缘社会、血缘社会、业缘社会和信缘社会等。第二，地缘社会不能等同于民间社会。地缘社会是民间社会的一部分，民间社会并不都是地缘社会。第三，地缘社会组织是地缘社会的具体表现形式，不过本书一般对地缘社会组织和地缘社会不加区别。

教"①，这里的"建府、置县、划乡、分里"就是人文地理因素，不过地缘社会一般不包括府县。据笔者所知，学界在界定地缘社会时似乎一直都忽略了人文地理因素。

在人类史上，地缘社会由血缘社会嬗变而来。台湾学者周宗贤说："通常一个社会整合凝聚最基本也是最直接的单位和准则是血缘，从很多的初期社会都建立在亲族团体之上就可以得到证明。不过当一个社会的成员日多，范围日广的情况时，由于经济上发生分工，社会功能亦发分化，如此，单靠血缘的关系已无法维系这个复杂的社会了。为了弥补这个缺陷，依据同籍关系的地缘性组织就会产生并被加强运用。"②

地缘社会的结构有两个层级元素：地缘社会组织和地缘社会成员。中国古代的里甲、保甲、乡约组织、同乡会馆、乡村结社组织、乡间集会组织等都是地缘社会的组织形式；乡民、约众、乡绅、社员等是地缘社会及其组织的成员，是地缘社会的真正主体。本书所述的地缘社会解决纠纷，实际的解纷主体是各类地缘社会组织及其首领或代表人物。

（二）纠纷与纠纷预防

本书所谓纠纷预防机制是指特定主体在特定理念指导下通过具体的方式有效预防消极的社会纠纷，以维护社会和谐，促进社会发展的范式。本书考察的这种"特定主体"是以明清时期地缘社会为代表的中国"传统社会"。

1. 社会纠纷是人类生活方式多样性的表现形式

从法社会学的角度看，纠纷（dispute）是指社会主体之间的一种利益对抗状态，"是存在着多个关系人之间的利益对立，他们各自主张自己的利益，处于相互之间没有达成妥协的状态"。③ 社会纠纷是相对于国家纠纷（战争、政治纠纷、国际纠纷等）而言的。一般来说，狭义的纠纷或曰民间纠纷就是指社会纠纷，这种纠纷在古代中国被官方称之为"细故"。以我们今天的眼光来看，"细故"就是民事（纠纷）案件和轻

① （明）叶春及：《惠安政书》，福建人民出版社1987年版，第328页。
② 周宗贤：《血浓于水的会馆》，台湾"行政院"文化建设委员会1988年印行，第8页。
③ ［日］高见泽磨：《现代中国的纠纷与法》，何勤华、李秀清等译，法律出版社2003年版，第10页。

微的违纪违法案件，包括轻微的刑事案件；以明清时期的话语讲，就是"户婚、田土、钱债、斗殴、赌博等细事"①，即"除谋反、叛逆、盗贼、人命及贪赃坏法等重情"以外的纠纷。从程序方面来说，主要是当时只能在法定"放告日"才可以起诉，其他时间当事人起诉官府不受理的纠纷②。

纠纷是人类生活方式多样性的表现形式。这应该从两个方面来理解。第一，所有社会都有纠纷。正如知县崔述③所言："自有生民以来，莫不有讼。讼也者，事势之所，必趋人情之所断，不能免者也。"④ "和谐社会不是没有纠纷的社会，没有纠纷的社会是不存在的。和谐社会只是纠纷解决得比较好的社会。"⑤ 第二，纠纷有积极纠纷与消极纠纷之分。"纠纷不仅是人类社会的通则，而且，纠纷对于调整生活规则、促进社会发展、清醒人们的头脑，都有积极意义。"⑥ 虽然常态的纠纷大都是消极的，对社会的进步与和谐具有损伤破坏性，但有些纠纷具有积极性，对社会的发展和终极和谐具有正能量。例如公民某个时候的某种权利恰恰需要通过这些纠纷的发生和解决来实现。不过，在古代中国，所有"纠纷"都被认为是消极的，都被视为恶行，这一点还将在后面详论。本书就是在这一语境下讨论纠纷预防问题的。

2. 纠纷的预防

虽然没有纠纷的社会是不存在的，但是从程序意义或主观意义上讲，纠纷是可以预防或减少的，甚至可以说纠纷解决的真义就是要使纠纷减少发生或不再发生。正因为如此，美国学者戈尔丁才认为"类法律式的

① 《大清律例·刑律·诉讼》第332条"越诉"附例。
② 《大清律例》第334条"告状不受理"之《条例》规定："每年自四月初一日至七月三十日，时正农忙，一切民词，除谋反、叛逆、盗贼、人命及贪赃坏法等重情，并奸牙铺户骗劫客货，查有确据者，俱照常受理外，其一应户婚、田土等细事，一概不准受理；自八月初一日以后方许听断。若农忙期内，受理细事者，该督抚指名题参。"
③ （清）崔述（1740—1816），字武承，号东壁，直隶大名府魏县（今属河北）人。乾隆举人，清朝著名的辨伪学家，曾任福建省罗源、上杭等县知县，后以病乞休，著述终老。著作由门人陈履和汇刻为《东壁遗书》，内以《考信录》第32卷最令学者注目。
④ （清）崔述：《无闻集》卷2《讼论》，载顾颉刚编订《崔东壁遗书》，上海古籍出版社1983年版，第701—702页。
⑤ 范忠信：《健全的纠纷解决机制决定和谐社会》，《北方法学》2007年第2期。
⑥ 何兵：《和谐社会与纠纷解决机制·序》，北京大学出版社2007年版。

解决纠纷可以发挥预防或处理纠纷的作用"①。通过预防纠纷、化解纠纷达到纠纷消除的境界，即中国历史上官方倡导的"无讼"，孔子所谓"听讼吾犹人也，必也使无讼乎"② 就是这个意思。

　　建设没有纠纷的和谐社会是明清时期乃至整个古代中国官方对所有民间社会组织的政治要求。明代《教民六谕》（《圣谕六言》）中的一谕就是"和睦乡里"，清代《圣谕十六条》中的一条就是"和乡党以息争讼"。明代特别法律《教民榜文》要求里甲组织"务要邻里和睦，长幼相爱。如此，则日久自无争讼，岂不优游田里，安享太平！"③ 清代台湾地区的乡庄（汉族移民社会在农村的组织）和街庄（汉族移民社会在城镇的组织）是当地保甲之外的乡治组织，某庄《庄规》规定："各庄总董庄正副责任大端，无非约束庄众、和睦乡邻之事。果能约束有方，所管庄内并无争斗、窃劫、抢掳，及占地、抗租、毁焚等事，一年以上给予功牌，三年以上给予匾额，以示奖励。"④ 明代南直隶徽州府祁门县仙桂乡二十都的"文堂乡约"的约规规定："父子相亲，兄弟相友，长幼相爱，夫妇相敬，朋友相信；有恩相亲，有礼相接与凡父坐子立，夫妇如宾，兄先弟随之类。……凡遇冬年节，则同甲之人，各相往来拜贺，有婚嫁丧葬，皆宜相吊相助，以尽其情。"⑤ 同乡社会组织或同乡会馆的亲睦同乡功能更为突出，近代书画家叶恭绰（1881—1968 年）为北京的惠州会馆题词云："联乡乡情、敦睦桑梓。"⑥ 同乡会馆本来是以相同的籍贯为凝聚力并加上相同的神灵信仰而结合的组织，定期祭祀乡土神是增进桑梓之谊的最主要最传统的方式，而在神诞、祭日或其他吉庆日的

---

　　① ［美］马丁·P. 戈尔丁：《法律哲学》，齐海滨译，生活·读书·新知三联书店 1987 年版，第 211 页。

　　② 《论语·颜渊》。这句话的意思是：我（做大法官）虽像别人一样审理案件，但我追求的是使人世间根本没有纠纷。这里孔子的"无讼"指通过长期的德礼教化和为上者以身作则，使争讼者耻于争讼来达到"无讼"，不是人为地禁止诉讼，反对诉讼。

　　③ 刘海年、杨一凡：《中国珍稀法律典籍集成》乙编第 1 册，科学出版社 1994 年版，第 635—645 页。

　　④ 张磊：《清末台湾北部乡治组织的法律考察》，附录一《庄规四则》，硕士学位论文，中南财经政法大学，2007 年。

　　⑤ 《隆庆［祁门］文堂乡约家法》，明隆庆刻本，原件藏安徽省图书馆。

　　⑥ 叶恭绰（1881—1968 年）题词，载《北京岭南文物志》，北京广东省会馆财产管理委员会1954 年编印。

演戏酬神、庙会灯会、团拜会、戏剧演出等各种联谊活动，既为同乡人提供在异域欣赏家乡戏音乐的乐趣，又联络了同乡感情，解除同乡人思乡之苦。

三 研究的原因与意义

（一）研究的原因

中国有几千多年的文明史，其间民间社会积极参与纠纷预防的现象始终存在，本书以明清地缘社会为中心考察整个中国传统社会的纠纷预防机制，这种研究大概属于"以点带面"的研究模式。这里有两个问题需要说明。第一，为什么本书选择地缘社会而不是其他形式的社会组织进行研究？第二，为什么本书选择明清时期（1368—1911年）而不是其他历史时段进行研究？

之所以选择特定社会组织和特定历史时段，其原因除了本人目前尚无能力对传统社会的纠纷预防机制进行全面研究之外，主要有以下考虑：

第一，地缘社会被选为研究的切入点，有两方面原因：一方面，地缘社会组织是当前社会矛盾化解中作用最为重要的民间社会组织。地缘社会是当今中国社会之村组、社区等民间群众自治组织所在的社会形式，特别是乡里和乡约这两种民间社会组织最接近于今天的村民委员会、社区委员会、农民协会之类的"群众自治组织"。另一方面，有关传统地缘社会参与社会纠纷预防的研究极为薄弱，几无系统专门研究成果。本书的研究是以国家与社会的二元并存为前提的，"社会"的形式据其形成的机缘不同，大致可以分为血缘社会、地缘社会、业缘社会、信缘社会、江湖社会五大类。在中国传统解纷机制研究领域，除了血缘社会或宗族社会解纷领域的成果积累相对深厚①、理论日臻成熟之外，其他社会形式的解纷研究都相对薄弱。

第二，明清两代在中国是相对完整并具有代表性的历史时期。（1）明清两代是有机整体性较强的历史时期。明清两代共同构成中国历

---

① 代表性的成果有：朱勇《清代宗族法研究》，湖南教育出版社1987年版；费成康《中国的家法族规》，上海社会科学院出版社1998年版；史凤仪《中国古代的家庭与身份》，社会科学文献出版社1999年版；[日]滋贺秀三《中国家族法原理》，张建国、李力译，法律出版社2003年版；常建华《明代宗族研究》，上海人民出版社2005年版等。

史进程中的一个"中时段"（根据法国学者费尔南·布鲁代尔的"历史三时段论"①，整个中国封建社会时期（公元前476—1911年）属于"长时段"的历史时期，明清两代（1368—1911年）五百多年的时期就属于"中时段"的历史时期），明清两代这样一个"中时段"的制度文化具有较强的"板块性"，相对于"先秦文化"、"汉唐文化"、"宋元文化"来说，"明清文化"是一个相对完整的文化板块。（2）明清时期在当时是中国社会纠纷空前增多，同时也是传统纠纷预防机制及规律展示最为充分的时期。明清时期人口急剧增长而使乡土社区渐次变得拥挤、土地及其他商品交易迅速发展，等等，这些因素导致社会纠纷空前增多，纠纷预防与调处的问题空前突出。与此相应，包括地缘社会预防社会纠纷的机制在内的整个社会纠纷预防机制也空前发达。（3）明清两代是中国封建社会最后、离现今最近的阶段。无论是以史为鉴还是古为今用，无论是经验还是教训，就传统来说，明清两代的制度建设对现实的启迪意义都是最强最直接的。

（二）研究的意义

本研究的意义主要在三方面：

---

①　法国史学家费尔南·布鲁代尔（Fernand Braudel，1902—1985年）曾提出著名的"历史三时段论"：（1）长时段的"地理时间"或"结构"存在的时间。这期间自然环境、传统、经济的"结构"对历史起长期、决定作用。（2）中时段的"社会时间"或"局势"变化的时间。这期间周期性经济消长、社会（群体与团体）变动（局势变化）对历史进程起直接的推动作用。（3）短时段的"个体时间"或"事件"发生的时期。这期间革命、地震等突发事件对整个历史过程只起微小作用。三个时段的决定因素分别是"结构"、"局势"、"事件"。所谓"结构"是指长期不变或者变化极慢的，在历史上起经常、深刻作用的因素，如地理、气候、生态环境、社会组织、思想传统等；所谓"局势"是指在较短时期（十年、二十年以至一、二百年）内起伏兴衰、形成周期和节奏、对历史起重要作用的一些现象，如人口消长、物价升降、生产增减、工资变化等；所谓"事件"是指一些突发事件如革命、缔约、地震等，这些事件转瞬即逝，对整个历史进程只起微小的作用。总之历史无非是三种时段的辩证作用结果。布鲁代尔的上述历史观一面世即在学界引起强烈反响，支持者认为是史学方法论的重大创新，反对者主要来自两个方面：传统史学家不满于他贬低政治事件与人物，放弃系统的历史叙述，热衷于统计图表与奇异术语；马克思主义史学家批评他忽视生产力与生产关系的变化发展，抹杀阶级斗争的地位与作用。上述评论分歧存续至今。我们认为，这一理论对诸社会因素的历史价值判断是否科学，暂且不论，其对这些因素在历史发展中不同作用之差异的洞察，根据这些差异对历史时期明晰的层次划分，这种方法和结论是应该肯定的。参见张芝联《费尔南·布罗代尔的史学方法》，载布罗代尔《十五至十八世纪的物质文明、经济与资本主义》（第1卷），顾良、施康强译，生活·读书·新知三联书店2002年版。

1. 为当代中国和谐社会建设，包括社会消极矛盾的预警与化解机制建设，提供优良传统资源

社会纠纷的预防是和谐社会的本质要求，也是《人民调解法》①等法律赋予相关社会组织的法定义务。制度资源的来源有继受、移植、创新三种形式。本研究属于继受优良传统。中华民族不仅有追求社会和谐的特殊传统，而且有实现这种和谐的智慧或手段。明清地缘社会的纠纷预防机制是这种智慧或手段的重要内容。尽管某些具体的地缘社会组织处于兴衰流变之中（例如里甲、乡约组织），但它们致力于纠纷预防的功能与魅力不变，其间所蕴涵的"和为贵"（和谐重于维权）、"贵绝恶于未萌"（预防重于调处）的纠纷预防理念，所构建的"以教化为主导、以救助为根本、以维权为保障"的多元有机纠纷预防模式，都是值得我们认真鉴别后择善而从的传统资源。

2. 为健全民间自治机制和防治消极群体性纠纷，提供历史经验和本土资源

明清地缘社会组织预防纠纷的活动属于当时民间社会自治的重要表现形式，其经过数百年试错和实践而形成的纠纷预防机制堪称古醇今香、历久弥新的古老经验和偏方。梳理或探清这一机制，有助于认清现代中国乡村民主治理机制的源头并非全在西方，有助于认清古代中国的乡村自治与今天的农村民主政治其实并无根本矛盾，有助于改善乡村社会与国家政权的对话机制，总之对于健全农村民主管理制度、完善乡村治理机制具有以史为鉴、推陈出新的重要意义。

3. 拓展民间社会研究，特别是乡村和社区解纷问题的研究领域，丰富中国法文化传统研究的内容

传统社会的纠纷预防机制问题涉及法学、历史学、社会学、政治学、文化学等多学科、多领域。本书取法文化向度，考察明清时期地缘社会的纠纷预防机制问题，探清中国传统社会纠纷之预防的主体多元性和方式多样性的特征与规律，从而拓展中国法文化传统研究的领域，丰富中国法文化传统研究的内容。

---

① 于第十一届全国人民代表大会常务委员会第十六次会议 2010 年 8 月 28 日通过并公布，自 2011 年 1 月 1 日起施行。其中第二十五条规定："人民调解员在调解纠纷过程中，发现纠纷有可能激化的，应当采取有针对性的预防措施；对有可能引起治安案件、刑事案件的纠纷，应当及时向当地公安机关或者其他有关部门报告。"

四　研究的方法与材料

（一）研究的方法

以历史法学理念和法律社会学方法为主，辅之以解释学和比较研究的方法，这些方法形成"历史学→社会学→法学"的研究理路，即在方法论意义上，历史学是社会学研究的起点，社会学是法学研究的起点。

（1）历史法学理念：历史法学派主张从历史或传统中寻找现代法制的渊源和权威。这大概也就是孟德斯鸠所说的，"我们应当用法律去阐明历史，用历史去阐明法律"①。本书在解构中国传统的地缘社会预防纠纷的机制基础上，甄别历史和反省现实，提出本土化或中国化的消极纠纷（不利于维权或社会发展的纠纷）防治方案。

（2）法律社会学方法：法律社会学的任务主要是考察法律在社会化过程中与社会相互作用的方式和规律，"在社会中研究法律，通过法律来研究社会"。法律社会学方法为本书考察法律在社会纠纷预防中的作用形式，探清社会纠纷预防与国家法律调控之关系的研究提供了一把"金钥匙"。

（3）解释学方法：作为方法论的解释学强调"解释"是人们认识事物的基本方式和形式。这种"解释"是人们利用某种理念作为工具（"前设"），从某个角度和观点（"前见"）以"文本"为中介去理解事先已有的东西（"前有"）。在解释学看来，解释永远都只能表达现象而不可能到达本质（还原"前有"），但解释者的智慧就在于克服历史时间间距所造成的主观偏见与曲解，使解释结论尽可能接近客观的历史真实。本书在某种意义上就是以法治与和谐理念作为工具（"前设"），通过自己的考察和思考去"解释"明清时期地缘社会的纠纷预防机制，并通过此"文本"（专著）展示其真相，揭示其法律文化信息。

（4）比较方法：本书在中西对比中将传统地缘社会的纠纷预防机制切入人类法文化的主流，在古今对比中彰显传统地缘社会纠纷预防机制的现代价值因素。

（二）研究所用的材料

本研究的材料主要有八大类文献：

————————

① ［法］孟德斯鸠：《论法的精神》，张雁深译，商务印书馆1961年版，第363页。

1. 乡治乡约法律文献

（1）《古代乡约及乡治法律文献十种》（3 册）①，收录代表性的古代乡约文献三种：宋代《吕氏乡约乡仪》，清雍正朝《上谕合律乡约全书》，清代《现行乡约》（各地重要乡约汇编）；收录乡村治理的地方法律文献七种：明代《教民榜文》②、《十家牌法》、《乡甲约》，清代《乡守辑要》、《保甲》、《保甲书》、《保甲章程》。（2）《中国珍稀法律典籍集成》（14 册）③，其中收集了大量明清时期的榜文、告示。（3）《中国珍稀法律典籍续编》（10 册）④，其中收集有大量地方解决纠纷的司法文书和少数民族习惯法。

2. 契约文书

（1）徽州契约文书。本书所用的主要是中国社会科学院历史研究所和安徽省博物馆两处收藏的徽州契约文书。北京著录部分见王钰钦、周良泉主编的《徽州千年契约文书》（40 册）⑤，该书辑录明清契约文书三千余件。安徽著录部分转引自韩秀桃著《明清徽州的民间纠纷及其解决》⑥ 一书所载明清徽州契约文书资料。（2）田涛所藏契约文书《田藏契约文书粹编》（3 册）⑦，收录明清契约文书 318 件。

3. 州县档案

（1）清代巴县档案，包括《清代乾嘉道巴县档案选编》⑧、《清代乾嘉道巴县档案选编》（下册）⑨、《清代巴县档案汇编》（乾隆卷）⑩。这些书

---

① 一凡藏书馆文献编委会（以下注释略去编者）：《古代乡约及乡治法律文献十种》（3 册），黑龙江人民出版社 2005 年版。

② 《教民榜文》是洪武三十一年（1398 年）四月明太祖为处理民间细微争纷，减少民间诉讼，特命户部制定和颁行的专门法律，堪称是我国历史上一部极有特色的民事和民事诉讼法规，集中体现了朱元璋精心设计的一套乡村治理制度，在明朝法律体系乃至整个中华法系中都占有一个特殊的地位。《教民榜文》的具体内容参见第八章第一节。《教民榜文》的标点本参见刘海年、杨一凡主编的《中国珍稀法律典籍集成》乙编第 1 册，科学出版社 1994 年版，第 635—645 页。

③ 刘海年、杨一凡：《中国珍稀法律典籍集成》，科学出版社 1994 年版。

④ 杨一凡、田涛：《中国珍稀法律典籍续编》（10 册），黑龙江人民出版社 2002 年版。

⑤ 王钰钦、周良泉：《徽州千年契约文书》（40 册），花山文艺出版社 1991 年版。

⑥ 韩秀桃：《明清徽州的民间纠纷及其解决》，安徽大学出版社 2004 年版。

⑦ 田涛等：《田藏契约文书粹编》（3 册），中华书局 2001 年版。

⑧ 四川大学历史系、四川省档案馆：《清代乾嘉道巴县档案选编》，四川大学出版社 1989 年版。

⑨ 四川省档案馆、四川大学历史系：《清代乾嘉道巴县档案选编》（下册）四川大学出版社 1996 年版。

⑩ 四川省档案馆编：《清代巴县档案汇编》，档案出版社 1991 年版。

选编了清朝乾隆至道光年间四川巴县县衙的各种契约、告示、批文、诉讼文书、军事咨文等各种文书档案，反映了当地的政治、经济、军事、社会风俗等诸方面的情况。（2）黄岩诉讼档案，《黄岩诉讼档案及调查报告》（上下卷）①。

4. 碑刻馆志

《明清以来北京工商会馆碑刻选编》②、《上海碑刻资料选辑》③、《明清佛山碑刻文献经济史料》④、《明清以来苏州社会史碑刻集》⑤、《明清苏州工商业碑刻集》⑥、《清代工商行业碑文集粹》⑦、《中国工商行会史料集》（上下册）⑧、《北京会馆档案史料》⑨、《重庆湖广会馆历史与修复研究》⑩ 等。

5. 律典、圣谕

（1）《大明律》、《大清律例》。（2）《圣谕广训》⑪，汇集了目前所能找到的各种阐释"圣谕"与《圣谕广训》的著述。

6. 民俗方志

（1）明代福建省泉州府惠安知县叶春及⑫所著的《惠安政书》⑬。这是一部体裁别具的地方志书，也是历史上罕见的县令施政笔记。由叶春及在知县任内实地调查，广泛征集并校复文献撰写而成，内容广泛，包括地理沿革、渔盐生产、户粮赋税、教育文化、风土人情、乡规民约等，数据多而翔实，对考察明代地方乡里的组织形式、纠纷解决模式等问题具有重要

---

① 田涛等：《黄岩诉讼档案及调查报告》（上下卷），法律出版社 2004 年版。

② 李华编：《明清以来北京工商会馆碑刻选编》，文物出版社 1980 年版。

③ 上海博物馆：《上海碑刻资料选辑》，上海人民出版社 1980 年版。

④ 广东省社会科学院等：《明清佛山碑刻文献经济史料》，广东人民出版社 1987 年版。

⑤ 苏州历史博物馆：《明清以来苏州社会史碑刻集》，江苏人民出版社 1981 年版。

⑥ 苏州历史博物馆编《明清苏州工商业碑刻集》，江苏人民出版社 1981 年版。

⑦ 彭泽益：《清代工商行业碑文集粹》，中州古籍出版社 1097 年版。

⑧ 彭泽益：《中国工商行会史料集》（上下册），中华书局 1995 年版。

⑨ 北京市档案馆：《北京会馆档案史料》，北京出版社 1997 年版。

⑩ 何智亚：《重庆湖广会馆历史与修复研究》，重庆出版社 2006 年版。

⑪ 周振鹤撰集、顾美华点校：《圣谕广训：集解与研究》，上海书店出版社 2006 年版。

⑫ 叶春及（1532—1593），广东归山人，先后任福建闽清教谕、福建惠安知县、四川宾州知州、湖北郧阳府同知、户部员外郎、郎中等职。隆庆四年（1570）至万历二年（1574）任福建惠安知县。

⑬ （明）叶春及：《惠安政书》，福建人民出版社 1987 年版。

参考价值。(2) 今人丁世良、赵放主编《中国地方志民俗资料汇编》(十册),包括:华东卷(上中下)、华北卷、东北卷、西北卷、中南卷(上下)、西南卷(上下),书目文献出版社(1996 年以前)、北京图书馆出版社 1989—1997 年出版。(3) 民国学者胡朴安(1878—1947)著《中华全国风俗志》①。作者从浩繁的典籍(正史、经书、政书、方志、笔记、游记、杂志、日报)中披拣撮录、摘抄整理有关风俗民情资料,汇为巨册,较为全面地记载了全国各地风俗民情。(4) 前南京国民政府司法行政部主持编撰的《民事习惯调查报告录》(上下册)②。(5) 地方志书,如弘治《黄州府志》③、光绪《保定府志》④、《中国地方志集成·乡镇志专辑》(32 册)⑤ 等。

　　7. 公牍、笔记、日用类书

　　郭成伟、田涛编《明清公牍秘本五种》⑥,沈德符《万历野获编》⑦,胡祖德《沪谚外编》⑧,徐珂《清稗类钞》⑨,葛元煦、黄式权、池志澂《沪游杂记·淞南梦影录·沪游梦影》⑩,明朝余象斗《新刻天下四民便览三台万用正宗》⑪、中国社会科学院历史研究所文化室《明代通俗日用类书集刊》(16 册)⑫ 等。

---

① 胡朴安:《中华全国风俗志》,中州古籍出版社 1990 年版。

② 南京国民政府司法行政部:《民事习惯调查报告录》(上下册),中国政法大学出版社 2000 年版。

③ (明·弘治)《黄州府志》,上海古籍出版社 1965 年版。

④ 李培祜等:《保定府志》(32 册),光绪八年至十二年刻本。

⑤ 《中国地方志集成·乡镇志专辑》(32 册),上海书店、江苏古籍出版社、巴蜀书店出版 1992 年版。

⑥ 郭成伟、田涛:《明清公牍秘本五种》,中国政法大学出版社 1999 年版。

⑦ 沈德符:《万历野获编》,中华书局 1959 年版。

⑧ 胡祖德:《沪谚外编》,上海古籍出版社 1989 年版。

⑨ 徐珂:《清稗类钞》,中华书局 1986 年版。

⑩ 葛元煦、黄式权、池志澂:《沪游杂记·淞南梦影录·沪游梦影》,上海古籍出版社 1989 年版。

⑪ 该书题为"三台馆山人仰止余象斗纂,书林双峰堂文台余氏刊"(即余象斗纂集,余文台刊印),刊印时间是明朝万历二十七年(1599 年),共 43 卷,分上下二层刻印,是明朝日用类书中最具权威性的一部。日本东京大学和蓬左文库收藏。

⑫ 中国社会科学院历史研究所文化室:《明代通俗日用类书集刊》(16 册),西南师范大学出版社、东方出版社 2011 年版。

8. 族规家谱

本书参照利用了一些家法族规和家谱。值得特别一提的是，本书在研究地缘社会组织"文会"（古代中国非常难得的、先进的民间社会组织）时，用到了中国徽学研究中心所藏的稀世孤本《呈坎潨川文会簿》。《呈坎潨川文会簿》与《罗氏宗谱·罗氏支谱》合订在一起。《罗氏宗谱》首题为《罗文献祠祀勋份崇厚支本族谱》，旁边又题"歙北潨川呈坎西宅罗文献祠祀勋份崇厚堂祖先本族谱"；《罗氏支谱》题为"宣统三年岁次辛亥冬月立呈坎嘉志堂树人记罗氏支谱"。2011 年 6 月酷暑，笔者委托师弟魏文超博士前往安徽大学，经特别准许，将《呈坎潨川文会会规》全部拍照带回，我们因此得以细识原玉。本书首次将《呈坎潨川文会簿》中的四个"序言"和"会规"全文断句、标点、注释后迻录于附录。

明清社会的专制兼宗法形态，加上"天下治权始乎州县"的国家治理模式，使得官方历来较少关注民间性的地缘社会组织，历代正史、政书对社会制度的著录，几乎都是详中央、略地方而疏于民间基层，罕述州县以下"社会"的史实，更不用说载述地缘社会组织参与社会纠纷预防的问题了。比方说同乡会馆，它因是私立的，属于民间的自发性组织，故在"正史"中无人论及，即使是明清地方志也多有缺略。民国《上海县续志》说："会馆公所前志从略。因思贸易于斯，侨居于斯，或联同业之情，或叙同乡之谊，其集合团体之行为，与社会甚有关系，似未可阙而不书。至于或称会馆，或称公所，名虽异而义则不甚相悬，故不强为区分。"① 该志的编纂者看到了会馆的社会整合作用，才执意要将其列入地方志之中。在四川、湖南、江西、东北、新疆等地的地方志中经常也有会馆的记载，但均语焉不详。针对这类情况，近代学者胡怀琛在《中华全国风俗志》跋中说："中国之史，皆官家书也，于民间事无与焉。故谈……风土良窳、人情百薄，皆苦乏材料。"② 史料的缺乏与零散，给本研究带来一定困难。

---

① （民国）《上海县续志》卷 3《建置下》。

② 胡朴安：《中华全国风俗志》，中州古籍出版社 1990 年版。

第一章　传统中国对待社会纠纷的态度

任何社会都会有纠纷，我们对此并不觉得奇怪，使我们发生兴味的是社会中的人们对纠纷所抱持的态度。在古代中国，官方和民间对待社会纠纷的态度并不完全一致，但主流看法或基本态度具有一些共性，主要是两点：第一，社会中最好是没有纠纷，对社会纠纷应该进行刚性预防；第二，纠纷万一发生，最好是"私了"，在民间解决，不要闹到官府。这里我们主要讨论第一点。①

第一节　和睦为善　纷争是恶

和睦为善、纷争是恶是中国传统社会对纠纷进行价值判断的主流表达。

一　和而不争及其实质

（一）和而不争

"和为贵，权为次"，"天时不如地利，地利不如人和"②，这是传统中国对纠纷的基本价值判断。中国传统主流文化把和睦视为"善"，把争讼视为"恶"，把纠纷本身不加区别地抽象地看作是破坏和谐的一种罪过。

在位于百经之首的《易经》中，"讼"卦的卦辞是："有孚（俘），窒（刑具）。惕，中吉，终凶。利见大人。不利涉大川。"③ 意思是，讼意味着有羁押有刑具，因此要特别警惕。即使中期平安，但终有凶险。遇到公正的大人裁判者可能会有利，否则就像"涉大川"一样凶险无比。总之，

---

① 关于第二点的论述，参见陈会林《地缘社会解纷机制研究》第八章，中国政法大学出版社2008年版。

② 《孟子·公孙丑下》。

③ 《易经·讼卦》。

筮遇此卦，中吉终凶。讼卦基本上是一个凶卦。

诸子百家从各自的角度或立场，都宣称反对纷争。儒家的纲领性主张是"大道之行也，天下为公，选贤与能，讲信修睦"。① 孔子说："君子矜而不争，群而不党"②，他为自己担任鲁国大司寇（相当于今天的最高人民法院院长）定下的使命是"听讼，吾犹人也，必也使无讼乎"③，意思是说，我虽然和别的大司寇一样处理纠纷，但我追求的不是如何了结案件，而是要通过处理案件来最终实现根本没有纠纷。视纠纷为恶的价值判断彰明昭著。

道家从"无为而不无为"的角度认为"争"乃恶之源、乱之道。老子为治国者提出的"南面之术"之一是"不尚贤，使民不争"，意思是不要为了宣示权威，使人民为名利而纷争。他主张："上善若水。水善利万物而不争，处众人之所恶，故几於道。……夫唯不争，故无尤。"④ 意思是说，最善的人就好像水一样。水善于滋润万物而不与万物相争，能委曲求全停留在众人都不喜欢的地方，所以最接近于"道"。只有做到"不争"，才可能没有过失，没有怨咎。道家的理想国是"甘其食，美其服，安其居，乐其俗。邻国相望，鸡犬之声相闻，民至老死，不相往来"。⑤

（二）和谐第一，维权第二

和而不争实质是将和谐放在第一位，把维护当事人的权益放在第二位。纠纷无不为权利冲突而起，但在这里，"和谐"与"维权"并非绝对冲突或相互排斥，二者的关系在逻辑上不是互相矛盾，不是你死我活，而是"和谐第一，维权第二"的关系。也就是说，无论是预防纠纷还是解决纠纷，首先追求的是人际和谐，而不是权利的实现。此即所谓"寻求适当的乡村治理结构，构建稳定和谐的乡村秩序，是包括乡村士绅在内的朝野上下共同的目标"。⑥ 法学家梅汝璈对中西进行比较之后指出：西方法学家们认为是一切法律秩序基础的"权利之争"，在古代中国的思想里根本不

---

① 《礼记·礼运》。

② 《论语·卫灵公》。

③ 《论语·颜渊》。

④ 《老子》第8章。

⑤ 《老子》第80章。

⑥ 一凡藏书馆文献编委会：《古代乡约及乡治法律文献十种》（第1册），黑龙江人民出版社2005年版，"序言"。

存在，"在中国人看来，对于原则的固执或对于权利的争执，和肉体的殴斗是同样的下流、可耻。……妥协、调和是莫上的德性。"①

中国传统文化是一种义务本位文化，中国传统社会并不存在今天所说的法治状态下的整体维权观念或制度。正是在这个意义上，大木雅夫才说"（古代）中国不知道'权利'一词，而且实际上也不知道义务一词"②。事实上，中国古代法律一直没有清晰的、可以与近代民法中的权利概念相对应的内容。虽然唐宋以后国家法典直接规定民事权利的内容逐渐增多，但更多的权利不是被法律所正面确认，而是通过在立法上设定义务，特别是设定刑法上的禁止性义务来默认某种权利的存在。例如老百姓对田地的所有权、对房屋的产权③、对遗失物和埋藏物的所有权④等都是这样被确认的。中国古代更没有像古罗马那样通过授予某项诉权（或抗辩权）、可以向法院起诉请求保护（或对抗他人的起诉）来确认民事权利⑤。"权利被默认，而不是通过授予诉权、使之能明确得到司法强制力保护。这一特点鲜明地显示出司法强制力尽量用于维护统治及社会安定、而少涉及民间'细事'的立法宗旨。"⑥ 但中国传统法律文化所有这些与西方和现代比较出来的缺憾，并不意味着中国传统民间社会完全没有权利的意识，更不意味着在具体的个案中当事人没有维权的思想和行动，事实上"中国民间从来就不缺乏财产权利的概念，也存在主张权利的强烈愿望，只是在长久以来的观念上，这种权利主要被认为要依靠自身（国家以外的个人与社会）

---

① 梅汝璈：《中国旧制下的法治》，载梅小璈、范忠信选编《梅汝璈法学文集》，中国政法大学出版社 2007 年版，第 320 页。

② ［日］大木雅夫：《东西方的法观念比较》，范愉译，北京大学出版社 2004 年版，第 96 页。

③ 《大明律》第 99 条、《大清律例》第 93 条 "盗卖田宅" 规定："凡盗卖、换易及冒认，若虚钱实契典买及侵占他人田宅者，田一亩、屋一间以下，笞五十，每田五亩屋三间，加一等，罪止杖八十，徒二年。"

④ 《大明律》第 170 条、《大清律例》第 151 条 "得遗失物" 规定："凡得遗失之物，限五日内送官。官物还官，私物召人识认。于内一半给予得物人充赏，一半给还失物人。如三十日内无人识认者，全给。限外不送官者，官物坐赃论，私物减二等。其物一半入官，一半给主。（埋藏物）若于官私地内掘得埋藏之物者，并听收用。若有古器、钟鼎、符印异常之物，限三十日内送官。违者，杖八十，其物入官。"

⑤ 参见［意］彭梵得《罗马法教科书》，黄风译，中国政法大学出版社 1992 年版，第 85—86 页。

⑥ 郭健：《中国古代民事法律文化的基本特征概述》，载复旦大学法学院编《多维时空下的理论法学研究》，学林出版社 2005 年版，第 253 页。

的力量和手段去行使和维护，这种主张的提出方式主要并非诉诸法律。朝廷的法律希望民间民事权利的维护和行使能由权利人自行解决，不要过多地烦扰官府，民间的实际情况也正是这样，一般主要靠自己或亲族、乡党的力量来达到维护或行使权利的目的。"① 滋贺秀三讲：在明清时期，"很难用我们在法与秩序方面一直持有的理解框架来加以把握。……把现有的说明组合起来，就只会成为'民间社会由权利性秩序所构成但却不存在保障权利的公共性制度'、或'没有法而有权利'这样一幅相当奇怪的图景"。② 总之，这种要通过义务来实现的、掩隐于法律之外的权利，在解纷的价值谱系中，居于"和谐"之下的次要地位。

二　官方对"讼害"的夸大宣传

在古代中国，虽然并不能真正实现民众完全不打官司，但官方仍然想通过危言耸听、夸大宣传"诉讼之害"来阻灭老百姓的诉讼勇气。

明清时期官方可谓不遗余力地渲染诉讼之害，让"民间充斥着衙门胥役敲诈勒索、官司费用高得吓人的种种恐怖故事"③。帝国官员在宣讲《圣谕广训》时恐吓百姓：

> 我今更把争讼的利害讲与你们听：一纸入了公门，定要分个胜负，你们惟恐输却，只得要去钻营，承行的礼物、皂快的东道，预先费下许多。倘然遇着官府不肖，还要借端诈害，或往来过客、地方乡绅讨情揽管，或歇家包头、衙蠹差役索钱过付。原被有意扯过两平，蚤已大家不能歇手，若一家赢了，一家输下，还要另行告起，下司衙门输了，更要到上司衙门去告，承问衙门招详过了，上司或要再驳，重新费起。每有一词经历几个衙门，一事挨守几个年头，不结不了，干证被害，牵连无数，陷在图圄，受尽刑罚，一案结时，累穷的也不知几家，拖死的也不知几人，你们百姓就是有个铜山金穴也要费尽，

① 郭健：《中国古代民事法律文化的基本特征概述》，载复旦大学法学院编《多维时空下的理论法学研究》，学林出版社 2005 年版，第 255 页。

② ［日］滋贺秀三等：《明清时期的民事审判与民间契约》，王亚新、梁治平译，法律出版社 1998 年版，第 195 页。

③ 参见黄宗智《清代的法律、社会与文化：民法的表达与实践》，上海书店出版社 2007 年版，第 154 页。

就是铁铸的身躯也要磨光了，你道这样争讼利害不利害？①

至于战斗在诉讼第一线的地方官员们，更是极言诉讼之弊以使欲讼者知难而退。康熙时河北省灵寿县知县陆陇其对告状者说："殊不知一讼之兴，未见曲直，而吏有纸张之费，役有饭食之需，证佐之友必须耐劳，往往所费多于所争，且守候公门，费时失业。"②

江苏省金山县县令说：

> 告状最是废时失业的事。……一涉争讼，匍匐公堂，破了情面，伤了和气……损人不利己，何苦如此作为？"汪辉祖说："一词准理，差役到家，则有馈赠之资；探信入城，则有舟车之费。及示审有期，而讼师词证以及关切之亲朋，相率而前，无不取给于具呈之人。或审期更换，则费将重出，其他差房，陋规名目不一……其累人造孽多在词讼。③

知府裕谦总结说"世界上最不好的事体是打官司，一打了官司便有十样害"——"坏人心"、"耗货财"、"误正事"、"伤天伦"、"致疾病"、"结怨毒"、"生事变"、"损品望"、"召侮辱"、"失家教"。④

此外，官方还通过在普法宣传中强调法律的制裁作用而间接夸大宣传讼害，强调法律的"威慑"作用。康熙在《圣谕十六条》中说诉讼要"务期庶民视法为畏途，见官则不寒自栗"⑤，其子雍正在《圣谕广训》中重审为"见法知惧，观律怀刑"⑥。解释圣谕的帝国官员也说："这些律例，总是皇上为你百姓们或有犯法，刑讯之下唯恐枉滥，参酌较定，颁行天下，教内外大小衙门遵守奉行。……那律上共载有四百五十九条，或有开载不尽，援引他律比附，应加、应减定拟罪名，推情置法，

---

① 周振鹤撰集，顾美华点校：《圣谕广训集解与研究》，上海书店出版社 2006 年版，第 24 页。

② （清）吴炽昌：《续客窗前话》卷 3，转引自张晋藩等《论清代民事诉讼制度的几个问题》，《政法论坛》1992 年第 5 期。

③ 汪辉祖：《佐治药言》，载田涛、刘俊文《官箴书集成》（第 5 册），黄山书社 1997 年版。

④ （清）裕谦：《戒讼说》，《牧令书》卷 17 "刑名上"。

⑤ ［法］达维德：《当代主要法律体系》，漆竹生译，上海译文出版社 1981 年版，第 487 页。

⑥ 周振鹤撰集，顾美华点校：《圣谕广训集解与研究》，上海书店出版社 2006 年版，第 315 页。

原无遗漏。你百姓们就是极愚极顽，听了这些法律，难道胸中绝无一毫惧怕么？"①

三 官方对"无讼"理念的灌输

中国的主流法文化传统或者说官方法文化传统是追求"无讼"或"非讼"、信奉"以讼为耻"，从而主张"息讼"。"无讼"就是否认诉讼的正当性和合理性，主张最好是没有诉讼，有了纠纷"不扰官府"不打官司，优先选择非讼方式解决的解纷理念。"无讼"的逻辑前提是基于诉讼会产生诸如双方撕破脸皮、反目成仇等重大恶果而视争讼为恶行，在道德上贬抑诉讼，所谓"恶人先告状"说的就是这个意思。这里对"先告状"的原告来讲，无论他们出于什么动机，基于何种理由，只要率先告状，就被置于道德上的不利地位。清代《圣谕广训》露骨地肯定说"打官司总算不是好人"②，主张"世上百事可做，第一不好的是做状子"③，"善良百姓总是远离法庭"。《易经》中讼卦的卦辞是"有孚窒惕中吉，终凶"；孔子当鲁国司寇时的工作原则是"听讼，吾犹人也，必也使无讼"④；明清时期《（朱子）治家格言》强调"居家戒争讼"；《增广贤文》劝人"气死莫告状，饿死莫做贼。衙门八字开，有理无钱莫进来"。"无讼"成为明清帝国官方解纷话语体系的主旨，在宣传和实践中加以强化和放大，把"讼庭无鼠牙口角之争，草野有让畔让路之美，和气致祥"⑤作为治世目标，把"讼端尽息，官清民闲，熙熙嗥嗥"视为"太平之世"的理想境界。⑥

然而，"没有纠纷的社会是不存在的"⑦，"无讼"只是一种社会秩序的道德理想而已，明清时期已经有人出来反对"无讼"老调，知县崔述指出：

---

① 周振鹤撰集，顾美华点校：《圣谕广训集解与研究》，上海书店出版社 2006 年版，第 74 页。

② 同上书，第 410—411 页。

③ 同上书，第 121 页。

④ 《论语·颜渊》。

⑤ （清）田文镜：《钦颁州县事宜》，载郭成伟主编《官箴书点评与官箴文化研究》，中国法制出版社 2005 年版，第 118 页。

⑥ 周振鹤撰集，顾美华点校：《圣谕广训集解与研究》，上海书店出版社 2006 年版，第 27、20 页。

⑦ 范忠信：《健全的纠纷解决机制决定和谐社会》，《北方法学》2007 年第 2 期。

"自有生民以来，莫不有讼。讼也者，事势之所必趋，人情之所断不能免者也。"① 就连雍正皇帝在《圣谕广训》也认为"夫人必有切肤之冤，非可以理遣情恕者，于是鸣于官以求申理，此告之所由来"②。"无讼"不现实，那就只有退而求其次，实施"息讼"举措弥消纠纷了。"息讼"即纠纷发生之后尽量不"诉讼"不打官司，泯纠纷解决于民间。康熙帝《圣谕十六条》中的"和乡党以息争讼"可谓当时官方对"无讼"最高级别的表达。地方官及其幕府们把"息讼"作为首务之一。康熙时河北省灵寿县知县陆陇其每次接到民事诉状都要劝当事人撤诉："尔原被告非亲即故，非故即邻，平日皆情之至密者，今不过为户婚、田土、钱债细事，一时拂煮，不能忍耐，致启讼端。……一经官断，须有输赢，从此乡党变为讼仇，薄产化为乌有，切齿数世，悔之晚矣。"③ 知府裕谦专门编制《戒讼说》印发所属州县劝民息讼："本府为尔民好讼者计，与其伺候公庭，受隶卒之呵斥，何若优游井里，乐妇子之团圆。平得一分心，便积得满家福；忍得一分气，便省得几分财。"知县黄六鸿④也撰有《劝民息讼》官文：

　　　　地方官纵能听讼，不能使民无讼，莫若劝民息讼。夫息讼之要，贵在平情，其次在忍。以情而论，在彼未必全非，在我未必全是。况无深仇积怨，胡为喜胜争强。我之所欲胜，岂彼之所肯负乎？以此平情，其忿消矣，而何有于讼？以忍而言，彼为横逆，从傍自有公论，何损于吾？或别有挑唆，无如息气让人，便宜自在。彼即受辱，吾宁不费钱乎，以此为忍，其念止矣，而何至于讼？虽然平情乃君子之行，容人亦非浇俗所能，惟恃上之有以劝之耳。……政尚清简，雀角之微，亲为谕释，使和好如初。而恬让之怀，油然动矣。于是强暴革心而向道，良善感化而兴仁。将见德风所被比间可封，又何讼狱之不

----

① （清）崔述：《无闻集》卷 2《讼论》，载顾颉刚编订《崔东壁遗书》，上海古籍出版社 1983 年版，第 701 页。

② 周振鹤撰集，顾美华点校：《圣谕广训集解与研究》，上海书店出版社 2006 年版，第 395 页。

③ （清）吴炽昌：《续客窗前活》卷 3。转引自张晋藩等《论清代民事诉讼制度的几个问题》，《政法论坛》1992 年第 5 期。

④ 黄六鸿，字正卿，号思斋，江西新昌县人。顺治八年（1651 年）举人，康熙初任山东郯城、东光知县，后调为京官，任礼科给事中、工科掌印给事中，康熙三十二年（1693 年）致仕归故里。撰有《福惠全书》传世，该书是其长期担任州县正印官的经验之谈，包罗万象，事无巨细，堪称州县管理之大全。

为止息哉?①

名幕汪辉祖在《佐治药言·息讼》中讲:"其里邻口角,骨肉参商,细故不过一时竞气,冒昧启讼,否则有不肖之人,从中播弄,果能审理,平情明切,譬晓其人,类能悔悟,皆可随时消释,间有难理,后亲邻调处,吁请息销者,两造既归辑睦,官府当予矜全,可息便息。"

第二节　官民对民间纠纷的不同态度

这里说的"民间纠纷",在今天看来,主要是民事纠纷案件和轻微的违纪违法案件,包括轻微的刑事案件②。明清时期,民事纠纷又被称为"钱谷"案件,轻微刑事案件被列入"刑名"案件。传统中国的官方和民间对待纠纷的态度是不完全一样的。

一　"细故":官方对民间纠纷的表达

官方把民间纠纷视为"细故"或"细事"。《大清律例》第 332 条"越诉"条例有"户婚、田土、钱债、斗殴、赌博等细事,即于事犯地方告理",第 341 条"军民约会词讼"条例、第 411 条"有司决囚等第"条例等都把上述纠纷称为"细故"。所谓"细故"就是细小而不值得计较的

---

① (清)黄六鸿:《福惠全书》卷 11 "刑名部一"。

② 这里有三点需要说明:第一,中国古代并没有部门法的概念,自然也没有今天民事法律行为、刑事法律行为等行为性质的区分,今天我们说古代有"民事纠纷""刑事犯罪",是以今释古的结果。但中国古代在司法实践中把违法犯罪行为分为"细故"和"重案"两类。"细故"大致相当于今天的民事纠纷、民事案件,也就是"户婚、田土、钱债、斗殴、赌博等细事";"重案"乃"谋反、叛逆、盗贼、人命及贪赃坏法等重情",也就是重大刑事案件。第二,在古代(东西方皆如此)违法与犯罪之间并无明确的界限,二者只是对行为违法程度的划分,违法是轻微的犯罪,犯罪是严重的违法。近现代(西方近代罪刑法定主义确立以后)中西方在对"犯罪"的理解和界定则有所不同。如 1810 年的《法国刑法典》第 1 条规定:"法律以违警刑所处罚之犯罪,称为违警罪;法律以惩治刑所处罚之犯罪,称为轻罪;法律以身体刑所处罚之犯罪,称为重罪。"而中国并没有这种"违警罪""轻罪"和"重罪"的分类规定。这里的"违警罪"相当于我们的违反治安管理的行为。第三,与第二点相关联,中国古代没有起诉案件由司法机关审理、非起诉案件由其他机关或组织处理的严格划分。就一般情况来说,最轻的违法犯罪行为由宗族内部处理,较轻的违法犯罪行为由乡里组织处理,严重的违法犯罪行为由国家司法机关处理。各级解纷主体对案件轻重的认识也不同,如乡里组织在处理民间纠纷的时候,也许他们并不认为这仅仅是个"民间细故",他们很可能认为这是一个相当严重的事情。

事情。在官方看来，此类纠纷无非是起因于一些箪食豆羹和鼠牙雀角之类的琐事，一般说来既不会引起社会的动荡与国家的危亡，也不会严重威胁人身与生命的安全。视社会纠纷为"细故"充分说明专制集权统治者对百姓私权的漠视。

"细故"或"细事"是与"重案"相对的，"重案"即"人命盗逃案件"。"细故"包括"重案"之外的一切案件或纠纷，包括"钱谷"案件和部分"刑名"案件。在国家法律中，"细事"与"重案"之间也没有质的区别，它们同是对社会秩序的触犯，两者皆应受罚，差别只在受罚程度不同而已。但在理论和实践中，"钱谷"（民事案件）与"刑名"（刑事案件）、"细事"与"重案"的区别却是存在的。① 18 世纪乾隆中叶刑名专家王又槐对"钱谷"与"刑名"作了概念和制度上的判别：

> 刑钱交涉事件，每多分晰不清，以致争竞。夫刑钱之分，须视其告者来意，为着何事。如意在争田房、索钱债、交易税契等类，内有一二语牵涉斗殴无伤、赌博无据，以及别项不法之事，并干连坟山争地者，皆归钱谷。若告斗殴、奸伪、坟山、争继、婚姻，及有关纲常名教一切重事，词内有钱债应追、田产不清等类，应归刑名。②

这就是说凡涉及"细事"的属"钱谷"，归户房处理，凡涉及纲常名教的属"刑名"，归刑房处理。官场箴规或为官手册③中也有相关经验总结或操作指南。例如清初黄六鸿《福惠全书》④ 中说："报升（指升迁官职）

---

① 黄宗智的《清代的法律、社会与文化：民法的表达与实践》（上海书店出版社 2007 年版）第八章中的 "'细事'与'民事'" 一节对此有专门考察。

② （清）王又槐：《办案要略》，群众出版社 1987 年版，第 70 页。

③ 例如徐栋的《牧令书》，汪辉祖的《佐治药言》，《学治臆说》，《学治说赘》，王又槐的《办案要略》，黄六鸿的《福惠全书》，方大湜的《平平言》等。

④ 《福惠全书》是一部关于仕宦箴规和官场指南的著作，是作者在总结本人仕宦经验基础上撰写的官场教科书。内容主要是地方州县官的为官之道、处事之方以及用人治民之术。作者黄六鸿，江西新昌人，曾任山东郯城知县、直隶东光知县、工科给事中。在他看来，保甲制度是维护乡村秩序的重要工具，厉行保甲是知县的重要职责。该书记载了有关保甲的设立、丁壮的选训、日常的管理以及如何以奖惩为手段推行保甲制度的法律措施。（参见《古代乡约及乡治法律文献十种》（第 1 册），黑龙江人民出版社 2005 年版，"序言"第 7 页）

之后，其人命盗逃重案，自应照常准理。其余雀角细事，以及户婚田土，或可片言剖决者，即与剖决；或有牵连，即批令乡地亲友从公处释。"① 在晚清台湾新竹县，"凡借贷、田土、婚姻等案即［由门房］移送钱谷幕友；窃盗、殴打、赌博等即移送刑名幕友审阅"②。清末修律引进西方法律概念和术语之后，中国摒弃细事与重案之别，代之以民事与刑事之分。

二　"利害"：民间对民间纠纷的表达

与官方看法不同的是，民间认为大量存在的纠纷关系到百姓的切身利益，是不可轻忽的大事、要事。咸丰年间湖北省襄阳知县方大湜说："户婚田土钱债偷窃等案，自衙门内视之，皆细故也。自百姓视之，则利害切己，故并不细。"③ 正是因为这样，老百姓们才时常漠视"和而不争"的教化而导致民间纠纷频生。官方的轻视与民间的重视，使得社会纠纷在发生与预防的博弈中禁而不止、千回百转。

第三节　高昂的诉讼成本与民间惧讼心态

一　高昂的诉讼成本

"息讼"或"惧讼"实际上都是一种基于解纷成本考量而后产生的诉讼心理。官方对"讼害"的宣传并非全是虚言。对于明清时期当事人的民事诉讼成本④，康熙年间知县章获鹿曾说：

> 讼告一事，最能废业耗财。……无论呈状入公门，每为贪墨居奇，即使清官廉吏听断无私，而提解待审，道路之跋涉，居停之守候，断不能免；在未审之前，胜负难料，忧惧谋谋，不但自己焦劳，凡系亲属皆累挂念；乃临审之际，处处仰面事人，凡胥书役隶，无不输情尽礼，嘱托帮衬照管；到既审之后，幸而偶胜，则前此焦心劳身，费财失业，将来家道，定就艰窘。若理亏坐罪，则破家荡产身受

---

① （清）黄六鸿：《福惠全书》卷32升迁部"简词讼"。

② 诸家编著：《新竹县志》，台湾大通书局1957年版，第307页。

③ （清）方大湜：《平平言·勿忽细故》。

④ 司法审判成本至少包括两个部分：一是原被两造的诉讼成本，二是司法机构的审判成本。这里主要考察前者。

刑系，玷辱家声，羞对妻子，虽悔无及，良可悯恨。①

传统中国的诉讼成本问题，西方人也有所关注和判断。例如美国人柯恩（Jerome A. Cohen，1935—）总结出四点：

> 第一，一审法院都被设在各县城和各郡，远离大多数民众居住的村落，出庭的旅费和住宿的费用很高。第二，民众对法官有不信任感。凭良心、有能力的法官凤毛麟角，法官大多数堕落、残酷无情、怠慢、武断，并容易为个人感情所左右。第三，上述不称职的法官在办案过程中都离不开书记员、听差、秘书的辅佐，但是这些人贪恋酒色，腐败堕落、无能而且傲慢，而臭名昭著。他们总是巧借名目来收取各种手续费，直至被称之为"虎狼"、"祭坛下的老鼠"，但是不管胜诉或败诉百姓都要耗费巨额资金这一点却没有任何改变。第四，民众在法院往往遭到侮辱性的白眼。私事被暴露，受小官吏的欺侮。为了使这些小官吏欢心，就必须不断给他们送钱，这样百姓的金钱就被官吏们贪婪地卷走；加上长期受拘留、被拷问，为逃脱这忍无可忍的非人待遇，就只好行贿；而且当事人和证人在法庭上都必须跪在手持棍棒的卫士眼下接受审判，根本没有辩护律师。即使胜诉也得不到充分的救济，不用说胜诉者和败诉者之间，甚至连他们的后代之间，也会长时间关系冷漠。②

上述总结已经比较全面，我们还可以从以下四个方面作进一步的具体考察。

（一）经济成本

与今天不同，中国古代打官司一律不收诉讼费③，司法实践中衙门仅

---

① （清）黄六鸿：《福惠全书》卷11 "刑名部一"。

② Jerome Alan Cohen, *Chinese Mediation on the Eve of Modernization.* 54 *California Law Review* (1966). p. 1214. et seq.

③ 古代法律并无诉讼费的规定。虽然当事人打官司在周代就要交类似近代诉讼费的"束矢"（一百支箭）或"钧金"（三十斤铜），但中国古代打官司总的来说不收诉讼费。根据文献记载，中国从西周起，刑诉与民诉便开始了初步的分野。民事诉讼中两造（原告与被告）均需缴纳类似近代诉讼费的"束矢"（一百支箭），否则是"自服不直"；刑事诉讼双方须交纳"钧金"（三十斤铜），如不交纳，除了被认定"自服不直"外，还有可能不予受理或判以败诉。

仅收取一些文书方面的成本费——"纸笔费"和差役之类的费用，这些费用被称为"陋规"①。古代中国的诉讼经济成本并不一定因为不收诉讼费而比今天低。不收诉讼费的诉讼经济成本在今天看来实际上属于司法潜规则成本或司法腐败成本。我们注意到，官方文献和文学作品经常提到原被两造的诉讼费用问题，但今天弄清这些费用的具体情况是非常困难的。下面我们仅对清代的民事诉讼费用情况作一简要考察。

1. 18 世纪的民事诉讼费用。汪辉祖（1731—1807 年）描述了大体情况："乡民有田十亩，夫耕妇织可给数口。一讼之累，费钱三千文，便须假子钱以济，不二年必至鬻田。鬻一亩，则少一亩之入。辗转借售，不七八年，必无以为生。其贫在七八年之后。而致贫之故，实在准词之初。"②据黄宗智考证，汪氏这里所说的官司多半是较重大并且经过堂审的官司，而不仅仅是指投告或普通官司。汪氏的数字与晚清和民国时期的资料比较接近，即每打一个官司，其诉讼成本相当于一个农业雇工一年的工资（2000—5000 铜钱）③。日本学者岸本美绪的考察结论是"当时打官司需要的费用是数十两，有时候多至数百两"④。如果按照当时一两白银至少可以换 1000 文铜钱（一贯钱）的兑换率换算，这笔费用就是数万钱到数十万钱，这与黄宗智考证的数字相差十倍到百倍之间。尽管上述两种数据相差悬殊，但可以肯定的是，一起民事诉讼的平均花费大概不少于普通百姓的一年收入，这对普通民众来说是一笔很大的费用。

2. 晚清的民事诉讼费用。戴炎辉对晚清台湾诉讼费用情况的考证结果如下：状纸费 0.4—0.5 吊（每吊相当于 1 银元），送审费与此大致相当，缮写费 0.4—0.7 吊，这样整个起诉的费用是 1.2—1.7 银元；正式开堂审讯，原告要花费的"堂礼"，普通案件 3—10 元，大案 100 元乃至更高⑤，

---

① 清代王有光记有："大凡词讼俗名官私。官者，情理之曲直；私者，经差之使费也。"见（清）李光庭、王有光：《乡言解颐　吴下谚联》，中华书局 1982 年版，第 113 页。将"经差使用"称为"私"，与"官"相对，显然不是官方正式收取费用。

② （清）汪辉祖：《佐治药言》，载田涛、刘俊文《官箴书集成》（第 5 册），黄山书社 1997 年版，第 313 页。

③ 黄宗智：《清代的法律、社会与文化：民法的表达与实践》，上海书店出版社 2007 年版，第 149 页。

④ ［日］岸本美绪：《清初上海的审判与调解》，载台湾中研院近代史研究所编《近世家族与政治比较历史论文集》（上）1992 年版，第 254 页。

⑤ 戴炎辉：《清代台湾之乡治》，台北：联经出版公司 1979 年版，第 706—708 页。

这样官司打到堂审阶段的诉费是 4.2—100 多元。同期（1906 年）四川巴县知县报称的讼费主要有：开单送审 0.7 银元；发一张传票三元左右；每开一次庭另花 1 元；派一名胥吏或衙役前去勘验取证，40 里之内收费 0.8 元，40 里外每增加 10 里多收 0.2 元；如果要另派衙役还需交五元；重新开庭再付 0.16 元。上述费用是原被两造都得交的①（这与现今是不同的）。这样算下来，如果仅是原告呈状投诉一次，花费不足一元，如果把官司打到堂讯阶段，他得花费至少四元，重大案件的费用当然不止于此。戴炎辉考证的讼费与巴县知县所报称的讼费大体相当。此时的粮价为每石六元，换言之，原告告状一次要花 1/6 石稻米，要打完一场普通官司要花 3/4 石稻米，这相当于当时一个成年男子三个月的口粮②，这比起 18 世纪民众一年收入的讼费相比，似有下降，但仍然是很高的。

3. 明清"陋规"、"常例"。这些费用是原被告给书吏（胥吏）和衙役的劳务费。明清时期书吏（胥吏）和衙役这些办事人员没有俸禄而只有低薪③。根据瞿同祖的考证，清代衙役的平均年薪是六两银子，靠这点银子根本无法糊口④，而胥吏的实际年收入在一千两左右⑤，这中间的差额就是向百姓索要的"陋规"或"常例"。明清谚云"堂上一点朱，民间千点血"⑥，意思是说在传唤过程中州县官不用在"传票"上签名，只需拿一支朱笔在被传人名字上随便点一下就可以了，而得此一"点"的衙役们如获至宝，因为他们可以在传唤时横行乡间，向被传人索要种种"陋规"，名目有所谓"鞋钱"、"跑腿钱"、"到案费"、"上锁钱"、"开锁钱"等，所以汪辉祖说："（县官）下笔时多费一刻之心，涉讼者已受无穷之惠。"⑦

---

① 参见黄宗智《清代的法律、社会与文化：民法的表达与实践》，上海书店出版社 2007 年版，第 148—149 页。

② 同上。

③ 明代充当衙役是人们必须供服的一种徭役，称为"均徭"（意即"同等的力役"），但允许人们交一笔钱代替实际服役，官府再用这笔钱去雇人代役。这种制度沿至清代，这导致衙役的低薪制度。

④ 瞿同祖：《清代地方政府》，范忠信等译，法律出版社 2003 年版，第 108—109 页。

⑤ 参见黄宗智《清代的法律、社会与文化：民法的表达与实践》，上海书店出版社 2007 年版，第 152 页。

⑥ 周振鹤撰集，顾美华点校：《圣谕广训集解与研究》，上海书店出版社 2006 年版，第 411 页；汪辉祖：《佐治药言》，载田涛、刘俊文编《官箴书集成》（第 5 册），黄山书社 1997 年版，第 313 页。

⑦ 汪辉祖：《佐治药言》，载田涛、刘俊文编《官箴书集成》（第 5 册），黄山书社 1997 年版，第 313 页。

（二）道德成本

对于视讼为恶的传统社会，无论告状者或助讼人出于什么动机，基于何种理由，只要成讼，就被认为是不仁不义，就被置于道德上的不利地位，被视为"倔强之徒"、"贪恶之人"、"讼棍"等。康熙年间知县章获鹿说："致讼之由有三：一种倔强之徒。见理不明，好刚斗胜，略有小事，以出头告状为才能，以熟识衙门为体面。此由情性之乖戾也。一种贪恶之人。意想诈人，遇事生风，讦私扬短，未告则放风薰吓，已告则使党圈和。不遂其欲，迭告无已。此地方之喇唬也。更有一种教唆讼棍。心实虎狼，迹同鬼蜮。原无恒业，专哄平人告状。讼端既兴，则运用笔锋，播弄诡计。"① 清代著名满族官员裕谦（1793—1841 年）说："人既好讼，则居心刻薄，非仁也。事理失宜非义也，挟怨忿争非礼也，倾赀破产非智也，欺诈百出非信也。"② 清代衙门规定，功名士子不得兴讼。18 世纪的巴县和 19 世纪的宝坻所使用的状纸均规定，士绅告状不予受理，得由他人出面代理呈具。③

（三）身心痛苦

包括情感成本和肉体痛苦。情感成本包括堂审带来的精神压力、双方撕破脸皮反目成仇的后果、以后可能因乡邻对自己信誉的贬损而导致的潜在利益损失。仅堂审来说，过去对民事案件的审理不同于今天，衙门之所以令人望而生畏，首先是因为它对当事人以刑相待的态势。这一点可从许多方面体现出来。大清律例无疑是以刑罚为主的，一开头就规定了刑罚的种类、分等以及刑具。法律本身就被视同刑罚，正如从县衙门到中央政府的司法机构都被称做刑房或刑部一样。县官们在形式上只要求办理刑事案件，或以刑事案为主。每次升堂都备好了刑具和守候一旁的皂隶。即使民事案中很少用刑，但让人自始至终感受到一种威胁。④ 对黎民来说，升堂时的咚咚衙鼓，庭审时的声声堂威，公案上的啪啪怒棋（惊堂木），再加牙牌和刑具之类，都有制造公堂威仪的效果。⑤ 倘若踏进公堂，黎民就少

①　（清）黄六鸿：《福惠全书》卷 11 "刑名部一"。

②　（清）裕谦：《戒讼说》，《牧令书》卷 17 "刑名上"。

③　黄宗智：《清代的法律、社会与文化：民法的表达与实践》，上海书店出版社 2007 年版，第 163 页。

④　黄宗智：《清代的法律、社会与文化：民法的表达与实践》，上海书店出版社 2007 年版，第 154 页。

⑤　参见徐忠明《包公故事：一个考察中国法律文化的视角》，中国政法大学出版社 2002 年版，第 420—439 页。

不得胆战心惊,所谓"穷人上堂腿肚子转"①。除了心理上的惊吓,更有肉体的痛苦。在黎乡眼里,审判与拷讯密不可分。所谓"三木之下,何求不得";"人是苦虫,不打不招"以及"人心似铁非似铁,官法若炉是真炉"② 等谚语,即是对此审判情景的生动描绘。

(四)旷时废业

为了不影响农务,中国至少在汉代以后,国家规定地方衙门在农忙时期不受理民事案件,只在放告期间才审理案件,但是由于乡村往往远离衙门,原告被告两造和干连证人又得出庭诉讼,每每因为守候听审,从而产生滞留县城旷时废业的弊端。王阳明在任江西吉安府庐陵县知县时说:"吾所以不放告者,非独为吾病不任事。以今农月,尔民方宜力田,苟春时一失,则终岁无望。放告尔民将牵连而出,荒尔田亩,弃尔室家;老幼失养,贫病莫全;称贷营求,奔驰供送。"③ 明清谚语"一日官司,十日不完"和"县三月,府半年,道里的官司不种田"④ 即是此意。此外还有审判官故意拖延审理导致旷时废业更严重。乾隆时期陈宏谋指出:"(州县官)惟于民间告词,则以为自理之事,可以推延;上司无案可查,常至经年累月,延搁不结,而两造多人之守候拖累。"⑤ "常见一纸入官,经旬不批,批准不审,审不即结,及至审结,仍是海市蜃楼,未彰公道,徒使小民耗费倾家,失业费时"。⑥

综上所述,明清时期的一般民事诉讼成本在经济上似乎并不足以让当事人倾家荡产,但也高到了"赢了官司输了钱"或"赢得猫儿卖了牛"⑦的程度,更不用说还有道德成本、身心成本、旷时废业成本。诉讼代价大且不说,关键是诉讼并不一定能解决问题。如果官府公正判决,争讼双方

---

① 温瑞政等编著:《中国谚语大全》,上海辞书出版社 2004 年版,第 1875 页。

② 同上书,第 1969、1925 页;丁世良、赵放主编:《中国地方志民俗资料汇编·华北卷》,北京图书馆出版社 1989 年版,第 162 页。

③ (明)王守仁:《王阳明全集》(第 3 册),红旗出版社 1996 年版,第 1088 页。

④ 引自《民国续修莱芜县志》卷 14《礼乐·乡风》,第 328 页;丁世良、赵放主编《中国地方志民俗资料汇编·华北卷》,北京图书馆出版社 1989 年版,第 94 页。

⑤ (清)陈宏谋:《请饬巡道清查讼案疏》,载贺长龄、魏源辑《清经世文编》卷 93,第 2297 页。

⑥ (清)刚毅:《牧令须知》,载田涛、刘俊文《官箴书集成》(第 9 册)黄山书社 1997 年版。

⑦ 丁世良、赵放主编:《中国地方志民俗资料汇编·西南卷》(上),书目文献出版社 1991 年版,第 340 页;温瑞政等编著:《中国谚语大全》,上海辞书出版社 2004 年版,第 2184 页。

可能会心悦诚服地接受，和息争端；如果官府受贿徇私、上下其手袒护一方，那么就可能埋下祸根，使争讼无休无止，所谓"两造争衡，贿多者直，贿少者曲。且胥吏证佐非财不联，舟车食用非财不给，前讼未已，后讼复兴。"① 所有这些因素所构成的诉讼"性价比"，足以使当事人"惧讼"，使官方有理由"息讼"。

二　民间的"惧讼"心态

与官方"无讼"、"息讼"愿景不同的是，明清时期的民间社会，在某些时候某些地方，事实上存在着"健讼"。② 陈景良教授指出：把中国传统法律的价值取向全部概括为"无讼"，这"大大偏离了中国的历史实际，且不说明清两代江南地区如徽州一带存在着大量好讼、兴讼的事实，即便是宋元两代，单用'无讼'二字也很难穷尽司法活动中主审法官的功利主义价值蕴涵。"③ 日本学者中村茂夫指出："旧中国（践行'无讼'）的各种情况容易挫伤民众希望通过诉讼来差别黑白的愿望。尽管如此，中国的为政者们还是采取了抑制百姓所谓滥诉行为的立法措施，往往又通过地方官的告示来鼓励宗族和村落内部处理纠纷，借以刹住健讼之风，这一事实只能说明为政者满眼都是视为滥诉、健诉的数量庞大的诉讼。这不就是民众连轻微的案件也要诉诸于官府的强烈的权利意识的表现吗？"④ 根据黄宗智的考证，"在清代后半期，县衙门每年处理五十至五百个民事案子，好些县可能每年在一百至二百件。平均而言，每县每年大概有一百五十件左右。"⑤ 假设每个州县平均人口为30万，每年约有150个案件闹到州县衙门，那么一年当中每2000人就有一个新案子，一年当中每200户就有一户涉讼。⑥ 这些统计数字显示，清

① 《古今图书集成·职方典》卷715《常州府部》。

② 参见陈会林《地缘社会解纷机制研究》，中国政法大学出版社2009年版，第二章第二节"纠纷增多的原因"。

③ 陈景良：《反思法律史研究中的"类型学"方法》，《法商研究》2004年第5期。

④ 参见［日］中村茂夫《传统中国法——对其雏型说的试论》，载《法政理论》（新潟大学）1979年版，12卷1号，第142、151、158页。

⑤ 黄宗智：《清代的法律、社会与文化：民法的表达与实践》，上海书店出版社2007年版，第144页。

⑥ 黄宗智：《民事审判与民间调解：清代的表达与实践》，中国社会科学出版社1998年版，第173页。

代在一定程度上已是一个"健讼"社会。为什么会这样？一个重要的原因是"到了 16 世纪末，情况变化了，农民的世界扩大了。他们或纳赋当役、或行商做工，时常进城，往来于县衙周边，与县衙书役时有接触。县衙和庶民的距离，在心理上接近了，打官司成为庶民要解决纷争时容易想到的一个途径"。①

"健讼"现实与"和为贵"理念，何以可能共存、又以怎样的样态共存于同一个纠纷主体？它们之间究竟存在着怎样的逻辑关联？我们以为，在当时的民间社会，同时有三种影响纠纷是否发生，发生之后如何选择解决方式的力量在进行博弈：第一是维权的力量。基于维权的现实需要，民众遇到纠纷会想到打官司。第二是追求"无讼"的力量。传统民间社会基于人们非亲即故，有着非常浓厚的人情联系，所以伦理道德上有着强烈的雍睦和谐需求，渐次认同或养成了的"无讼"、"息讼"心理。胡祖德《沪谚外编》"息讼歌"："词讼不可兴，家业从此废。虽赢一万兵，自损三千骑。讼师摇软椿，干证索厚币。那有善公差，亦无白书吏。官断不可知，曲直每任意。刁唆与诬告，心术尤不义。忍气与借财，劝君须切记。"② 安徽桐城祝氏族规规定："族众有争竞者，必先鸣户长、房长理处。不得遽兴讼端，倘有倚分逼挟、恃符欺弱，及遇事挑唆者，除户长禀首外，家规惩治。"③ 对于地缘社会，"中国历代的乡规民约（乡约之规约）中都有关于息讼的条款，旨在通过乡村自治的办法化解民众之间的矛盾纠纷，以减少诉讼的发生。"④ 第三是"惧讼"的力量。惧讼是乡民基于诉讼带来的不测、不利甚至是灾难性后果而渐次形成的恐惧心态。民谚"一字入公门，九牛拔不出"，"告人一状，三十六冤"，"一场官司一场火，任你好汉没处躲"⑤ 等所刻画的诉讼恶果，就是奉劝乡民不要轻易诉讼。民间宗谱告诫族人："因小愤而涉讼，渐至破家，或因争产而涉讼，反至

---

　　① ［日］岸本美绪：《清初上海的审判与调解》，载台北中研院近代史研究所编《近世家族与政治比较历史论文集》（上），1992 年版，第 256 页。

　　② （清）胡祖德：《沪谚外编》，上海古籍出版社 1989 年版，第 190 页。

　　③ 安徽桐城《祝氏宗谱》卷1。转引自顾培东《社会冲突与诉讼机制》，法律出版社 2004 年版，第 38 页。

　　④ 牛铭实：《中国历代乡约》，中国社会出版社 2005 年版，第 121 页。

　　⑤ 引自赵世瑜《谣谚与新史学》，《历史研究》2002 年第 5 期；丁世良、赵放主编《中国地方志民俗资料汇编·华北卷》，北京图书馆出版社 1989 年版，第 122 页。

失业，'讼则终凶'。"① 清代山东省临清直隶州夏津县民间有"好讼之害"歌谣："世风不古，诉讼日繁，问其原因，小事一端。有的受人挑唆，有的受人欺骗。讼师兴风作浪，花你自己的钱。无论至亲好友，一打官司就完。赢了无济于事，只结几世仇冤；输了丢人现眼，将来后悔也难。讼则终凶，古训昭然，存心忍耐，莫找麻烦。"② 乾隆十八年（1753 年）山东莱阳县宋国干家的田地与监生③刘彬的地界相连，刘彬的仆人张福受主人指使把宋家的地翻耕了五犁。宋国干几兄弟非常气恼，但又怕惹不起刘彬，宋国干说："刘彬强占俺家的地，如何气得他过？他是个监生，家里很有钱，若打官司，怕打不过他，怎么处呢？"（哥哥）宋文高听了愤愤不平，说："刘彬始搬到俺庄上就要占人的地，再住些时，咱们的地都好被他占了。如今你们先去和他讲理，他若退便罢，若不还，咱们大家打他一顿，看他怎样？"④ 这一纠纷最后酿成命案，监生刘彬被殴身死。从案中两兄弟的对话来看，宋国干没有告官的主要原因是对方很有钱，"若打官司，怕打不过他"，所以选择自力解决。这里似乎反映了一个事实：在宋国干这类老百姓的心目中，司法解决纠纷的成本是很高的，高得普通百姓不敢打官司。

　　上述三种力量在博弈中，维权会导致"健讼"，"无讼"和"惧讼"会导致"贱讼"，综合作用的结果决定了纠纷是否发生、发生多少，遇到纠纷如何解决。这后一问题往往是首选民间解决，即既不回避纠纷，又不打官司。只有在民间调处确实不能解决问题，或者说"切肤之冤，非可以理（法）遣情恕"时才"鸣于官"。现实的"惧讼"因素成为地缘社会组织广泛参与预防纠纷或解决纠纷的又一直接原因。

---

① 江苏晋陵《奚氏宗谱》卷1。转引自顾培东《社会冲突与诉讼机制》，法律出版社 2004 年版，第 39 页。"讼则终凶"出自《周易》"讼卦"卦辞。

② 《夏津县志续编》（10 卷），民国二十三年铅印本。转引自丁世良、赵放主编《中国地方志民俗资料汇编》（华东卷·上），书目文献出版社 1995 年版，第 144 页。

③ 参见陈会林《地缘社会解纷机制研究》第七章第一节"明清时期的乡绅"部分，中国政法大学出版社 2009 年版。

④ 中国第一历史档案馆等：《清代土地占有关系与佃农抗租斗争》（上册），中华书局 1988 年版，第 73—74 页。

第二章　传统中国预防社会纠纷的思路

无论是基于善恶标准的价值判断，还是出于解纷成本的功利考量，传统中国都是强调要绝对避免和预防纠纷的。如何避免和预防纠纷？纵观整个古代中国，其基本思路大致有三种：第一种是"富而教之"，这是儒家的思路；第二种是"定分止争"，这是法家的思路；第三种是"虚心弱志，实腹强骨"，这是道家的思路。

第一节　富而教之

"富而教之"，即在发展经济，促进社会物质富足的基础上，教育和引导人民"和而不争"。

《论语》中载有孔子和学生冉有的一段对话："子适卫，冉有仆。子曰：'庶矣哉！'冉有曰：'既庶矣，又何加焉？'（子）曰：'富之。'曰：'既富矣，又何加焉？'（子）曰：'教之。'"① 这是说孔子到卫国，冉有驾车，孔子到达卫国时中感叹卫国的人真多（卫国所在河南省今天仍是人口最多的省份），冉有趁机问道："如果一个国家人口已经很多了，那这个国家的执政者又该干什么呢？"孔子说："让人民富起来。"冉有又问："如果人民都已经富裕了，执政又该干什么呢？"孔子道："教化他们。"这就是儒家"先富后教"之治国主张的出典。"先富后教"也是儒家提出的预防纠纷的基本思路。孔子又说："小人穷斯滥矣"②，因为"贫而无怨难，富而无骄易"③。这是说，一个本来就没有高尚品德的人，到了穷愁潦倒时候便会无所不为，因为贫穷却没有怨恨，很难；富贵而不骄纵，倒容易做

---

① 《论语·子路》。
② 《论语·卫灵公》。
③ 《论语·宪问》。

到。儒家的荀学也说，"欲多而物寡，寡则必争矣。"① 这都是强调物质富足可以减少或避免纷争。

第二节　定分止争

"定分止争"，即通过设范立制，确定每个人的权利界限，避免纠纷的发生。这是法家和荀子的主张。

法家先祖管子首先提出"律者，所以定分止争也"② 的命题，意思是说，人们制定法律的目的是为了用它来确定名分（权属或权利边界），从而止息纷争。这里的"分"即名分，有所有权的意义，蕴藏权利意识（但在中国古代未能发展成为相对独立的法律范畴），定分即立法。"定分止争"是说有了一定的政治法律约束，可以避免人们的争端和避免社会秩序紊乱。慎到举例说明了定分止争："一兔走街，百人追之，分未定也；积兔满市，过而不顾，非不欲兔，分定不可争也。"③ 意思就是说，一只野兔在街上跑，后面很多人追着想抓住它。但是市场上很多的兔子却没有人去抢，为什么呢？因为前面的兔子权属没有定，而后面的兔子已经有了归属。对此商鞅进一步发挥说："一兔走，百人逐之，非以兔可分以为百也，由名分之未定也。夫卖兔者满市，而盗不敢取，由名分已定也。故名分未定，尧、舜、禹、汤且皆如骛焉而逐之；名分已定，贪盗不取。……名分定，则大诈贞信，民皆愿悫，而自治也。姑夫名分定，势治之道也；名分不定，势乱之道也。"④

儒家的荀子也认同"定分止争"的观点。他说："人之生，不能无群，群而无分则争，争则乱，乱则穷矣。故无分者，人之大害也；有分者，天

---

① 《荀子·富国》。

② 《管子·七臣七主》。

③ 《意林》卷 2 引《慎子》佚文。

④ 《商君书·定分》。这段话的意思是：一只兔子跑了，一百个人蜂拥而追，要逮住它，并不是因为捉到兔子后每个人都能分到兔子的百分之一，而是因为兔子的所有权没有确定。市场上有好多兔子在卖，盗贼都不敢去抢夺，这是因为市场上兔子的所有权是明确的。所以，当事物的名分没有确定以前，尧、舜、禹、汤也像奔马似地追逐，而名分确定后，贪婪的盗贼也不敢夺取。……名分确定了，奸诈之人可以变得正直诚实，人民都谨慎忠诚，而且都能自律自治。所以确定名分是势所必治的办法，不确定名分是势所必乱的办法。

下之本利也。"① 意思是说，人之性恶，会生争夺，破坏"群"。于是需要"明分"，即以礼义法度为指导对人的身份等级及其相关权利义务作出规定。此外，荀子还提出"度量分界"止争的命题，他说："人生而有欲，欲而不得，则不能无求。求而无度量分界，则不能不争。争则乱，乱则穷。先王恶其乱也，故制礼义以分之，以养人之欲，给人之求。使欲必不穷乎物，物必不屈于欲，两者相持而长，是礼之所起也。"② "度量分界"即"定分"或"明分"，他主张通过"度量分界"来扼制人们的欲望可能无限膨胀的本能，从而最终避免或减少纠纷。

第三节　虚心实腹

在如何避免社会纷争问题上，道家有独特见解。《老子》中说："绝圣弃智，民利百倍；绝仁弃义，民复孝慈；绝巧弃利，盗贼无有……见素抱朴，少思寡欲"③；"不尚贤，使民不争；不贵难得之货，使民不为盗；不见可欲，使民心不乱。是以圣人之治，虚其心，实其腹；弱其志，强其骨。常使民无知无欲。"④ 道家思想在某种意义上都是一种"超级"主张，一般人难以察其精妙。例如，上述言论并非过去人们所说的，是一种一般地主张废礼弃法、禁心革欲，其要义实际上是要求抛弃违背自然和人性的制度以及追求过度享乐的价值观，这样社会纠纷自然会减少或消失。这段话内在地包括这样一个意思："使民不争"的根本办法是"虚其心，实其腹，弱其志，强其骨"。"虚其心"、"弱其志"说的是要使百姓的心思清净淳厚，追求自然素朴的物质生活；"实其腹"、"强其骨"说的是要使百姓吃饱穿暖、筋骨强健。这使我们不禁联想到同一时期西方亚里士多德提出的城邦诸善理论，城邦治理所要完成的最高善业是实现公民的三善：

---

① 《荀子·富国》。

② 《荀子·礼论》。这段话的意思是：人天生就有欲望，欲望不能得到满足，就不得不寻求满足，这种寻求如果没有一定的限度，就不能不发生争斗。争斗就会引起混乱，混乱，国家就会穷困，没有办法治理。先王憎恨混乱的局面，所以制定礼义以区分等级差别，从而调节人们的欲望，满足人们的要求。使人们的欲望一定不要因为财物不足而得不到满足，使财物也一定不要因为人们的欲望太大而被用尽，使财物和欲望两者相互制约从而长久保持协调。这就是礼法的起源。

③ 《老子》第 19 章。

④ 《老子》第 3 章。

"外物诸善，躯体诸善，灵魂诸善"①，也就是富足的物质、健康的身体和良好的道德。上述老子这些话的意思与亚里士多德所说的意思基本上一致。总之，道家预防纠纷的主张不仅不是一种反文化的思路，而且在某种意义上是儒家思路和法家思路的升华或集大成。

　　以上三种思路出自先秦，在后世都得到不同程度的实施。其中"富而教之"、"定分止争"是显性的；"虚心弱志，实腹强骨"是隐性的，或者更多地夹杂或承载于前二者。

---

①　［古希腊］亚里士多德：《政治学》，吴寿彭译，商务印书馆1997年版，第340页。

第三章　明清地缘社会及其可能遭遇的纠纷

第一节　明清时期的地缘社会

一　明清时期地缘社会的组织形式

现代地缘社会的形式，主要有社区、部落、村落、都市、同乡（会）、现代公寓、居民新村、大学城、乡村结社、乡间集会等。其中社区是地缘社会最典型最重要的形式①。现实"社会"的"组织形式"可以是固定的、有形的，也可以是松散的、临时的，因而乡间集会也是一种重要的地缘社会形式，对此过去人们似乎没有注意。地缘社会作为一种特殊的社会类型在历朝历代都有，据笔者初步考察，明清时期地缘社会组织的具体形式主要有乡里组织、乡约组织、同乡社会组织、乡村结社组织、乡间集会组织等五大类。

（一）乡里组织

中国古代的"乡里"是国家县级基层政权以下（所谓"以县统乡，以乡统里"②）、没有朝廷命官及其属吏直接治理的民间生活共同体形式，乡里组织表现为里甲、保甲、村社等社区形式，是因国家行政区划而形成的地缘行政性组织，是中国最传统也是最主要的地缘社会组织形式。之所以说乡里组织是地缘社会组织，是因为地理因素是乡里组织存续的主要纽带。这里的地理因素主要是乡村或自然村落。在某种意义上，乡里组织就是通过地缘将一个个血缘家庭和宗族凝聚在一起的区域性生活共同体。乡里组织中的地缘纽带主要体现为人文地理因素。也就是直接以行政区划的

---

① 有的学者直接用"社区"代表地缘社会，如黄宗智说："事实上（清代）大多数纠纷并未演变成诉讼案件而是由宗族和社区来调解的"（黄宗智：《清代的法律、社会与文化：民法的表达与实践》，上海书店出版社 2007 年版，第 8 页），这里的"宗族"代表血缘社会，"社区"代表地缘社会。

② （清）顾炎武著，黄汝成释：《日知录集释》（中）卷 22 "乡里"，上海古籍出版社 2006 年版，第 1253 页。

人文地理因素表现出来，只是这里的行政因素仍是以地域的存在为前提的。乡民们生于斯长于斯，几十年不变的生活，强化了这种地缘关系的神圣与稳定，乡民们对这些地缘性区域共同体的认同，要远远高于对本区域以外的国家体系的认同，地缘成为维系乡里的最强有力的纽带。乡里组织是明清时期最主要的地缘社会组织，其他地缘社会组织都对乡里组织有不同程度的依附性。

明清时期乡里组织的具体情况比较复杂。一是形式多，有里甲、保甲、社学（民间启蒙教育机构）、社仓（民间荒政互助组织）等。① 清代台湾地区还有街庄（城镇中的汉族移民组织）、乡庄（农村中的汉族移民组织）、番社（原住民组织）、垦隘（街庄和番社之间的屯垦组织）等。② 二是变化大，上述具体组织形式在明清时期并非都是一以贯之的始终存续。例如里甲在明代中期以前作为重要的差役组织兼自治组织，在明朝后期开始衰弱，其职能逐渐为保甲所取代；保甲在明代是与里甲并列的治安联防组织，到清代中后期职权变大，逐渐取代里甲，变成综合性乡治组织；属于里甲制度范畴的里老人制度在明代中后期开始衰落，此后作为一种制度的里老人不再存在，但里老的角色仍以乡耆、里甲耆、约正等名目继续存在并发挥重要作用③。三是名称杂。仅里甲就有镇、保、都、庄、乡、村、里、图、甲、社、约、堡、寨等几十个名目，相对稳定或最重要的是里甲和保甲。总体来说，明清时期乡里组织，在明代前期主要是里甲组织（实行里甲长与里老人并存的双轨制），明代后期和清代初期里甲和保甲并存，清代后期主要是保甲。晚清出现了保甲和乡约的军事版本——团练。

1. 里甲组织

明清时期里甲的标准组织结构是：以邻近地区的 110 户为一里，从中推丁多田多的十户轮流充当里长，余 100 户分 10 甲，每甲 10 户，轮流充当甲长。每年由里长一个率领十甲甲首应役。值役的称"当年"，轮次的称"排年"。十年轮流一遍，期满后按各户人丁和田亩增减重新编排。里

---

① 参见陈顾远《中国法制史》，商务印书馆 1959 年版（初版于 1934 年），第 175—176 页。

② 参见戴炎辉《清代台湾之乡治》，台湾联经出版公司 1979 年版。

③ 例如《大清律例》第 83 条"禁革主保里长"规定："凡各处人民，每一百户内，议设里长一名……其合设耆老，须由本乡年高、有德，众所推服人内选充。不许罢闲吏卒，及有过之人充应。违者，杖六十。当该官吏笞四十。"

甲人户载于黄册，遇有差役凭册派充。鳏寡孤独和无田产不服役者代管于110户之外，列在册后，叫"畸零"。里甲的重要特点是其划分以人户数量为标准，不完全以自然村为单位。

里甲组织置里甲长。里甲长的基本职能是负责征纳赋役、应付官差，次要职责是与里老人一起负责乡里的行政（包括治安）、教化、解纷等自治事务。

里甲组织除设置里甲长外，另外还推举若干"老人"（又称"耆老"、"里老"或"里老人"）负责乡治。里老人是里中推举出来负责本地自治事务、年高有德有威望的耆老（老人或里老人），有点像英国中世纪郡守时期（10—14世纪）的"治安法官"。里老人职责与里甲长主要负责催粮科差不同，但他们都有劝民息争和调处纠纷的责任，所谓"导民善、平乡里争讼"①。《教民榜文》规定："其老人，须令本里众人推举平日公直、人所敬服者，或三名、五名、十名，报名在官，令其剖决（词讼）。"②

2. 保甲组织

明清时期的保甲经历了一个从"乡守"到"乡治"——从明代的治安联防组织（民兵组织或警察组织），到清代变成综合性的乡治组织——的性质变化。这里主要介绍作为综合乡治组织的保甲。

保甲制度是组织更加严密、高度排外的乡里组织。其标准结构是："十户立一牌，设一牌头；十牌立一甲，设一甲头；十甲立一保，设一保正。若村庄人少，户不及数，即就其少数编之"③；所有居民住户必须全部编入，"不论绅衿衙役，一体编入甲内，不得循庇隐漏"④。这里采用十进率三级制的编制形式，牌、甲、保的户数分别是10户、100户、1000户的规模，首领分别是牌头或牌长、甲头或甲长、保正或保长。保甲与里甲一样，都是以人户数量为依据而不是以自然区域（村落）为依据而划分形成的社会组织。不过，现实中这种十进制的编排规制常被打破，尽量与乡村的自然区划和行政分区靠近，所谓"编牌以十家为常，或多少参差，附近

---

①　《明史·食货一》。

②　刘海年、杨一凡主编：《中国珍稀法律典籍集成》乙编第1册，科学出版社1994年版，第635—645页。

③　《清世宗实录》卷46。

④　《光绪朝鱼台县志》第2651页。

合编，亦不拘一"①。这样一来，保甲组织在形式上也更容易成为综合乡治组织。

与里甲长不同的是，保甲长等各级首领是民众推举而不是轮值的，而且"俱选庶民，青衿、衙役勿使充任"（也就是须由普通百姓担任）②。不过后一条在现实中并未彻底贯彻，实践中乡绅担任保甲长的并不鲜见。保甲长有很多异称，例如有的地方分别称保长和甲长为"里耆"和"甲耆"，"保董"和"甲董"，有些地方将他们通称为"地保"③、"乡保"等等。

保甲的职能在明清时期总的变化趋势是从单一的治安组织向综合乡治组织演变。明清时期作为综合乡治组织的保甲组织，其职能可分为传统职能和新增职能两大部分。传统职能是民间地方的治安联防，主要在两个方面：一是户口管理、人员控制，使高度分散的乡里居民整体上纳入国家控制体系之中；二是相互监视，共同担保，强制平民百姓之间横向监视，保证各自遵纪守法。新增职能主要是催征钱粮、地方役务、教化解纷等。清代地方官徐栋发出感慨："保甲法甚约，而治甚广。阳明先生谓循此而润色修举之，则一邑之治可以不劳而致。"④ 意思是说，保甲的制度简约，但功能强大。

（二）乡约组织

这里的"乡约"是中国传统社会中的乡民基于一定的地缘关系，在特定"规约"集结之下、为某种共同目的设立的社区自治组织。乡约组织不仅有规范意义上的"规约"作为联合机制，而且有特定的组织形式，例如有相对固定的约众，有约正、约副等负责人员，有供定期集会用的约亭、约所等。乡约组织的推行是中国传统民间自治的重要创新与实践。乡约始于宋代，历经元明清，在民国昙花一现之后全面退出历史舞台，历史上存续近千年。

---

① 《论保甲事例书》，《皇朝经世文编》第 2650 页。

② 黄强：《中国保甲实验新编》，正中书局 1936 年版，第 137 页。在这里借指在科举考试获得功名（生员、秀才、举人、贡士等）的乡绅。

③ ［德］马克斯·韦伯说："这种自治官（地保）应当在上级政体与自治体之间建立联系，不管在哪里，只要这种制度发挥着职能，地保总要在县太爷府里待上些时候，为的是给他通气。"（《儒教与道教》，王容芬译，商务印书馆 1995 年版，第 148 页）

④ 《古代乡约及乡治法律文献十种》（第 2 册），黑龙江人民出版社 2005 年版，第 13 页。

　　为什么说乡约组织是地缘社会组织？乡约，首先是"乡"，"乡"是地缘因素；然后才是"约"，"约"是规约。乡约组织是为了一个共同目的（御敌卫乡，劝善惩恶，保护山林，应付差徭等）、以地缘和规约为主要纽带形成的社区自治组织，其中地缘是首要纽带。如果说明代还有与家族组织交叉重叠的乡约组织（如徽州文堂乡约），那么到了清代，乡约则完全跨越族界，成为同居一处的乡民组成的纯粹以地缘关系为纽带的民间组织。乡约组织以自然地缘区域为组织范围，不以县乡行政区划为单位（但不排除其地缘范围有时可能与乡里区域重合），旨在摆脱官府自治自主。

　　明清时期的乡约组织，大致经历了一个从纯粹民办到官方干预与民办并存的变化过程，这一过程可分为五个阶段：（1）明代前期人民自发创办乡约。乡约的代表是正德六年（1511年）山西潞州人仇楫与其弟创办的"雄山乡约"。（2）明朝中期地方官开始倡办乡约。乡约的代表是正德十五年（1520年）王阳明倡办的南赣乡约。（3）明朝后期中央政府倡办乡约。代表性的官倡民办乡约有嘉靖四年（1525年）关中理学家吕柟推行于山西的解州乡约、嘉靖十三年（1534年）吕柟门人余光推行于解州运城的河东乡约、嘉靖十八年（1539年）吕柟门人张良知推行于河南许州的许昌乡约等。（4）清代前期（鸦片战争以前）官方督办乡约，主要是通过督促"讲乡约"的方式进行的。所谓"讲乡约"就是宣讲以圣谕、律令为重要内容的乡约之规约的活动，目的是要大家共同遵守、身体力行。"讲乡约"是明清时期一种社会性的文化道德教育兼普法教育活动。此时的乡约与官方的联系更加紧密，逐渐从民间团体自治组织变成一种职能相对简化的社区教化组织。（5）清代后期（鸦片战争以后）部分地区乡约的军事化和区域性联合。这时的乡约有两大新变化：一是部分地区乡约功能的军事化，即在"团其身必先团其心"的思想指导下与团练结合；二是机构组织联合与扩大，出现了数个乡约乃至全县乡约合组的乡约局或乡约总局。

　　明清乡约的种类繁杂。根据创建形式不同，可分为民间自办乡约和官方倡办、督办乡约，前者如雄山乡约、沙堤乡约、文堂陈氏乡约、徽州护林乡约、抗倭乡约等，后者如南赣乡约、惠安乡约、海宁乡约、岭南团练乡约等；根据功能的不同，可分为综合性乡约和专门乡约，前者如雄山乡约、沙堤乡约、岩镇乡约、文堂陈氏乡约等，后者如徽州护林乡约、抗倭乡约①、湖南的团练乡约、岭南大埔乡约等。

明清时期的乡约作为一种民间社区自治组织，有一整套特定组织机构或运行机制，其要素包括人员组成、全体约众共同遵守的规约、供定期集会用的约亭或约所以及必要的活动经费等。（1）人员组成。一般主要有主持人、工作人员、约众代表、约众等。例如：明代南赣乡约设约长、约副、约正、约史、知约、约赞等职位的工作人员共17人，他们各有分工，均选德高望重的人担任②。《（沙堤）圣训约》③列载姓名的约中人物，共有65名，分成主持人、"乡约宾"和"乡约执事"三类。乡约的负责人或主持人有约长（约正）和约副等，都由约众公举产生，有时还要报官府备案或批准。约长或约正，有的地方直接称"乡约"，有的地方称"乡保""董事"④。约长或约正的副职称"约副"、"副正"等，一般为两人。晚清出现的乡约局由公举的地方乡绅（绅董）总主持，各乡约的约正辅佐绅董分管各乡约，实际上仍是所在乡约的负责人。（2）规约。乡约之规约规定约众的共同行为规则，一般由乡民自发制定，共同遵守，内容涉及乡约的治安、经济、社会、教育、礼俗等，是典型的民间法。官方介入的乡约组织，乡约规则有法定的政治性内容，这主要是皇帝的"圣谕"、"圣训"，例如明代太祖的"圣谕六言"（《教民六谕》）、清代康熙帝的"圣谕十六条"等。（3）乡约所。乡约所或乡约亭、约亭，是乡约组织固定的活动场所。（4）活动经费。明清时期的乡约除了晚清乡约局有官费接济之外⑤，一般情况下是没有政府财政拨款的，其活动经费主要有三种来源：约众缴纳的会费、公益性经营收入、赡田或义仓的收入。

乡约是能够实行有限自治的民间社会组织。一般认为，受到官方干预的乡约组织主要作为一种区域性的基层教化组织形式而存在，但这里的"教化"是一个外延极宽的概念，几乎可以包含所有的乡治内容。可以说，

---

① 明中后期东南还有"抗倭卫乡"乡约。参见陈柯云《略论明清徽州的乡约》，《中国史研究》1990年第4期。

② （明）王阳明：《南赣乡约》，载《王阳明全集》（第1册），红旗出版社1996年版，第228—232页。

③ 参见朱鸿林《中国近世儒学实质的思辨与习学》，北京大学出版社2005年版，第265—266页。

④ 黄宗智：《清代的法律、社会与文化：民法的表达与实践》，上海书店出版社2007年版，第104—105页。

⑤ 参见朱铭实《中国历史乡约》，中国社会出版社2005年版，第72页。

凡是乡里社会的事务，只要是乡里组织无法解决的，都需要乡约承担起来，包括宣讲乡约（包括圣谕和法律）、定期集会、教化正俗、维护治安、社会监督、应付差徭、公益经营、参与地方事务、亲睦邻里和解决纠纷，等等。

（三）同乡社会组织

同乡社会是指同乡人在异地因乡缘这一特殊的地缘形式所形成的地缘社会。简言之，同乡社会就是同乡人在他乡所形成的地缘社会。同乡社会以同籍为载体，以同乡会馆或同乡会为阵地，以乡土神灵或乡土情愫为精神纽带。这里的地缘因素既有有形的乡土籍贯，又有无形的乡情乡谊、地缘文化。

同乡社会是一种"流动"的或"异地"的地缘社会组织。首先，同乡会馆是地缘社会组织。以同乡关系表现出来的地缘关系是同乡会馆或同乡社会的基本纽带。其次，同乡会馆是流动的社会组织。同乡会馆是客居、流寓外乡的官吏、商人或移民群体在异地自发建立的"模拟乡土社会"组织，它是流动社会的有效整合工具，是对家族组织的超越和对社会变迁形势的适应与创造，体现了社会的进步及其限度。

传统的同乡社会组织在明清时期主要是同乡会馆，民国以后主要是同乡会。从某种意义上说，只有有了同乡会馆或同乡会，同乡社会才成其为"社会"，所以本书将明清同乡会馆等同于明清同乡社会组织。会馆又称"公所"，是明清以来建立于通都大邑的地缘或业缘的社会组织，会馆可分为同乡会馆和行业会馆两大类。同乡会馆一般以同乡地域名为称谓，例如湖广同乡人的会馆称"湖广会馆"，漳州同乡人的会馆称"漳州会馆"。行业会馆是以纯粹行帮同业为纽带形成的业缘社会组织，以行业为称谓。如重庆的盐邦公所、纸邦公所、绸帮公所、书帮公所、扣帮公所等；台湾的书行业之文昌会馆，玉器行之长昌会馆，颜料行之颜料会馆，药行之药行会馆；北京的钱业会馆、木业会馆、盐业会馆等。历史上最早（明朝）出现的是同乡会馆，行业会馆由同乡会馆发展而来。从明清时期会馆的出现、发展和演变的过程来看，古代的会馆以同乡会馆为主，近代的会馆则以行业会馆为主。

明清时期的同乡会馆按会馆所代表的行政区划级别大小，可分为六大类：（1）以县为单位的同乡会馆。如台湾的湘乡会馆、武进会馆、浯江会馆等。（2）以府为单位的同乡会馆。例如清代湖北省黄州府在重庆建立的齐安公所。（3）文化、习惯相近的毗邻数府合办的同乡会馆。例如广州、肇庆二府同乡在台湾组建的广肇会馆，潮州、惠州二府同乡在台湾组建的潮惠会馆。（4）以省为单位的同乡会馆。例如重庆的湖广会馆、福建会馆。（5）由毗邻数省合建的同乡会馆。如重庆的江南会馆、云贵公所。（6）海外中华会馆，即在海外的中国人合组的会馆。按会馆功能或活动内容不同，可分为两大类：（1）纯同乡会馆。只要是同乡人士，无论从事什么行当都可以加入。如官绅试子会馆、移民会馆等。（2）同乡同行会馆。即同乡兼工商业（行业）会馆。这类会馆在组建时，除了考虑同乡人的乡籍相同外，还要考虑同乡人所从事的工商行业相同。以上两种同乡会馆，从数量上来说，纯同乡会馆居多。从作用上来说，同乡同行会馆的作用更大，对社会的影响也最深。

明清同乡会馆的组织机制在不同时期、同一时期的不同地方都有较大差异，就主流来说，其完善和固定的时期大约是在清中叶至咸丰、同治年间（18 世纪中期—19 世纪中期），这些组织机制大致包括人员组成、会规、乡土神、会产和会费等几个方面。同乡会馆的基本成员有会员、会首、工作人员等。主持会馆业务的负责人为首事或会首，或称董事、总理、馆长、客长、总管、客总、会董、司事、值年、值月等。会馆有会规或馆规，也就是各会馆订立的"章程"和"条例"，它是对该会馆所代表的同乡社会的所有成员有约束力的基本行为规范，是民间法。乡土神是同乡共同信仰或祭奉的神灵，是同乡会馆的精神支柱和象征。会馆与神庙合一乃各地同乡会馆的共同特征，在会馆的建筑中设置神灵祀奉之所是同乡会馆建成的首要条件。同乡会馆一般都有自己的产业，这份产业是同乡的共同财产，是同乡组织正常开展各种活动的物质保证。

同乡会馆作为一种同乡人在异乡的地缘组织，具有多方面的职能，主要有：（1）同乡联谊。诚如近代书画家叶恭绰（1881—1968 年）为北京的惠州会馆题词所云："联乡今情、敦睦桑梓。"[1]（2）提供住宿。同乡会馆最早的功能之一就是为同乡人提供厢房客室供乡人寄宿。（3）宗教祭祀。主要是祭祀乡土神。（4）慈善与救助。同乡会馆可以说是乡人在外的避难所，对于同乡人一般的灾变，会馆都会给予援助。（5）筹集并管理会馆产业。（6）参加地方事务。（7）预防与调处纠纷。

---

[1]　叶恭绰（1881—1968 年）题词，参见《北京岭南文物志》，北京广东省会馆财产管理委员会1954 年编印。

（四）乡村结社组织

这里所谓"乡间结社组织"是指乡村民众为互助互济、丰富文化生活等特定目的而结集的地缘社会组织，有日本学者称之为"村落共同体"①。中国传统民间的结社组织起源很早，到明清时期民间结社更加普遍。

明清时期的乡间结社组织大都以"会""社"或"会社"②的名目或形式现世，例如"土地会"、"钱会"、"粮社"、"兴建会社"、"婚嫁会社"、"丧葬会社"等。"社"本身除了指神庙以外，还有地理区域的意义，明清时期的江南一带，"社"作为一种区域名称，指某地的土地神或土地庙所被祭祀的辐射区域范围。社戏就是"社"中每年所演的"年规戏"。不过，这里说乡间结社组织是地缘社会组织，主要原因还在于"乡间区域"所体现的地缘性。这也意味着同时还存在着非地缘性结社组织，例如清代山东省曹州府单县人刘佐臣在家乡创建的"收元教"③属于宗教性信缘社会组织，明代的东林党、明末清初的复社④、清代的天地会属于政治性信缘社会组织，王阳明早年与李梦阳组织的"浮峰诗社"⑤等文人结社⑥基本上属于业缘社会组织⑦。

结社不同于结拜和帮会。结拜是通过特定的跪拜盟誓等仪式拜结金兰或会盟，一般规模小，而且主要以情感而不是以地缘为联结纽带。帮派一般是由结拜兄弟发展而来的秘密会社，是结拜中拉帮结伙的扩大。例如明清时期南方的天地会，长江中上游地区的哥老会，二者后来被称为"红帮"，与长

---

① ［日］滋贺秀三等：《明清时期的民事审判与民间契约》，王亚新等译，法律出版社1998年版，第182页。

② "会社"在日语中是"公司"的意思，但汉语中主要指民间结社组织的形式，如秘密会社。

③ 参见曹新宇等《中国秘密社会》第3卷"清代教门"之"收元教"，福建人民出版社2002年版。

④ 崇祯初年太仓人张溥和张采等合并应社、畿社等江南文社建立学术与政治结社组织，称为复社。以"兴复古学"、"务为有用"为指导思想，弘扬忠臣义士、关心民瘼气节。清军南下，复社武装抗清。清顺治九年（1652年）被清政府取缔。复社著录成员最多达2200多人，分布于13个省、60余府、80多个县，先后举行过十来次大型集会活动。其人数之众、分布区域之广、活动声势之浩大、持续时间之久，在中国古代绝无仅有。"复社"既是江南士大夫的学术集团，又是江南士大夫的政治集团，顾炎武、黄宗羲、侯方域都是复社成员。

⑤ 《王阳明全集》（第2集）卷20《寄浮峰诗社》，红旗出版社1996年版，第655页。

⑥ 参见何宗美《明末清初文人结社研究》，南开大学出版社2003年版。

⑦ "业缘社会"中的"业"一般是指谋生的职业，文人结社成员中有以写作谋生的人，但也有仅因志趣相投而参与的人。

江中下游和山东地区的"青帮"构成明清时期势力最大的两个帮会组织。

明清时期乡间结社组织根据结社目的不同，可以分为经济救助结社组织、完粮与抗租结社组织、完成乡里公务的结社组织、文化娱乐性结社组织四大类。(1)经济救助会社。名目有"结会"、"打会"等。会社内部有一定的组织领导和纪律约束。一般要推举一人为会首，一人或数人掌管财务，一人负责监督等。又可分为集资借贷类会社、婚嫁丧葬会社、兴建会社。兴建会社是为造房、筑堰、修桥、修路、打井而建立的修造性结社，具体形式有"路会"、"桥会"等。(2)与纳税相关的完粮与抗租会社。为保证按期足额缴纳租税而结成的会社称"粮社"，为抗粮逃税而结成的会社是抗租会社(结成形式有"诅盟歃结"、"刑牲誓神"、"演剧立券"、"起议团社"等)，二者结社的目的正好相反。(3)完成乡里公务的结社组织。例如广东某地为减轻三年一轮的保正公务负担而结成的"乡约社"①。(4)文化娱乐性结社组织。这类结社在有些地方称为"文会"，文会由本乡本土士子组成，入会者都心意相投，气质相合，结社的宗旨或主要功能除了聚饮、会文、赋诗之外，也为乡里民众排忧解难、预防与调处纠纷。

(五)乡间集会组织

这里所谓乡间集会组织是指乡间民众因经常性集会而形成的地缘社会组织。单从集会组织向度而言，今天的"人民代表大会"、"中国法学会"等都是集会组织。乡间集会既是这一地缘社会组织的形成原因、方式或组织形式，又是这一地缘社会组织的基本活动内容。换句话说，乡间集会组织的主要作用是通过乡间集会表现出来的，因此乡间集会组织有时也直接被简称为"乡间集会"。乡间集会组织的地域范围有的以自然村落为单位，有的以包括多个村落或多家民户的特定区域为单位。乡间集会组织有时是先有组织后有集会，有时是在集会中形成组织，或者说是组织在与集会的互动中形成(比方说"吃讲茶"②)。

与其他地缘社会组织相比，乡间集会组织有两大特征：(1)组织形态

---

① 中国社会科学院近代史研究所资料编辑室编：《太平天国文献史料集》，中国社会科学出版社1982年版，第348—349页。

② "吃讲茶"是清代至民国时期长江流域的一种专门的解纷习俗。它的解纷模式属于不同于国家解决和个人解决的社会解决。这一模式以临时集会的形式，以茶馆为纠纷解决场所，以"中人"或茶客为解纷主体，将民间调解与民间审判有机结合。参见陈会林《"吃讲茶"习俗与民间纠纷解决》，《湖北大学学报》2008年第6期。

更加多样化。乡间集会可以是经常性的，也可以是临时性的，甚至可以是一事一聚的，所以表现出来的组织性也更加多样化，既有固定或严格的形态，也有松散或临时的形态，甚至是半有半无的形态。（2）乡间集会组织有类似于同乡社会组织（同乡会馆）的动态性。乡间集会组织最引人关注的是"集会"而不是"组织"。乡间集会组织对纠纷的解决大都是在其集会活动过程中完成的，有些乡间集会例如"吃讲茶"本身就是民间解决纠纷的方式，所以本书重点关注的是乡间集会活动，而不是乡间集会所形成的静态组织。这种研究旨趣不同于对其他地缘社会组织的研究。

　　明清时期的各类乡间集会很多，例如庆祝端午节的赛神会，"天狗吃月亮"时乡民相聚赶天狗的集会，南方的墟，北方的集，川袍哥在茶馆解纷的聚会，北京怀柔乡村的"敛巧饭"①，等等。具有代表性的乡间集会组织主要有以下几类：（1）乡饮酒礼。"乡饮酒（礼）"是古代中国乡里社会定期召集乡州邻里之间或全村人聚会宴饮的教化活动，每年正月和十月进行两次。乡饮酒礼的举行有着非常重要的政治作用和社会效应，整个仪式实际上是在弘扬与宣传为臣尽忠、为子尽孝、兄弟相亲、邻里和睦、朋友有信、长幼有序等道德伦理规范。（2）祭祀土地神的"社会"②。中国传统社会是农耕社会，对土地神从来都是顶礼膜拜，民间社日祭祀土地神的"社会"是当时国家法律特别允许的乡间集会，有些地方直接称为"土

---

　　① 正月十六吃"敛巧饭"是北京市怀柔县琉璃庙镇杨树下村从清嘉庆年间开始举办的全村聚餐活动。嘉庆年间第一批逃难到此的村民在刚刚建村时举行聚餐，由村里的闺女和小媳妇拿着瓢、盆等挨家挨户去给老人拜年，同时敛一些过节剩余的食品，由村里中年妇女将这些食品做成百家饭和百家菜，并在饭菜里放入针线、顶针儿等，全村女性围坐在一起品尝，期盼来年风调雨顺，自己也能心灵手巧。随后把剩余的"巧饭"摆放在河滩、田埂上喂鸟，借"雀儿往旺处飞"的老话，预示来年五谷丰登，六畜兴旺。这一民俗一直流传下来。新中国成立后这项最初只有村里女性参加的活动变成全村男女老少都参与的"合家饭"。这天全村村民拿出自家过年存余下来的鸡鸭鱼肉、五谷杂粮，在村口架锅摆桌，张罗一上午，中午美美地吃上一顿丰盛的"敛巧饭"。"敛巧饭"成为乡亲们最愿意吃的"和谐宴"，百年民俗化作文明乡风，促进邻里和睦。2007 年的"敛巧饭"，60 岁的霍洪德老人说："去年，因为宅基地的事，和邻居闹了点儿别扭，一年没说话，等吃'敛巧饭'时，村里的长辈一说和，我们那点儿磕磕碰碰也就化解了。老哥俩喝杯酒，问个好，气就全消了。""敛巧饭"既是特别的乡间集会，也有"乡饮酒礼"的遗风，目前作为民俗正在申报国家级非物质文化遗产。参见陈凯一《600 村民同吃"敛巧饭"二百年习俗要申遗》，《北京青年报》2007 年 3 月 6 日；刘可《琉璃庙千人同吃"敛巧饭"》，《北京日报》2007 年 3 月 6 日。

　　② 明代"社会"的详细情况，参见陈宝良《明代社会生活史》，中国社会科学出版社 2004 年版，第 544—558 页。

地会"。"社"即土地神，有些地方称五谷神；"社日"是人们祭祀土地神的日子，即立春、立秋后的第五个戊日，春秋两祭称为春社和秋社，所谓"春祈秋报"。这种"社会"作为地缘性集会组织不仅要举行各种祭奉、宴饮、庆典活动，而且还有"会首"、"助会"、"会员"、"会分"（会费）等组织元素。（3）祀神兼贸易的"庙会"①。明清庙会与祭祀的"社会"相比，活动内容更为广泛、活动次数更为频繁。庙会大多在当地的神庙及其附近举行，以祭祀神庙中的神灵偶像为活动中心，故又称"神会"。同时又因庙会有市集，故又称"庙市"。庙会有一定组织形式。福建漳州府的庙会有"签都劝缘"、"劝首"、"会干"等职事者张罗其事。"签都劝缘"一职一般由地方有名望者（如乡秩之尊者）为之，"劝首"一职由宗室为之，而"会干"多为"豪猾胥吏"充任。②（4）乡绅集会。乡绅，顾名思义，是乡里的士绅，地域中的特别群体。明清时期的乡绅主要是两类人：一类是曾经做过官的人，包括致仕、卸任、坐废的回乡官员；另一类是将要做官的人，包括府州县学的生员（秀才或相公）、国子监的监生（国子监肄业者，相当于秀才）③，以及在乡试、会试中及第的举人和进士。这两类人虽然与现任官员不同，但是都与"官"有密切的联系。乡绅有时也有集会，即乡绅的某种联合，乡绅集会或盟会带有结社的性质，有时是一种临时性的地缘社会组织形式。例如明代天启年间广州府南海县佛山乡仕会。（5）专门的解纷集会组织。明清时期长江流域的"吃讲茶"习俗则是专门为解决纠纷举行的茶会④，其功能与目的只是为了解决纠纷而不及其他。

　　皇权制度下的明清帝国对民间集会非常敏感。但官方对大部分乡间集会都是"睁只眼、闭只眼"的默许态度，官方特别禁止的和特别提倡的只是少数。特别禁止的如"迎神赛会"，特别提倡的如"乡饮酒礼"、"春秋义社"（祭祀土地神的春秋两次"社会"）等。不过"迎神赛会"实际上

---

①　明代"庙会"的详细情况，参见陈宝良《明代社会生活史》，中国社会科学出版社 2004 年版，第 544—558 页。

②　陈宝良：《明代社会生活史》，中国社会科学出版社 2004 年版，第 553 页。

③　参见陈会林《地缘社会解纷机制研究》第七章第一节"明清时期的乡绅"部分，中国政法大学出版社 2009 年版。

④　关于"吃讲茶"的详细内容，参见陈会林《地缘社会解纷机制研究》第六章第三节，中国政法大学出版社 2009 年版；陈会林专论《"吃讲茶"习俗与民间纠纷解决》，《湖北大学学报》2008 年第 6 期。

是一种禁而不止的庙会，是乡民为纪念神灵或祈福消灾（如久旱不雨，迎龙王求雨）而将神像抬出庙门巡行的大型乡间集会。迎神赛会公推"会首"，募集资金，举行团体表演。由于规模较大，有时一村力量不足，需邻近村坊协办。

上面五种地缘社会组织的内容及其相互关系，我们可以用表 3－1 加以归纳。

表 3－1　　　　　　　　　五种地缘社会组织形式的内容及其相互关系

地缘社会组织形式		地域分布	存在状态	主要纽带	与国家关系
乡里组织	里甲、保甲	本地	静态	人文地理	国家干预
乡约组织	雄山乡约、沙堤乡约、南赣乡约、徽州护林乡约等			自然地理	自我组织
同乡社会组织	同乡会、同乡会馆	外地	动态		
乡村结社组织	义社、粮社、喜丧会、文会、桥会、路会等	本地	静态		
乡间集会组织	庙会、敛巧饭、吃讲茶、乡仕会等		动态		

在表 3－1 中，我们实际上又将明清地缘社会组织作了另外两种分类。一是分为本地社会和外地社会，前者包括乡里组织、乡约组织、乡间结社组织、乡间集会组织，后者主要是同乡社会组织（同乡会馆）；二是分为静态社会和动态社会，前者包括乡里组织、乡约组织、乡间结社组织，后者包括同乡社会组织（同乡会馆）和乡间集会（组织）。

这五种地缘社会组织构成了明清时期相对完整的地缘社会图景。对于这种"完整性"，时贤们已经有所认识，例如明末清初理学家陆世仪说："乡约是纲，社仓、保甲、社学是目。乡约者，约一乡之人而共为社仓、保甲、社学也。社仓是足食事，保甲是足兵事，社学是民信事。"[1] 又《清朝文献通考·职役》中说："凡一州县分地若干，一地方管村庄若干。其管内税粮完欠，田宅争辩，词讼曲直，盗贼生发，命案审理，一切皆与有责。遇有差役所需器物，责令催办。所有人夫，责令摄管。稍有违误，扑

---

① 一凡藏书馆文献编委会编：《古代乡约及乡治法律文献十种》（第 2 册），黑龙江人民出版社 2005 年版，第 263—264 页。

责立加，终岁奔走，稍有暇时。乡约、里长、甲长、保长，各省责成轻重不同。凡在民之役大略如此。"① 这里虽然都是说的乡约组织与乡里组织的关系，而且是从国家治理角度讲的，但它反映了当时人们对地缘社会组织完整性认识的思考方向。

二　明清时期地缘社会的属性

明清时期地缘社会的基本属性是民间社会、乡土社会、熟人社会和人情社会。

（一）民间社会

这里所谓"民间社会"是指国家政权不直接治理，或者说朝廷不直接任命"品官"治理的人类生活共同体。它与本书"导论"中所说的中义的"社会"是可以等同的，也就是说本书一般所称"社会"实际上就是这里的民间社会。明清地缘社会的民间性主要在以下两方面体现出来：

1. 地缘社会组织的存续空间在民间

民间社会的空间范围并不以某种行政区划范围为限。血缘社会中的宗亲会、业缘社会中的行会都可能横跨数县乃至数省，信缘社会中的教会组织则可能超越国界。地缘社会在理论上讲也是这样，具体情况有两种：第一，乡里组织、乡约组织、乡间结社会组织、乡间集会组织和部分同乡社会组织的活动范围都是在州县以下的基层民间社会。第二，部分位于城市的同乡社会组织或同乡会馆，属于都市中的民间社会。这里我们主要看第一种情况。

中国传统地方政务体系是所谓"天下治权始乎州县"②。明清时期的地方政务体系结构主要是"省—府（直隶州）—县（属州）"三级，州县是初级或最基层的政务单位③。国家正式官员有九品十八级，最低品级的官员大都在州县，知县（知州）是正七品，属官中县丞正八品，主簿正九品，职能部门的负责人（例如县学的训导、巡检司的巡检、税科司的大使等）则为最低级的从九品④。进士任官要求从最基层做起，所以只能是出任州县级长官。总之州县以下便没有"品官"了，清人徐栋在《牧令书·

---

① 《清朝文献通考》卷21，《职役》。
② （清）贺长龄：《皇朝经世文编》卷23，上海广百宋斋，民国36年（1947年）。
③ 明清时期的"州"分直隶州和属州两种，"属州视县，直隶州视府"。
④ 《明史·职官四》。

自序》中说："天下事莫不起于州县,州县理则天下无不理";清代《皇朝经世文编》中说："虽曰国非可以一人兴也,非可以一人仁也,而其所兴亡必自于县令"①;类似的说法还见于汪辉祖的《学治臆说》:"天下者,州县之所积也。自州县而上至督抚大吏为国家布治者,职孔庶矣。然亲民之治,实惟州县;州县而上皆以整饬州县之治为治而已。"② 这些话都反映出一个意思:钦命品官或国家权力只到州县这一级,国家对地方的直接治理也只到这一级。中国古代"正式的皇家行政,事实上只限于市区和市辖区的行政。……城市是没有自治的品官所在地,乡村则是没有品官的自治区!"③ 马克斯·韦伯的这些话比较准确地反映了中国明清时期基层社会的治理实情。

"天高皇帝远"的州县以下基层民间地方既是民间社会的重要形式,又是众多具体社会组织的现实载体或活动舞台。明清时期徽州府(明朝属南直隶,清代属安徽省)六县(歙县、休宁、婺源、祁门、黟县、绩溪)之下的基层民间地方,承载着当地除同乡社会组织以外的各类地缘社会组织,这些组织的活动范围大都没有超出六县以下的基层民间地方。

2. 地缘社会与国家在总体上具有二元分工的结构关系

在西方或近现代中国的政治观念或学说中,与"国家"形成二元对立的东西实际上是"市民社会"(Civil Society)。"市民社会"在西方原本指城邦文明的生活状态,到了中世纪便成为对抗中央专制集权的政治形式,近代启蒙思想家们的契约理论认为市民社会先于国家并决定国家,社会权力先于并决定国家权力,根本矛头直指当时的专制国家。这种市民社会理论成为资产阶级革命的理论武器和思想先导。现代西方虽然赋予了市民社会以私人领域、公共领域、志愿社团、社会运动等结构要素和个人主义、多元主义、民主参与、法治原则等价值取向④,注重国家与社会的互动而不是对立,但国家与社会作为人类生活共同体的二元结构要素的基本思路并未发生本质变化。

关于社会与国家的关系,中国明清时期的情况与西方中世纪的情况不大一样。第一,西方所言的那种与国家分享政治权利的市民社会在中国明

---

① (清)贺长龄:《皇朝经世文编》卷21,上海广百宋斋,民国36年(1947年)。

② (清)汪辉祖:《学治臆说》"自序"。

③ [德]马克斯·韦伯:《儒教与道教》,王容芬译,商务印书馆1995年版,第145页。

④ 参见何增科《公民社会与第三部门》导论,社会科学文献出版社2000年版。

清时期并不存在，中国只有国家政权不直接管及的民间社会，中国当时在形式上相当于或接近于市民社会的就是民间社会①。第二，明清帝国与民间社会的关系，并非如同西方中世纪国家与市民社会那样对抗或紧张。中国"民间社会"虽然比"市民社会"更具有本土情怀和"民"对"官"的指向性，但民间社会本身并不是作为抵御国家权力渗透的力量而存在的，在这里皇权与"民权"有时不仅没有紧张的对抗关系，而且还有某种分工合作的互补关系，此即所谓民间社会"自治兼辅佐官治"的功能，民间社会与国家在总体上具有二元分工的结构关系。

明清地缘社会是作为当时民间社会的组成部分或具体形式，它与国家的非对抗关系，首先是指这里没有直接的政权因素存在，尽管可能存在国家政权的影子，例如里长、保长的举任有时候需要官方批准，部分乡约组织由官方倡办或督办，赋税征纳、谕律宣教等事务更是国家行政的附属或延伸，但是这里不存在纯粹的国家政权因素。其次，地缘社会的活动大都是国家授权或默许的，与国家具有某种分工合作的因素。比方说，地缘社会组织对社会纠纷解决的参与，在某种意义上就是通过分割国家司法权力而表现出来的分工合作方式。

（二）乡土社会

这里所谓"乡土社会"是广义的，既包括地理位置位于乡村的社会，也包括精神上总体具有乡土气质的社会。明清地缘社会中的乡里组织、乡约组织、乡间结社组织、乡间集会组织和部分位置位于乡村的同乡社会组织属于前者，部分位于都市中的同乡社会组织属于后者。

大部分地缘社会组织都位于乡村，也就是处在基层民间社会。中国传

---

① 把民间社会视为市民社会现在已经成为中国学界传统或共识。其中"市民社会"在台湾更多地被直接表述为"民间社会"。这不仅是翻译问题，而且更有其复杂的背景因素，"提出民间社会理论，并不是一味翻版西方最新学说，而是基于我们对过去历史实践的反省，以及对理论在实践中的种种偏异、异化，乃至形成'非人化'的'真理政权'的失望与觉悟。"（参见马长山《"民间社会"与"市民社会"的不同旨趣及其对法治进程的影响》，《民间法》第6卷，山东人民出版社2007年版，第3页；江讯、木鱼《为民间社会辩护》，《南方》1987年第10期）笔者对这种"背景因素"的理解是：随着1949年新中国成立，中华传统出现了两种走势，一是大陆的全面抵制或清算，二是台湾地区在反思中的秉承。台湾地区市民社会即民间社会的理论与实践，是其将传统与现代结合得比较好的典型事例。西方汉学家如魏菲德、罗威廉、黄宗智等对中国市民社会的实证研究，也往往是立足于明清时期的"民间社会"来考察的。（参见黄宗智主编《中国研究的范式问题讨论》，社会科学文献出版社2003年版）。

统的基层民间社会与乡土社会是相通的，费孝通《乡土中国》第一篇《乡土本色》的第一句话就说："从基层上看去，中国社会是乡土性的"。① 黄宗智也说：中国的社会分野主要是城乡之间的分野，存在着一个相对独立于国家的基层社会或"乡土社会"②。

部分位于都市中的同乡会馆何以也是乡土社会呢？这主要是从精神气质方面而言的。同乡会馆是同乡社会的组织形式，它即使建在都市，但它所代表的仍是同乡社会。窦建良说："乡土观念是支持同乡组织的一种精神力量，它是孕育于乡土自然环境，根源于乡土社会关系，陶冶于乡土文化，渐成于乡土政治地域区域的历史传统，而被乡土以外的事物所激荡成功的一种内在反应。"③ "乡土的自然环境，是没有清晰的边缘的，我们只意识着我们的家乡是在水一方，是在山一丛……至于什么地带以外便不算是家乡，在乡土的自然环境上看来，这意识是颇为模糊的。而乡土的社会关系更在于没有远缘的乡土里，只有庐墓的所在，家人父子聚居的所在，是乡土社会关系的中心点，但寻不出比较清晰的限界。"④ 同乡会馆或同乡社会，就是要建立一个拟制的"家乡"社会，所以有的会馆不惜千里迢迢从家乡运来建筑材料，延请家乡的建筑匠人，按家乡的建筑风格，在客地构建一个乡土的环境。

（三）熟人社会

熟人社会是与生人社会相对的社会状态。明清时期的地缘社会属于熟人社会，这也是由其乡土社会属性所决定的。因为中国传统的乡土社会就是熟人社会，用鲁迅的话说，乡土社会是一种"彼此连心肝都了然"的社会；用费孝通的话讲，"乡土社会是个面对面的社会"⑤，"乡土社会是先靠亲密和长期的共同生活来配合各个人的相互行为，社会的联系是长成的，是熟习的，到某种程度使人感觉到是自动的。"⑥ 乡土社会中的绝大多数的居民，他们依附土地，自给自足，安身立命，按照"布谷屋檐唤早耕，农夫惊起多叹声"的节奏自发形成田园生产和生活习惯，人与人之间

① 费孝通：《乡土中国　生育制度》，北京大学出版社 1998 年版，第 6 页。
② 黄宗智：《华北的小农经济与社会变迁》，中华书局 2000 年版，第 247—252 页。
③ 窦季良：《同乡组织之研究》，正中书局 1943 年版，第 1 页。
④ 同上书，第 8 页。
⑤ 费孝通：《乡土中国　生育制度》，北京大学出版社 1998 年版，第 18 页。
⑥ 同上书，第 44 页。

非亲即故，非友即邻。这种社会不同于现代"陌生人社会"。

明清地缘社会是这种熟人社会的具体形式和表现。明代《教民榜文》说："乡里人民，住居相近，田土相邻，父祖以来，非亲即识。其年老者，有是父祖辈行，有是伯叔辈行，有是兄辈行者，虽不是亲，也是同乡，朝夕相见，与亲一般。"① 保甲组织本能地排斥生人组织②，更反映出乡里组织保持熟人社会状态的本性。乡约组织、同乡社会组织、乡间结社组织、乡间集会组织也无不体现熟人社会特性。

（四）人情社会

"天理—国法—人情"是传统中国的总体社会规范模式③，其中的"人情"是指人之常情常理，一般包括伦理之情和乡土之情④。从维持日常运作的规范来看，明清时期地缘社会是人情社会，或者说是关系社会或礼俗社会，而非法理社会。这也是由其乡土社会或熟人社会的属性所决定的。

对传统乡土社会人际关系的特征，清人曾有非常出色的概括：

> 万岁爷（因为宣讲《圣谕广训》，所以用此语气）意思说：从古以来就有个乡党，怎么叫做'乡党'？就如各村各堡儿街坊邻舍家便是。古来的圣人常常教人和睦乡党，但是这一村一堡儿里头的人，一日一日渐渐的多了，挨门逐户，开眼便相见，不是拉拉扯扯的亲戚，就是时常在一块儿的朋友，有喜庆的事便大家都来庆贺，有死丧的事便大家都来祭吊，没事的时候，你看哪一个不亲热呢？因为朝暮相见，唇齿相连，便从好里头生出不好来了。或者因为娃子们搬嘴斗气，或者因为鸡儿狗儿有什么骚扰的去处，或者因为茶前酒后言差语

---

① 刘海年、杨一凡主编：《中国珍稀法律典籍集成》乙编第1册，科学出版社1994年版，第635—645页。

② 如清代康熙时保甲法规定："（甲民）出则注明所往，入则稽其所来。面生可疑之人，非盘诘的确，不许容留。"（《清朝文献通考》卷22，职役2）；乾隆时期《户部（保甲）则例》第19条规定："倘有不安本分及来历不明者，报官究治。"（《古代乡约及乡治法律文献十种》（第2册），黑龙江人民出版社2005年版，第19—33页）

③ 今天保存完好的山西平遥县县衙和河南内乡县县衙的大堂屏门上都还保留着"天理—国法—人情"的大牌匾。

④ 参见陈会林《地缘社会解纷机制研究》第七章第五节之"情理与信义"，中国政法大学出版社2009年版。

错，或者因为借贷不遂衔怨成仇，或者因为要债不还合气打架，或者因为盖房买田不曾尽让通知，以致结成嫌疑，种种的事体也难细说。①

这种"乡党"社会，实际上指称的就是乡土社会。这里乡民之间的"田地相连，房屋相接，出入相见，鸡犬相闻，婚姻相亲，水火盗贼相救"②，可谓关系至密。正是这种紧密而又长期"拉拉扯扯"的交往形成了"唇齿相连"的亲热关系，一旦发生矛盾，彼此不愿意或不好意思撕破脸皮，而希望继续维持"情面宜留，族间相济"③的关系。明清地缘社会组织就是根植于这种社会关系之中的社会组织。

熟人社会易于形成"情浓于水"的社会关系，人们在日常生活情境中，看重的是人情的远近，热衷的是尚齿与叙情。民谚"买卖不成人情在"、"红契不如人气"④、"官大不压乡邻"⑤所表达的就是这种意思。人情社会并不是没有规范的社会，只是这种规范不是以国家法律为主，而是以礼俗或者说"社会生成法"为主，在这个意义上，它与现代"法理社会"形成对比。⑥

上述四种属性，其实也是明清时期地缘社会的四种特征。这些属性或特征决定了地缘社会组织的解纷机制必然也具有相应的特征。

三 明清时期地缘社会的职能

地缘社会组织的职能最简要地概括就是"自治兼辅佐官治"，其内容几乎涉及地缘社会乃至整个民间社会的全部事务，"税粮完欠，田宅争辩，词讼曲直，盗贼生发，命案审理，一切皆与有责"⑦；"凡讼狱、师徒、户口、田数、徭役，一皆缘此而起"⑧；"上以应官府之追呼，下以平桑梓之

① 周振鹤撰集、顾美华点校：《圣谕广训集解与研究》，上海书店出版社 2006 年版，第 209 页。

② 同上书，第 210 页。

③ 同上书，第 225 页。

④ 丁世良、赵放主编：《中国地方志民俗资料汇编·华北卷》，北京图书馆出版社 1989 年版，第 216 页。

⑤ 温瑞政等：《中国谚语大全》，上海辞书出版社 2004 年版，第 1595 页。

⑥ 参见徐忠明《传统中国乡民的法律意识与诉讼心态》，《中国法学》2006 年第 6 期。

⑦ 《清朝文献通考》卷 21，《职役》。

⑧ 一凡藏书馆文献编委会编：《古代乡约及乡治法律文献十种》（第 2 册），黑龙江人民出版社 2005 年版，第 263 页。

争讼，任虽卑而责甚重"①；"一里之中，一年之内，所有追征钱粮，勾摄公事，与夫祭祀鬼神，接应宾旅，官府有所征求，民间有所争斗，皆在见役者所司。"② 展开来说，其职能可分为完成国家职役、治理民间社会、公益经营、解困赈灾、和睦乡党、民间教化与解纷六个方面。

（一）完成职役

主要在两个方面：（1）案比户口，呈报上级。明代的户口核查由里甲负责，先由各甲长将所管十户造册报送里长，各里长再将本里各甲人户汇总造册报送州县，依此类推，一直报送中央。清代中后期由保甲负责户口核查工作。（2）催纳赋税，摊派力役。催纳赋税即"替政府征集，为人民转输"③。明代徭役有里甲、均徭、杂泛三类，以户计的称"里甲"，以丁计的称"均徭"，其他不定时的公家差遣统称"杂泛"或"杂役"。可见里甲之职役原本是当时徭役之一种，并为一切役法之主干。清代中期之后，催办赋役工作由保甲组织负责。保甲组织还承担各种地方公务、飞差杂役。同乡会馆偶尔也参加地方事务。例如修路、救灾、税收、消防、团练等。

（二）治安管理

主要有三方面内容：（1）户籍管理。主要由保甲组织负责，内容有人户的登记造册、人口流动的稽查约束、异常信息的随时上报等。（2）维持治安。保甲组织以维持民间治安为基本职能，所谓"弭盗安民莫良于保甲法"④，"如有来历不明，形迹可疑者，责令保甲长等立时首报"。⑤ 乡约组织以特有的教化方式参与民间治安的维持。"（同约成员中）军民人等若有阳为良善，阴通贼情，贩买牛马，走传消息，归利一己，殃及万民者，约长等率同约诸人指实劝戒，不悛，呈官究治。"⑥ （3）上报和协办刑事案件。"乡里中，凡有奸、盗、诈伪、人命重事，许（里老人）赴本管官司

① 中国社会科学院近代史研究所资料编辑室编：《太平天国文献史料集》，中国社会科学出版社1982年版，第348—349页。

② （明）丘濬：《大学衍义补》卷31，《治国平天下之要·制国用》。

③ 江士杰：《里甲制度考略》，上海书店1992年版，第5页。

④ 一凡藏书馆文献编委会编：《古代乡约及乡治法律文献十种》（第2册），黑龙江人民出版社2005年版，第360页。

⑤ 同上书，第19—33页。

⑥ 《王阳明全集·知行录》，红旗出版社1996年版，第230页。

陈告。"① "地界内有死人，里长、地邻不申报官司检验，而辄移他处及埋藏者，杖八十。" 乡里民众凡发现有人非正常死亡或有"不靖之讼"，都要向里长、里正报告，里正再上报县府，里正有时还要亲自押送罪犯到县衙去。②

（三）公益经营

公益经营活动的内容主要有"公基金"运营、当地矿产资源买卖等，其目的主要是筹集活动经费或扶贫济困、救难赈灾所需的资金。例如乾隆年间徽州府祁门县塔坊乡"侯潭乡约"凑成六十二两七钱的公基金，"择约内殷实之家承领生息"，即承领去经商或放贷，公基金因此越滚越多。③道光年间河南省河南府偃师县安驾滩乡约经营当地煤炭，"不许他人参与"。④ 同乡会馆的产业一般由会首或馆长负责管理和经营。清代《云贵会馆章程》规定："会馆财产及义地所有收益须按数拨为祭祀办会费用，有余应妥慎蓄积，存放同乡商家按定率生息。"⑤

（四）解困赈灾

在百姓生产生活发生困难或遭遇天灾人祸时，由地缘社会组织头领代表本组织直接予以扶助，或者组织民众自救或者相互帮助，解困赈灾，共度难关。这种制度实际上是传统民间的"社会保障"制度。明初《教民榜文》第二十五条规定："乡里人民，贫富不等，婚姻、死丧、吉凶等事，谁家无之？今后本里人户，凡遇此等，互相赒给。"⑥ 明代英宗天顺年间规定：凡男女年30以上而又无力备办聘礼者，由里老人出面组织，筹集钱物，民众"量出所有，互相资助，以成婚配"⑦。

（五）教化正俗

传统的教化犹如今天的"思想政治工作"，外延极广，而且实际上可以向其他任何领域无限延伸，以致可以涵盖民间社会的全部事务，但其核

---

① 刘海年、杨一凡主编：《中国珍稀法律典籍集成》乙编第 1 册，科学出版社 1994 年版，第 635—645 页。

② 雷家宏：《中国古代的乡里生活》，商务印书馆国际有限公司 1997 年版，第 12—13 页。

③ 参见陈柯云《略论明清徽州的乡约》，《中国史研究》1990 年第 4 期。

④ 《偃邑安驾滩合村公议禁止赌博牧放碑记》，现藏于偃师商城博物馆。

⑤ 何智亚：《重庆湖广会馆历史与修复研究》，重庆出版社 2006 年版，第 67 页。

⑥ 刘海年、杨一凡主编：《中国珍稀法律典籍集成》乙编第 1 册，科学出版社 1994 年版，第 635—645 页。

⑦ 《明英宗实录》卷 277。

心内容有二：一是道德与法律的宣教，二是举善纠恶。明朝中期江西南赣
地区（"南赣"是南安府和赣州府的合称）的乡约组织，被要求主要做好
两大教化正俗工作：一是婚事新办，二是丧事从简。同乡会馆的教化以
"崇乡谊，敦信义"为主要内容，以会馆的碑刻、门楹等为载体，以奉祀
乡土神、举办各种文娱活动等为主要方式。乡间结社会组织和乡间集会组
织则以自身活动的特定内容与形式，增进人们之间的社会交往，同时淳化
乡俗民风。

（六）预防和调处纠纷

这是所有地缘社会组织的共同职能，也是其最为古老的职能。预防纠
纷的问题是本书的主题，我们在此处综述调处纠纷的职能。

在各类地缘社会组织的解纷活动中，乡里组织的"听讼"在其各项职
能中处于基础地位。明代《教民榜文》赋予里老人、里甲长、保甲长们
"法定"的民间司法权，负责处理本乡本里的户婚、田宅、斗殴之类案件。
同乡会馆的基本使命之一就是解决纠纷，保护同乡人利益，防范异乡人的
欺凌，其解决纠纷的特色在于它的解纷对象主要是异地同乡人的内外纠
纷。明清乡约规约的蓝本《吕氏乡约》说："之所赖于邻里乡党者，犹身
有手足，家有兄弟，善恶利害皆与之同，不可一日而无之。不然，则秦越
其视，何与于我哉！大忠素病于此，且不能勉，愿与乡人共行斯道。惧德
未信，动或取咎，敢举其目，先求同志，苟以为可，愿书其诺，成吾里仁
之美，有望于众君子焉。"① 此后的乡约组织继承这一传统，无不把解决纠
纷宣示为自己的一项重要职能。

第二节　明清时期民间社会的纠纷

民间纠纷是地缘社会预防的对象，明清时期民间纠纷的基本情况我们
可以从两个方面予以考察：第一，纠纷发生的社会场域；第二，纠纷的
类型。

一　纠纷发生的社会场域

明清地缘社会参与解纷时，面临的是一种怎么样的社会环境或背景？这

---

① 陈俊民辑校：《蓝田吕氏遗著辑校》，中华书局 1993 年版，第 567 页。

些纠纷发生在一种什么样的社会基础之上？这些问题直接影响到解纷的方式
与策略，因而有考察或梳理的必要。从理论上说，地缘社会组织所遭遇的社
会纠纷基本上都发生在民间社会，其中的基本社会关系主要在三个方面：

（一）家族关系

日本学者寺田浩明曾这样描述明清时期民间纠纷发生的原因："以男性
家长为核心，家庭成员们构成一个个'同居共财'的小家。这些家既是日常
消费生活和财产归属的基本单位，同时也往往是进行生产经营的基本单
位。……社会秩序的实质性部分是由这些不得不单独谋生的一个个小小的家
通过在彼此之间缔结契约关系来承担的。……这里出现的是一个由无数主体
构成，且在他们之间充满了个别的不同利益主张和利益冲突的竞争社会。由
此，主体间的纠纷自然会不断发生。"① 聚族而居是这时民间社会中民众的
基本居住形态，一个村落通常就是一个强宗大族的聚居地，正所谓"相逢哪
用通姓名，但问高居何处村"②。宗族制度是明清时期民间社会最基本的组
织制度，每一村落或社区几乎都按照姓氏的不同构成不同的血缘和地缘共同
体。明清时期宗族组织的基本结构是：族—房—家。"族"的首领是族长或
族正、宗长，通常由家族内辈分最高、年龄最大而且最好是有权有势的人担
任，族长总管全族事务，主持制定宗规族约，有全权处理族内纠纷并根据宗
规族约制裁违犯族规的人；"房"是家族的分支，首领是房长，房长按血缘
关系由该房辈分最高、年龄最大者担任；"家"是房的分支，负责人是家长
或户长。宗族有全族人祀奉或集会的祠堂，祠堂原为祭拜祖先之所，后来功
能增多，成为族人的交际舞台、立法场所、宗族法庭，成为宗族的宗教、社
会、政治和经济的中心，是整族的集合表象。

家族关系的基本载体是家庭。由于私人空间的逼仄与经济资源的匮
乏，尽管亲情浓郁，家庭和家族成员之间也难免产生纠葛和摩擦。家庭纠
纷的一个重要特点是很少通过诉讼途径解决，即所谓"清官难断家务
事"③。这其中的原因有三：第一，家庭成员之间有着说不清道不明的情感
联系和利益纠葛，纠纷事实的认定比较困难。第二，家庭内部的是非曲

---

① ［日］寺田浩明：《权利与冤抑——清代听讼和民众的民事法秩序》，载滋贺秀三等《明清时期
的民事审判与民间契约》，王亚新等译，法律出版社1998年版，第192—193页。

② （清）方西畴：《新安竹枝词》，载同治《黟县三志》卷7，《艺文志·政事类》。

③ 丁世良、赵放：《中国地方志民俗资料汇编·华北卷》，北京图书馆出版社1989年版，第
61页。

直，外人难以知晓和分剖，也不便介入。第三，当时的法律基本上不干预家庭内部的日常生活，在法律依据上，司法官感到无所适从。总之，通过诉讼来解决家庭纠纷，结果难以确定。这样一来，像地缘社会组织这样的民间社会组织在解决家庭纠纷方面就有了用武之地。

（二）乡党关系

乡党关系就是邻里关系①，是民间社会最为主要的社会关系之一。乡党关系主要通过地缘关系表现出来，既可以是毗邻而居的近邻关系，也可以是相距较远的同乡关系。乡党关系基本上是一种彼此朝夕相处，"低头不见抬头见"的熟人关系。无论是法律文献中的"老人、里甲与邻里人民，住居相接，田土相邻，平日是非善恶，无不知晓"②，还是民谚中的"一家有事，四邻不安"③，"千金买邻，八百买舍"④，"远亲不如近邻，近邻不如对门"、"乡邻无事三分福"⑤ 等话语，都充分表达了乡党关系中休戚与共、出入相助和守望相救的情形。但这并不意味着乡党中不会发生纠纷，邻居也有好歹，歹邻居也会殃及好邻居，邻居也有潜在危险，乡民之间也容易发生"鼠牙雀角"之争。

（三）官民关系

明清时期，官府（主要是州县衙门）与百姓的关系呈现出比较复杂的图景。官民之间发生直接关系，主要在纳税服役和打官司两方面。现今福建省武平县湘湖村的"德川公祠"门柱上贴有一副对联："瓜瓞义门昌世族，柏台仁里冠平川"。⑥ 意思是：湘湖村这个地方子孙兴旺、仁义亲睦，

---

① 《论语·雍世》中有"邻里乡党"一词："原思为之宰，与之粟九百，辞。子曰：'毋！以与你邻里乡党乎！'"意思是：原思做孔子的家臣，孔子送给他九百（斤）米，原思推辞不受。孔子说："不要推辞，（如果有多的）就给你的乡亲们吧！""邻里乡党"泛称同乡邻里的人。

② 刘海年、杨一凡主编：《中国珍稀法律典籍集成》乙编第1册，科学出版社1994年版，第635页。

③ 《民国续修莱芜县志》卷14，《礼乐·风俗》，第325页。转引自赵世瑜《谣谚与新史学》，《历史研究》2002年第5期。

④ 周振鹤撰集，顾美华点校：《圣谕广训集解与研究》，上海书店出版社2006年版，第218页。

⑤ 丁世良、赵放主编：《中国地方志民俗资料汇编·中南卷》（上），北京图书馆出版社1989年版，第105页。

⑥ 瓞（dié）：小瓜。"瓜瓞"多用作颂子孙昌盛之辞。"柏台"泛指宫殿。汉御史府中植有柏树，后来御史台、按察使（臬台）因此别称"柏台"；又汉武帝在长安城筑台，以香柏为梁，"帝置酒其上，诏群臣和诗"，称"柏梁台"，也简称"柏台"。

是昌盛发达的名门望族，这里的祠堂像宫殿一样，堪称天下第一村。这副对联由乾隆时期武平县知县何近珠书写。何知县何以写这副对联？据说这里有一个故事：湘湖村的刘庆芹、刘庆芳兄弟两人是全村的"关脑公"（即保长、约正之类的地方首领），有一次知县何近珠率兵丁前来收税，事先与两兄弟商量，兄弟俩告知在湘湖村只能收到钱粮若干，而后来实际收到的与他俩估计的相差无多。何近珠疑其有诈，准备带他们回县城法办。庆芳、庆芹兄弟俩便设法叫妇女用尿布砸打兵丁，将知县和兵丁赶出湘湖村地界。何近珠心想，好汉不吃眼前亏，你偌大一个村落，总要来县衙打官司，到时新账、老账我和你们一起算！但事情过去了三年多，湘湖村一直没人到县衙打官司，何近珠十分奇怪。当他再次到湘湖村，看到刘氏总祠的设施与县府衙门相似时才恍然大悟，原来湘湖村人有纠纷都是自己解决，祠堂就是宗族的大堂。于是，他感慨万千地写下了这副对联。这个故事虽是传说（据学者考证，乾隆时期武平县并无名叫何近珠的知县）①，但它能反映当时官民关系的某些要害："百姓交了粮，好比自在王"，"一辈子不见官，仿佛活神仙"②。

　　明清帝国"人民"的主体是所谓"编户齐民"——被国家编入户籍，既受国家管束又对国家承担租税、徭役、兵役等义务的老百姓。在"天下之治始于州县"的政务体制之下，老百姓直接面对的是一座小小的州县衙门，他们对帝国权力的感受基本上来自州县衙门及其官员。③ 而州县衙门及其官员的形象在乡民们的心目中是非常复杂的。一方面，州县官员被称为"亲民官"，部分官员"当官不为民做主，不如回家卖红薯"和"秦镜高悬赤子苍生咸感戴，董狐再世贪官污吏尽魂飞"之类的政治情操打动过民心④，但是老百姓心目中的官员形象并非全然如此。"只许州官放火，不许百姓点灯"，"八字衙门朝南开，有理无钱莫进来"，"三年清知府，十万雪花银"等民谚，便是民间对州县官蛮横专断、徇私枉法一面的生动刻

---

　　① 参见刘大可《论传统客家村落的纷争处理程序》，《民族研究》2003 年第 6 期。

　　② 丁世良、赵放主编：《中国地方志民俗资料汇编·华北卷》，北京图书馆出版社 1989 年版，第162—163 页。

　　③ 关于明清州县衙门与百姓的关系，参见徐炳宪《清代知县职掌之研究》，台北东吴大学 1974年版；郭建《帝国缩影——中国历史上的衙门》，上海学林出版社 1999 年版；柏桦《明清州县官群体》，天津人民出版社 2003 年版；《明代州县政治体制研究》，中国社会科学出版社 2003 年版；瞿同祖《清代地方政府》，中国政法大学出版社 2003 年版。

　　④ 参见徐忠明《传统中国乡民的法律意识与诉讼心态》，《中国法学》2006 年第 6 期。

画。总之，州县官在民间有天使与魔鬼的两面性，有应然的期待与实然的无奈，官民关系及其纠纷就是在这种背景下发生的。

从明清帝国的总体制度安排来看，当时的民间社会有较强的自理或自治功能①，普通百姓很少直接与官府发生关系，上述湘湖村村民多年不打官司就是例子。为什么会这样？原因很多，比方说，国家反对州县官随便直接接触基层扰民，例如明代前期圣谕："（州县）官吏敢有以催办为由，辄自下乡科敛害民者，许里老具实赴京面奏，处以重罪！"② 即使有官民交涉，也有包括各类地缘社会组织在内的民间组织首领在那里顶着，轮不到普通百姓出面。但是，不打官司并不意味着老百姓就可以成为独立于国家权力控制之外的"化外之民"，官民之间发生直接关系至少在纳税服役和打官司两方面是难免的。上述何知县与湘湖村民之间的纠纷就是知县在税收"执法"过程中发生。

以上三种关系同时存在于民间社会，其逻辑结构有点像三个同心圆，家庭关系是圆心，乡党关系在中间，官民关系在外边。家庭或家族关系是核心与基础，其他社会关系可谓家庭关系的拟制与扩展。例如，乡党关系中的同姓乡邻，隔辈的是叔侄的拟制，同辈的以兄弟相称；异姓乡邻也是兄弟的扩展，所谓"四海之内皆兄弟"（这种延伸范围几乎没有限制）；师生是父子的拟制，所谓"一日为师，终身为父"。官民关系中，君臣如同父子，州县官被称作"父母官"。所有这些关系都主要靠伦理来维持，所以梁漱溟把传统中国视为"伦理本位"的社会。③ 明清时期的绝大部分纠纷都是因为这些关系失和而引起的。

二　明清时期社会纠纷的类型

明清时期尽管有"无讼"的社会教化，有"息讼"的官方倡导，有"惧讼"民间情结，但纠纷仍然不断发生，而且有增多趋势。寺田浩明说："明清时代的社会并非处于人们只要不做坏事，现存的秩序就可以照原样无限延续下去的静止状态。相反，那里呈现的是一幅变动不居的图景：因

---

① 传统民间社会的自治问题，见"结论"。详细内容见陈会林《地缘社会解纷机制研究》，中国政法大学出版社 2009 年版，第九章第一节。

② 《明太宗实录》卷 236。

③ 参见梁漱溟《中国文化要义》，学林出版社 1987 年版，第 77—94 页。此段内容参考徐忠明《传统中国乡民的法律意识与诉讼心态》，《中国法学》2006 年第 6 期。

诸子均分的家产分割制度，家庭财产不断地化整为零；一个个孤立的家庭必须设法在此条件下维持家计或尽力争取上升，在它们之间随着其经济地位的沉浮，土地财产极为频繁地转移；人们为了谋求经济上或生活保障方面的相互帮助，还不得不与他人结成各种各样的社会性关系。"① 这段话不仅展示了明清时期社会纠纷所在社会的主要社会关系，而且点明了明清时期社会纠纷发生并增加的大致原因。第一，人口的急剧增长②。宋代以降，尤其是明清时期人口急剧增长，民间社区变得拥挤起来。例如福建省建宁府建安、瓯宁二县（今建瓯县）的人口密度（人/平方公里）变化为：北宋元丰三年（1080 年）是 16.02，南宋嘉定十六年（1223 年）是 25.40，清代嘉庆二十五年（1820 年）是 73.90。建安、瓯宁二县地域面积自宋至清也基本未变，人口密度增加了四倍。③ 人口剧增而导致纠纷增加的情形正如韩非所说："人民众而货财寡，事力劳而供养薄，故民争，虽倍赏累罚而不免于乱。"④ 第二，商品交易（特别是土地交易）日趋频繁。宋代以降社会经济急剧变迁，土地交易日趋频繁，所谓"千年田，八百主"⑤就是对土地频繁易手的概括；其他商品交易在时间、空间、数量、价值上也迅速发展，这些情况已是公认的历史事实。总之，上述两个方面原因造成民间社会生活空间的拥挤与资源的相对匮乏。虽然人们可以通过经济交易和婚姻关系超越乡土社会的狭隘范围⑥，或者通过"湖广填四川"之类的移民途径⑦拓展生活和生产空间，但这并不能根本改变人口密度与资源供给日益紧张的局面，摩擦、冲突和纠纷的问题空前突出。

---

① ［日］滋贺秀三等：《明清时期的民事审判与民间契约》，王亚新等译，法律出版社 1998 年版，第 140 页。

② 有关中国人口史的代表性著作有：梁方仲：《中国历代户口、土地、田赋统计》，上海人民出版社 1980 年版；［美］何炳棣：《1368—1953 中国人口研究》，葛剑雄译，上海古籍出版社 1989 年版；葛剑雄主编：《中国人口史》（6 卷），复旦大学出版社 2000—2003 年版；陈胜利：《中国人口研究》，吉林人民出版社 1990 年版。

③ 潘渭水、黄芝生主编：《建瓯县志》，中华书局 1943 年版，第 738 页。

④ 《韩非子·五蠹》。

⑤ （清）杜文澜：《古谣谚》，周绍良校点，中华书局 1958 年版，第 418 页。

⑥ 关于"经济交易圈"的概括讨论，参见［美］施坚雅《城市与地方体系层级》，载施坚雅主编：《中华帝国晚期的城市》，叶光庭等译，中华书局 2000 年版，第 327—417 页。关于婚姻圈的简要分析，参见郭松义《伦理与生活——清代的婚姻关系》，商务印书馆 2000 年版，第 142—179 页。

⑦ 参见葛剑雄主编《中国移民史》（6 卷），福建人民出版社 1997 年版。

明初《教民榜文》把乡里组织可以受理的纠纷分为二十类："户婚、田土、斗殴、争占、失火、窃盗、买卖、骂詈、钱债、赌博、擅食田园瓜果等、私宰耕牛、弃毁器物稼穑等、畜产咬杀人、卑幼私擅用财、亵渎神明、子孙违犯教令、师巫邪术、六畜践食禾稼等、均分水利。"① 这一规定在明代中叶的某些地方（如福建惠安县）仍得到重申并实施。② 嘉靖年间（1522—1566 年）订立的《乡甲约》规定的"应和事件"有：婚姻不明；土地不明；骂詈斗殴；牲畜食践田禾；放债三年以上，本利交还不与者；钱到取赎房地力不能回者；买卖货物不公，亏损人者；地界不明者；收留走失人口牲畜，具令各还本主者。③ 上面对纠纷的分类似显太细，我们这里归纳为九类：

（1）户类纠纷。主要是与完粮纳税有关的纠纷。例如光绪十一年（1885 年）浙江省台州府黄岩县东乡四十六都一图王镇求将祖田一丘卖与同村人林均照，土地契约 55 年来都未行过割，导致缴纳粮税迟延，从而引起的纠纷。④

（2）婚姻家庭类纠纷。主要是关于结婚离婚、婚外奸情、婆媳矛盾、继承、分析家产等家庭关系的纠纷。例如光绪八年（1882 年）浙江省台州府黄岩县南乡二十八都一图燕窠庄于周氏丈夫亡故，其亡夫胞兄于张富企图霸占弟弟遗产，故意让自己的妻弟调戏于周氏，以逼于周氏改嫁，于周氏不允，于张富将弟媳于周氏卖至外地，于周氏准备告官发生的纠纷。⑤

（3）田宅类纠纷。主要是关于耕地和房屋宅基买卖、租佃等土地纠纷，以合同纠纷与侵权纠纷为主。这类纠纷在古代很重要，乡民"刁而健讼，其风大半起于田土"⑥。例如乾隆七年（1742 年）直隶三河县朱大德在本村北山坡陆续垦零星砂石地十余亩，至乾隆十二年间始有收获，这时同村村民任朝举硬说这山坡原是他家祖业，不让朱大德继续耕种。是年朱大德准备告官，经同村杨守全等人讲和而息争。⑦

① 刘海年、杨一凡主编：《中国珍稀法律典籍集成》乙编第 1 册，科学出版社 1994 年版，第 636 页。
② （明）叶春及：《惠安政书》，福建人民出版社 1987 年版，第 328—329 页。
③ 《乡甲约》，参见范愉《纠纷的理论与实践》，清华大学出版社 2007 年版，第 601 页注 1。
④ 田涛等：《黄岩诉讼档案及调查报告》（上卷），法律出版社 2004 年版，第 329 页。
⑤ 同上书，第 280—281 页。
⑥ 《古今图书集成·方舆汇编》"职方典"卷 676《苏州府部》。
⑦ 中国第一历史档案馆等：《清代土地占有关系与佃农抗租斗争》（上册），中华书局 1988 年版，第 68—69 页。

（4）钱债类纠纷。例如明末徽州府歙县程元政之弟程淑政与刘应祯一同在玉山做生意，程淑政在归路中病故，留有遗言二纸。程元政向刘应祯索要弟弟账本和遗金，刘应祯以用于运柩费用而拒绝，双方发生纠纷。①

（5）山林水利类纠纷。例如嘉靖十六年（1537年）徽州府祁门县十五都郑产等人盗砍郑仕平家山场中松木50根，郑仕平请里长勘察并调处的纠纷。② 又例如晚清徽州府桐城县西乡，有人为了养鱼和农田灌溉，在乡中重要河流的上游筑堤壅水，导致该河旱闭涝泄"为下流毒"，上游乡民与下游乡民之间发生纠纷。③

（6）主仆租佃纠纷。例如万历十二年（1584年）徽州府祁门县许毛、许三保为洪家仆役，二人不应主役，被洪主具告到县。许毛、许三保等自知理亏，自愿托凭本管里长从中说合，退求息讼。④

（7）行业类纠纷。例如按明清时期行规，建房的长木工不许做圆木（木桶、木盆等），做家具的短木工不能做农具，违反此规发生的纠纷。

（8）轻微人身伤害纠纷。例如光绪十一年（1885年）浙江省台州府黄岩县南乡三十八都二图南栅庄村民张汝嘉经营点心、米饭生意，毗邻饭店老板王加标认为张汝嘉占了他生意，一直对张汝嘉怀恨在心。这天张汝嘉见王加标的儿子与另一小孩在门外"两相扭殴"，为免偏护之嫌，张汝嘉拉请一个熟人劝阻。但王加标仍以为张汝嘉是在"偏护外人"，趁机纠集地痞流氓打伤张汝嘉及其家人，抢去首饰衣物，砸毁店面。⑤

（9）其他纠纷。盗窃、招领报失、灾难事故等。

本章小结：明清时期纠纷发生之社会在宏观上具有民间性、乡土性、熟人性、人情性。这一社会中的基本社会关系是家族关系、乡党关系和官民关系。明清时期社会纠纷的内容可以分为户类纠纷、婚姻家庭类纠纷、田宅类纠纷、钱债类纠纷、山林水利类纠纷、主仆租佃纠纷、行业类纠纷、轻微人身伤害纠纷、盗窃和招领报失等其他纠纷九大类。

---

① 韩秀桃：《明清徽州的民间纠纷及其解决》，安徽大学出版社2004年版，第149页。

② 同上书，第53页。

③ 道光《桐城续修县志》卷11。此类纠纷参见张崇旺《明清江淮的水事纠纷》，《光明日报》2006年4月11日。

④ 叶显恩：《明清徽州农村社会与佃仆·附录》，安徽人民出版社1983年版。

⑤ 田涛等：《黄岩诉讼档案及调查报告》（上卷），法律出版社2004年版，第301—302页。

第四章　里甲组织对社会纠纷的预防

对于明清时期里甲组织参与社会纠纷预防的情况，陈顾远（1896—1981年）曾说："明（初）以百有十户为里……选年高有德，众所信服者，使劝民为善，称为里老或老人。……每当（集）会日，里长、甲首与里老集合里民，讲谕法令约规，莫敢无故不到者。或则置有申明亭，里民不孝不悌，或犯奸盗者，榜示姓名于上，发其羞恶之心，而改过自新者则去之。"① 这里说到了里甲组织不仅有纠纷预防的措施，而且还建有专门的教化场所旌善亭和申明亭。

第一节　旌善申明　睦教专所

设立旌善亭与申明亭作为里甲组织从事教化与司法的专门场所，是明清乡里组织建设中最有创意、最具代表性的举措。旌善亭是"举善"之所，主要用来表扬乡里好人好事；申明亭是"罚恶"之所，主要用来理讼纠纷和制裁恶人。二亭都具有预防纠纷的职能。

一　旌善亭和申明亭的建置

明初规定全国的每个里都要设申明亭和旌善亭各一座作为抑恶扬善、预防和解决纠纷之所。"洪武中，天下邑里皆置申明、旌善二亭，民有善恶则书之，以示劝惩。凡户婚田土斗殴常事，里老于此剖决。"② 对此黄仁宇描绘说："这时候每个村庄依照朝廷的指示……构筑'申明亭'和'旌善亭'各一座，村民之有善行及劣迹者，其姓名由父老查明公布。此外，村民因为遗传、婚姻、财产交割，及殴斗而发生纠纷者，也由父老在这两

---

① 陈顾远：《中国法制史》，商务印书馆1959年版（初版于1934年），第175—176页。

② （清）顾炎武著，黄汝成集释：《日知录集释》（上）上海古籍出版社2006年版，第474页。

座建筑物前评判分解。"① 在今天我们所见的当时地图中，很多都特别标明各乡各里二亭位置所在②，可见两亭制度在明代盛极一时。图4-1，图4-2分别是陕西省韩城市城隍庙内的旌善亭和江西省婺源县秋口镇李坑村的申明亭，现今均保存完好。

图4-1　陕西省韩城市城隍庙内的旌善亭

图4-2　江西省婺源县秋口镇李坑村申明亭

中间红色牌匾文字："申明亭"

廊柱对联：亭号申明就此聚议公断　台供演戏借它鉴古观今

明代中期惠安县知县叶春及的施政笔记《惠安政书》中说，鉴于当地

---

① 黄仁宇：《中国大历史》，生活·读书·新知三联书店2002年版，第191—192页。
② 如明中叶惠安知县叶春及所撰《惠安政书》（福建人民出版社1987年版）所载地图。

旌善亭、申明亭多有废坏，所以要求乡里复建。①《惠安政书》中登列了惠安境内下埔、盘龙、琼田、下浯等43个乡村置建的申明亭。表4-1是其分布情况。其中申明亭分为"今申明"、"旧申明"和"申明"三类。"今申明"指新建申明亭，"旧申明"指原有的旧亭，"申明"是何性质，不得而知。

表4-1　　　　　　　明代中叶福建惠安县乡里申明亭设置情况

	乡	里	村	申明亭类型		乡	里	村	申明亭类型
01	文质	平康	盘龙	旧申明	22	忠恕	德音	前黄	申明
02			下埔	申明	23			前塗	旧申明
03			田边	申明	24			上郭	申明
04		崇德	承天	旧申明	25		尹厝	申明
05			下江	申明	26			举厚	申明
06		祥符	许塘	申明	27		光德	峰前	申明
07			鸟石	旧申明	28			沙格	申明
08			仓边	今申明	29			后郑	旧申明
09			赤厝	旧申明	30		民苏	东张	申明
10		延寿	许山头	旧申明	31	行满	安民	前塘	申明亭
11			刘厝	申明	32			象浦	旧申明
12			张坑	旧申明／今申明	33		长安	许内	旧申明
13		温陵	大吴	旧申明	34			前头	申明
14			坑北	申明	35		太康	梁山兜	申明
15		安仁	前庄	申明	36			白崎	旧申明
16			上庄	申明	37			里春	申明
17	信义	归化	下浯	申明	38			下安	申明
18		同信	袁晋	申明	39			大柘	旧申明
19			吴厝	旧申明	40		守节	杨宅	申明
20		礼兴	洛阳	申明亭	41			黄田	旧申明
21			驿坂	旧申明	42			苏坑	旧申明、今申明
					43			凤洋	申明

说明：据叶春及《惠安政书》（福建人民出版社1987年版）第64—327页各表综合改制。表中内容所在的具体时间是隆庆四年（1570年）至万历二年（1574年）。

---

① （明）叶春及：《惠安政书》2，《地里考》，福建人民出版社1987年版，第35页。

申明亭和旌善亭受到法律保护。明初礼部规定："有私毁亭舍、除所悬法令及涂抹姓名者，监察御史、按察司官以时按视罪如律。"① 也就是说，有私毁亭舍、移擦所悬法令及涂抹姓名者，监察御史、按察司官员应即时纠治，按律论罪。《大明律》和《大清律例》"拆毁申明亭"条都规定"凡拆毁申明亭房屋及毁板榜者，杖一百，流三千里。仍各令修立。"

申明亭和旌善亭之制行用既久，一些地方官玩忽职守，亭宇不修，剥克老人，加上少数里老人公道不昭，贞邪莫辨，甚至以权谋私，贪恋酒食，所以到明中叶以后，两亭废多存少。其间虽有海瑞（时任嘉靖年间浙江严州府淳安县知县）、叶春及（时任隆庆万历之际福建泉州府惠安县知县）等地方官忠于职守、热心亭事，但也是时过境迁、人亡政息，无补于整个制度的振兴。到明朝后期，亭事完全败坠。清代有严加保护旌善亭和申明亭的规定，但实为具文。不过二亭香火未绝，后来取而代之的是乡约的约亭或约所。

二　旌善亭和申明亭的职能

旌善亭和申明亭都有预防纠纷的职能，前者主要实现于纠纷发生之前，后者主要实现于纠纷化解之后。

"旌善"即表彰好人好事，旌善亭主要用来公开褒奖节孝、睦邻等善行以及封赐义民。河北省《河间府公署考》载："旌善亭，在府治大门西。明洪武八年建。凡民间孝子、顺孙、义夫、节妇，则揭其行实于亭，以劝善道俗焉。"② 明代叶春及在《惠安政书》中讲："国朝旌善亭，榜书民之善恶，即《周礼》属民读法，考其德行道艺而劝之，纠其过恶而戒之之意。"③

"申明"寓公布法律、惩戒过犯之意。"凡有作奸犯科者，书其名，罪揭于亭中，以惩恶警俗。耆民里长会断民、间户、婚争斗者，咸集于

① （清）沈家本：《历代刑法考·律令九》"申明亭"。见中国政法大学法律古籍整理研究所、中国社会科学院法学研究所法制史研究室整理《沈家本全集》第 3 卷第 786 页，中国政法大学出版社 2010 年版。
② 《古今图书集成》中《方舆汇编·职方典·河间府部·汇考》。
③ （明）叶春及：《惠安政书》，福建人民出版社 1987 年版，第 341 页。

此。"① 申明亭的功能主要有三：（1）张挂板榜，定期张贴朝廷文告；《大清律例》"拆毁申明亭"条，"条例"规定："凡钦奉教民敕谕，该督抚率属员缮写刊刻，敬谨悬挂于申明亭，并将旧有一切条约悉行刊刻木榜晓谕。"（2）公布本地犯有罪错人员的姓名及其罪错内容。洪武十五年（1382 年）礼部规定凡犯十恶、奸盗、诈伪、干名犯义、有伤风俗及犯贼至徒者，方书于亭，其余杂犯公犯过误，无伤风化者，不必于亭中公布，以开启自新之路。"凡境内之民有犯者，书其过，名榜于亭上，使人有所惩戒"②；"里民有不孝不悌，犯盗犯奸，一应为恶之人，姓名事迹，俱书于板榜，以示惩戒，而发其羞恶之心，能改过自新则去之。"③ "洪武十八年（1385 年）四月辛丑，（太祖）命刑部录内外诸司官之犯法罪状明著者，书之申明亭。"④ （3）审理纠纷。乡里组织的干部里老人、里甲长在此主持理断民间纠纷。《教民榜文》第三条规定："凡老人、里甲剖决民讼，许于各里申明亭议决。"⑤ 由此可见申明亭是集教化与解纷于一体的民间特别法庭，类似中世纪英国的百户区法庭。

第二节　宣讲法律　劝民不争

为了乡里安宁、避免纠纷，里甲组织自觉不自觉地宣讲圣谕和法律，一方面这种宣讲可以使乡民的行为有规可循，免起纷争，另一方面这些圣谕和法律本身的价值取向和主要内容大都是"无讼"。此外，里甲组织宣教活动还包括直接规劝乡民与事不争，安享太平。

一　宣讲圣谕和法律
宣讲圣谕和法律是古代乡里组织的政治任务，相当于今天的普法教

① 河北省《河间府公署考》，载《古今图书集成》中《方舆汇编·职方典·河间府部·汇考》。
② （清）沈家本：《历代刑法考·律令九》"申明亭"。见中国政法大学法律古籍整理研究所、中国社会科学院法学研究所法制史研究室整理《沈家本全集》第 3 卷第 786 页，中国政法大学出版社 2010 年版。
③ （清）薛允升：《唐明律合编》卷 26《杂律上·拆毁申明亭》，法律出版社 1999 年版，第 692 页。
④ 同上书，第 693 页。
⑤ 刘海年、杨一凡主编：《中国珍稀法律典籍集成》乙编第 1 册，科学出版社 1994 年版，第 635—645 页。

育。明初《教民榜文》要求百姓子弟讲读《大诰》："民间子弟七八岁者，或十一二岁者，此时欲心未动，良心未丧，早令讲读三编大诰。诚以先人之言为主，使知避凶趋吉，日后皆成贤人君子，为良善之民，免贻父母忧虑，亦且不犯刑宪，永保身家。"① 宣教内容既包括皇帝的谕示（如圣谕和榜文），也包括基本法典和特别单行法令。宣讲目的是要乡民周知行为规范，不可随意胡来，引发冲突。

（一）宣讲内容

古代中国的普法教育，主要是宣讲三类法律：一是"圣谕"，也就是皇帝的指示或诏令。它虽不以法或律相称，但它是效力最高的特别法律。明代主要是太祖朱元璋在洪武三十年（1397 年）亲自制订的《圣谕六言》（又称《教民六谕》），内容是"孝顺父母，恭敬长上，和睦乡里，教训子孙，各安生理，毋作非为。"二是"律令"，即国家基本法典，明代是《大明律》，清代是《大清律》。三是特别法规，明代以《大诰》为主，清代有《条例》、《则例》等。《大诰》是皇帝就具体事项特别诏诰的汇编、"御制圣书"，内容包括皇帝钦定的特别刑事规定、对重大案件的判决批示、对大臣和百姓的特别训诫，等等。

（二）宣讲方式

明清时期里甲组织对法律的宣讲，大致主要有两种方式：一是定期、专人集中宣讲。例如对《圣谕六言》的宣讲，《教民榜文》规定："每乡每里，各置木铎一个。于本里内选年老或残疾不能生理之人，或瞽目者，令小儿牵引，持铎循行本里。如本里内无此等之人，于别里内选取。俱令直言叫唤，使众闻知，劝其为善，毋犯刑宪。……每月六次。其持铎之人，秋成之时，本乡本里内众人随其多寡，资助粮食。"② 这里规定每里都要专门安排一位老人或者身有残疾者负责宣讲《圣谕六言》，方式是手摇木铎、走街串巷、直言叫唤，时间是每月六次，也就是每五天讲一次。二是通过申明亭中的"板榜"广而告之。申明亭的功能之一就"一切条约悉行刊刻木榜晓谕"③，其上抄录法律法令，供往来乡民共读周知。不过这里宣传的只能是与百姓敬官守法、完粮纳税等最有关系的

---

① 刘海年、杨一凡主编：《中国珍稀法律典籍集成》乙编第 1 册，科学出版社 1994 年版，第 640 页。

② 同上书，第 638 页。

③ 《大清律例》第 376 条"拆毁申明亭"之"条例"规定。

简单条文。更多的法令可能都是用刻印文本于城乡发售或颁送的方式来宣传普及。①

以上主要是明朝的情况，清代的普法宣传主要由乡约组织完成，我们将在乡约一章中介绍。

二　劝民为善，安享太平

在"和为贵"、"无讼"等传统价值观的主导下，纠纷本身被视为"恶"的表现，所以劝民不争的教化活动成为预防纠纷发生的根本方法之一，同时也是乡里组织的基本职责和重要日常活动。明代特别民事诉讼法规《教民榜文》规定："乡里人民，住居相近，田土相邻，父祖以来，非亲即识。其年老者，有是父祖辈行，有是伯叔辈行，有是兄辈行者，虽不是亲，也是同乡，朝夕相见，与亲一般。年幼子弟，皆须敬让。敢有轻薄不循教诲者，许里甲、老人量情责罚。……务要邻里和睦，长幼相爱。如此，则日久自无争讼，岂不优游田里，安享太平！"②"老人、里甲（长）不但与民果决是非，务要劝民为善。其本乡本里人民，务要见丁着业"。③ 对于本里、本乡出现的孝子贤孙、义夫节妇及有善行可称之人，里老人要呈报官府，予以嘉奖。对于本里内的泼皮刁顽、惹是生非之人，里老要严加罚诫，屡教不改者送官处罚。"本乡本里有孝子顺孙、义夫节妇，及但有一善可称者，里老人等以其所善实迹，一闻朝廷，一申上司，转闻于朝。若里、老人等已奏，有司不奏者，罪及有司。此等善者，每遇监察御史及按察司分巡到来，里老人等亦要报知，以凭核实入奏。""本乡本里，但有无藉泼皮，平日刁顽，为非作歹，不受教训，动辄把持挟制，此非良善之民，众老人严加惩治。如是仍前不改，拿送有司解赴京来。若有司循情脱放不解者，许老人奏闻。"④

浙江、江西两地人好讼，里老人特别注重对这里的民众进行息诉教

---

① 参见范忠信《中国古代法律宣教制度及其特征》，《河南政法管理干部学院学报》2007 年第4 期。

② 刘海年、杨一凡主编：《中国珍稀法律典籍集成》乙编第 1 册，科学出版社 1994 年版，第 642—643 页。

③ 同上书，第 638 页。

④ 同上。

育。"两浙①、江西等处，人民好词讼者多，虽细微事务，不能含忍，径直赴京告状。……详其所以，皆由平日不能互相劝诫，不忍小忿，动辄径由官府，以致身亡家破。如此者，连年不已，曾无警省。今后，老人须要将本里人民恳切告诫。凡有户婚、田土、斗殴相争等项细微事务，互相含忍。设若被人凌辱太甚，情理难容，亦须赴老人处告诉，量事轻重，剖断责罚，亦得伸其抑郁，免致官府系累。"②

里老人甚至通过善恶报应宣传来劝民避恶向善。"鬼神之道，阴阳表里，人虽无见，冥冥之中，鬼神监察，作善作恶，皆有报应。曩者已令乡村各祭本乡土谷之神及无祀鬼神。今再申明民间，岁时依法祭祀，使福善祸淫，民知戒惧，不敢为恶。如此，则善良日增，顽恶日消，岂不有补于世道？"③

第三节 举善抑恶 促民不争

举善抑恶是乡里组织的重要日常活动。如前所述，纠纷本身在当时被视为"恶"的表现，举善抑恶因而成为预防纠纷发生的根本方法之一，成为消灭纠纷于萌芽状态的纠纷预防机制。里甲组织的举善抑恶活动主要通过三种方式进行：

第一，在旌善亭、申明亭中举善罚恶。

旌善亭对好人好事，特别是对和睦乡里的典型人物和事迹的褒扬，是对乡民友好相处、免争不讼的有效引导和激励。申明亭的预防纠纷作用则主要通过两种方式发挥出来，一是张挂板榜，定期张贴朝廷文告和法律；二是书录乡民有过犯者于亭中由公众评判之。这些内容在前面已有较为详细的论述。

第二，在家户门牌上注明行为表现。

---

① 浙东和浙西的合称。唐肃宗时析江南东道为浙江东路和浙江西路，钱塘江以南简称浙东、以北简称浙西。宋代有两浙路。元代时浙江属江浙行中书省。明初改元制为浙江承宣布政使司，清康熙初年改为浙江省。

② 刘海年、杨一凡主编：《中国珍稀法律典籍集成》乙编第 1 册，科学出版社 1994 年版，第 635—636 页。

③ 《教民榜文》第 28 条，载刘海年、杨一凡主编《中国珍稀法律典籍集成》乙编第 1 册，科学出版社 1994 年版，第 640 页。

在家户的大门或门牌上注明家中人的恶行表现，以促使其改恶向善，这是明清官方组织的、民间参与和配合的特别教化措施。天顺八年（1464年）明英宗诏曰："军民之家，有为盗贼，曾经问断不改者，有司即大书'盗贼之家'四字于其门。能改过者，许里老亲邻相保管，方与除之。此亦古者画衣冠、异章服之遗意。"① 这种制度后来发展成为保甲制度的内容之一。这一举措的根据或寓意是传统的"画衣冠、异章服"。②

民有善恶，无论是示之于旌善、申明二亭，还是书之于家户门牌之上，都是一种制度化和经常化的公示形式。这些制度使"理亏"者的非法成本在代代相传中增加到无法计量的程度，具有很好的纠纷预防和教化功能。为什么呢？因为其背后有一个庞大的"影子法官"——全民参与的大众民主和集体评议机制，这种"影子法官"具有极大的警示劝惩功能，它抑制人们的讼争冲动，以免被公之于众之后自己乡村生活成本的加大和道德优势的丧失。

第三，举发地方官吏恶行。

民间纠纷很多都与地方官吏的胡作非为有关，这类纠纷大概相当于今天的执法纠纷或行政纠纷。如果民间能对地方官吏进行有效监督和劝谏，无疑会大大减少这类冲突。明清时期赋予里老人监督和举发地方官员的权力，以达到约束地方官员行为的目的。《教民榜文》说："朝廷设官分职，本为安民。除授之际，不知贤否；到任行事，方见善恶。果能公勤廉洁，为民造福者，或被人诬陷，许里老人等遵依《大诰》内多人奏保，以凭辩理。如有贪赃害民者，亦许照依先降牌内事例，再三劝谏。如果不从，指陈实际，绑缚赴京，以除民害。"③ 明成祖在永乐十九年（1421年）四月重申，"自今官吏敢有不遵旧制，指以催办为由，辄自下乡科敛害民者，许里老具实赴京面奏，处以重罪"。④

---

① （清）薛允升：《唐明律合编》卷26《杂律上·拆毁申明亭》，法律出版社1999年版，第693页。

② 《史记·孝文本纪》中有"盖闻有虞氏之时，画衣冠、异章服以为僇，而民不犯"的记载。意思是说，在有虞氏的时候，给有罪过的人戴上画有特别图形或颜色的帽子，穿上有特定标志的衣服，来羞辱他，于是人们都不敢犯罪。

③ 刘海年、杨一凡主编：《中国珍稀法律典籍集成》乙编第1册，科学出版社1994年版，第639页。

④ 《明太宗实录》卷236。

第四节　治安互助　靖乡睦里

一　加强乡守治安，保障安宁环境

治安管理是靖乡睦里、预防纠纷的重要方面。明代里甲中由里老人、里甲长负责的治安联防活动，从《教民榜文》的具体规定来看，这些治安活动主要有两个方面：一是组织全里民众缉捕"生事恶人"。"民间一里之中，若有强劫、盗贼、逃军、逃囚及生事恶人，一人不能缉捕，里甲、老人即须会集多人擒拿赴官。"二是家至户到，告诫里内人民，不要隐藏人犯，破坏安宁。"本里内递年有犯法官吏人等，或工役，或充军逃回者，有别处逃来者，老人须要家至户到，叮咛告诫里内人民，毋得隐藏，将此等军囚送赴官司起解，免致连年勾扰，邻里亲戚受害。"①

二　组织乡民互助，绝纷争于未萌

贫困容易激化矛盾，引发纠纷。乡里百姓的生活生产、婚嫁丧葬等发生困难，里甲长和里老人便组织民众互助。这种互助可以亲睦乡邻、促进社会的公正与和谐。明太祖圣谕："一里之间，有贫有富。凡遇婚姻死丧，疾病患难，富者助财，贫者出力，民岂有贫苦急迫之忧？又例如春秋耕种之时，一家无力，百家代之，推此以往，宁有不亲睦者乎。"②《教民榜文》规定：本里人户，凡遇此等（婚姻、死丧、吉凶等事），互相赒给。且如某家子弟婚姻，某家贫窘，一时难办，一里人户，每户或出钞一贯，人户一百，便是百贯；每户五贯，便是五百贯。如此资助，岂不成就？日后某家婚姻，亦依此法轮流赒给。又如某家，或父或母死丧在地，各家或出钞若干，或出米若干资助，本家或棺椁，或僧道修设善缘等事，皆可了济。日后某家倘有此事，亦如前法，互相赒给，虽是贫家些小钱米，亦可措办。如此，则众轻易举，行之日久，乡里自然亲爱。③这种互助的组织者主要是各里中的里老人或里甲长。

---

① 刘海年、杨一凡主编：《中国珍稀法律典籍集成》乙编第 1 册，科学出版社 1994 年版，第 638—639 页。

② 《明太祖实录》卷 236。

③ 刘海年、杨一凡主编：《中国珍稀法律典籍集成》乙编第 1 册，科学出版社 1994 年版，第 640 页。

清代乡里的社仓或义仓制度，也是乡里组织的一种互助制度。广东省广州府南海县的佛山镇，乾隆年间在祖庙铺麒麟社建置义仓，"收义渡及正埠铺租买谷存贮。遇歉则或粜或赈。设司事一人掌其收支。党正每月初二、十六轮流稽查。仓库租息，除买谷外，不得借支。惟乡中大事如清涌（整治河道）等项，则集众妥议方准动支。"[1]

第五节　立规订约　防争息讼

一　制定乡规民约，明晰行为规范

明清时期的乡民们通过自定乡规民约来确定各自的权利义务边界。这些民间法虽不是具有强制性的法律措施，但由于公众的舆论压力和道德的规劝，使之在一定范围内发挥其应有的作用，不仅对于保护山林水泽和庄稼农作物、植被，防止水土流失，维护农村社区的生产发展，保护生态环境具有重要作用，而且对于维持生活秩序，维持社会治安也有重要意义。制定乡规民约成为里甲组织预防纠纷的有力举措。

（一）乡规民约的种类

就总的乡规民约而言，明清时期乡里组织制定的相关规约，据日本学者寺田浩明的考察，主要有三类：

1. "会众议约"型乡规民约

"会众议约"型乡规民约是乡民们在权利平等的情况下，根据合意制定的乡规民约。明代后期日用百科全书《新刻天下四民便览三台万用正宗》"民用门"下有一则乡规民约套语，没有题目，笔者猜拟为"禁畜禽践啄庄稼约"。全文如下：

夫国以民为本，本固则邦宁；民以食为天，食足则信孚。此农事至重，实王政之首务也。切照本乡居民稠密，别无经营，惟资耕种，以充岁计，是以既殚东作，庶有以望西成，兹当禾苗盛长之时，不许纵放牛马践伤，鹅鸭啄食，各家务宜牢固关闸。爰自某月某日会众议约，以后倘有无籍者，不依条约，照例惩罚，如有抗拒不遵，定行呈首官府，众共攻之，以一科十，纵律无正条，其情可恶，必敬必戒，

---

① 道光《佛山忠义乡志》卷6《乡事》，载广东省社科院等编《明清佛山碑刻文献经济资料》，广东人民出版社1987年版，第291页。

故谕。①

2. "告示"型乡规民约

"告示"型乡规民约是部分乡民单方面作成并向其他与会者们宣示的乡规民约。明代后期另一日用百科全书《类聚三台万用正宗》卷5《体式门类》中有《禁赌博约》、《坟山禁约》、《禁盗鸡犬约》、《禁盗笋竹约》、《禁六畜作贱禾苗约》、《禁田园山泽约》、《禁盗田园果菜蔬约》套语。②其中《禁盗田园果菜蔬约》全文如下：

> 某都为禁约事，切照本都民居四散，业在田园，故于东作方兴之时，雨露澹濡之际，其于蔬果等物四时靡不种栽于中，预备急济日食方全，蔬菜成熟，不亦禁戒。因离家遥远，巡顾不周，却被附近居民多有鼠窃狗偷之辈，辄起贪心，擅入田园偷盗蔬菜，以为己有，甚于强徒扰掠乡村，人人无不被害。然此惟图一时之小利，以顺口腹之所欲，损物害理不仁孰甚。理合给约通禁，各宜洗心涤虑，中间再有仍前偷盗者，即许被告之人缉过擒拿赴亭，从公审治，仍罚某物若干，入于本境某处充公，以禁其余，的不虚示。③

3. "给示禁约"型乡规民约

"给示禁约"型乡规民约是"乡里头面人物向乡村内全体居民发布或宣示的地域性规范"。④ 明朝日用百科全书《云锦书笺》卷6有题为"地方契约"（明代有些地方对乡规民约的别称）的套语：

> 立禁约地方某等，为严申大禁，以一风俗事。窃见乡设禁条，原非私举，事有明征，法无轻贷，岂强者依势横行，弱者缄口畏缩，或徇情以容隐，或贪和以偏获，卒至禁令败坏，风俗益颓，人畜交相为害，不暇悉数。某等目击斯祸，痛惩厥奸，为此置酒会立条，以做后患。如有犯者，

---

① （明）余象斗：《新刻天下四民便览三台万用正宗》卷17《民用门·文契类》，明万历双峰堂刊本。转引自陈学文《明代契约文书考释选辑》，《明史论丛》1997年第10期。

② 《类聚三台万用正宗》卷5《体式门类》，万历三十七年刊本。转引自陈学文《明代契约文书考释选辑》，《明史论丛》1997年第10期。

③ 同上。

④ 参见［日］寺田浩明《明清时期法秩序中"约"的性质》，载滋贺秀三等《明清时期的民事审判与民间契约》，王亚新等译，法律出版社1998年版。

与众共罚，若有拒抗不服，会同呈官理论，但不许避嫌徇私，受钱卖放，又不得欺善畏恶，挟仇排陷，有一于此，天日鉴之，神雷击之。凡我同盟，至公闟私，庶乡邻不至受害，而风俗自此淳厚矣。谨以各项禁条开具于后，决不虚立。①

（二）里规甲约实例

现有里甲组织中的里规甲约，已很难见到实例的完整文本。我们在业经整理的清代巴县档案中，发现一则《嘉庆十年巴县廉里一甲清正地方会簿》②，从这一"清正地方会簿"，似可管窥明清时期里规甲约的大致情况。

清代嘉庆十年（1805 年）巴县廉里一甲③的甲长龚宗祥等 12 人发起成立"清正会"。清正者，清朗平正也。《淮南子·说山训》："水定则清正，动则失平。"从内容来看，"清正会"大致相当于今天的"村民事务基金会"，"基金"即"会银"。《清正地方会簿》即"清正会章程"，章程分为三部分：序言、条规（共 17 条）、首次捐款姓名及金额。主要内容如下：

1. 清正会的任务："协心防范"不法之徒，维护地方安宁和谐；为捉拿匪盗、惩治娼赌、禀官诉讼等治安、解纷事务提供经费保障，使"地方之转祸为福"。所谓"稂莠不除，则嘉禾不植"；使"一遇前项不法之徒，兴讼票送，来往可无缺费之虞"。

2. 清正会的组织：由余大光、晏朝逊等 12 人发起成立，"公议管事首人（会长）"四人：龚宗祥、余大光、文辅光、蒋在荣。管事首人的职责是"众议管理地方事务，并督率乡勇捕捉贼匪"。实行"值年"制，即每人负责一年。"值年管事之人，凡遇乡间有事，须秉公理处；倘有私徇，查出公罚"。

3. 清正会的入会条件及会员的义务与权利：甲民自愿入会，"来从会

---

① 《云锦书笺》卷 6。转引自陈学文《明代契约文书考释选辑》，《明史论丛》1997 年第 10 期。

② 四川大学历史系、四川省档案馆：《清代乾嘉道巴县档案选编》（下册），四川大学出版社 1996 年版，第 276—278 页。

③ 一般来讲，明清时期乡里组织中，里甲（差役兼自治组织）与保甲（治安联防组织）同存并重的格局，在清代康雍时期结束，此后保甲职能扩大，兼行里甲职责，成为综合性的乡治组织。但从巴县档案来看，至少在嘉庆年间，重庆府还是里甲与保甲同存并重，其保甲综合化的进程似乎慢于中东部地区。

者勿禁"，以捐款（捐助银两，数量不限）和同意章程为基本条件；会员实行家庭会员制，"已经入会之人，凡属父兄子弟及佃户雇工人等屈抑，均属一体相关，不得以未从会者论"。会员除必须捐资外，还必须履行联络围捕匪盗、"公禀"治安案件、管束佃户、积极参与"理说"（调解）"大小事件"等章程规定的其他各种义务。会员享受章程规定的全部权利，特别是可以获得有关经费的保障，"未在会之人，凡属有事，会内之人不得过问"。

4. 清正会会银（基金）的来源与使用：会银由余大光等12人首先捐助，以后"捐输勿替，储积裕如"，"各量自家，共为捐凑"。会银主要用于公益活动，"遇事取用，随要随支"。主要用来支付：捕捉匪徒、盗贼送官的来往费用；发生凶殴、捆赌等事件，"地方出名公禀"（以"清正会"名义向官方提起"公诉"）的费用；诉讼过程中"作证之人去来盘费"；众邻及会员"理说"婚姻、田土、钱债等纠纷的劳务费用。

二　促订契约，以杜争端

订立契约，明确当事人双方的权利和义务，既是避免发生纠纷的手段，又是万一日后发生纠纷后的解纷依据。明清法律规定里甲长、里老人不仅有一般的"务要邻里和睦，长幼相爱"的责任，而且有参与、督促或帮助乡民订立契约的义务。《教民榜文》规定："乡里人民……不得已要将父祖所置田地产业变卖者，许其明立文契，从便出卖。里邻亲属合该画字，不许把持刁蹬，揩索财物酒食。违者，治罪。"① 这里说的"合该画字"，就是在依法见证、担保或者批准后签字画押，这里的"里邻亲属"包括了里甲长、里老人等。事实上，我们从当时的各类民间契约中看到，乡里组织及其代表里甲长、里老人等往往充当着契约的批准人、中人、见人、保人等角色。这样一来，参与或促订契约就成为乡里组织预防或减少乡里交易纠纷最现实、最有效的方式之一。

我们来看一个实例。明代万历七年（1579年）徽州府祁门县十西都的里长李汉作为证人或批准人，帮助乡民胡付、胡初乞与居正堂签订田地

---

① 刘海年、杨一凡主编：《中国珍稀法律典籍集成》乙编第1册，科学出版社1994年版，第642—643页。

典卖契约。该契约原件的影像版见图4－3①:

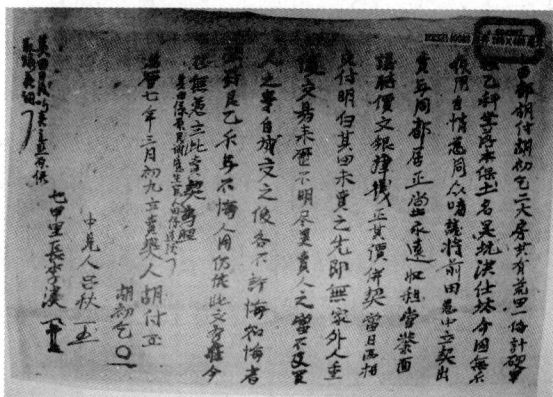

图4－3 万历七年（1579年）里长李汉见证的田地买卖契约

文字内容改录如下:

> 十西都胡付、胡初乞二大房共有荒田一亩，计硬□租乙秤，坐落本保，土名吴坑洪仕□。今因无钱使用，自情愿同众商议，将前田凭中立契出卖与同都居正堂永远收租管业，面议时价文银肆钱整，其价并契当日两相交付明白。其田未卖之先，即无家外人重复交易。来历不明尽是卖人之当（过），不及买人之事。自成交之后，各不许悔，如悔者，其罚银一两，与不悔人用，仍依此文为准。今恐无凭，立此卖契为照。
>
> （补充内容）其田系原□谢应生官人田，系连□。
>
> 万历七年三月初九，立卖契人：胡付（押）胡初乞（押）
>
> 中见人：吕秋（押）
>
> 七甲里长：李汉（押）
>
> （补充内容）其田日后听卖主照原价取赎□□

这是一份没有官府盖印的田地典卖"白契"，内容包括：（1）田产现在的所有人姓名，田产的性质（荒田）、面积、位置和由来（"其田系原

---

① 王钰钦、周良泉主编:《徽州千年契约文书》宋元明编卷3，花山文艺出版社1991年版，第52页。

□谢应生官人田，系连□")；（2）典卖人典卖的理由和态度（"因无钱使用""自愿""凭中立契"）；（3）承典人（买方）的姓名、住所；（4）买卖双方和中见人"三面"议定的卖价，以及立契当日交付银两的事实和买方"日后听卖主照原价取赎"的承诺；（5）免生纠纷的内容："其田未卖之先，即无家外人重复交易。来历不明尽是卖人之当（过），不及买人之事"；（6）违约的罚则；（7）订立日期和立契者（卖主）、中人以及见证人的名字和画押。这是一份内容比较完整的契约，不仅整个内容有预防纠纷的作用，而且还有专门预防纠纷条款。

　　我们在现存明清徽州契约中发现不少由里甲长或里老人参与或促成订立的契约，表4-2是《徽州千年契约文书》①中所见的一部分。

表4-2　　　　　　　　　　里甲组织参与或促成订立的契约

契约的名称和资料来源	双方关系契约类型	契约内容	乡里组织的作用
《万历十一年（1583年）张二得等租约》A卷三138	主佃租佃契约	佃人张二得、张六、张记成、胡三保、胡旺与户丁陈世肇订立的租约。（原件字小难辨，具体内容难以认清）	里长陈汝恕作"中见人"
《万历十二年（1584年）祁门程四十等租约》A卷三145	主佃租房契约	程四十、谢贞、黄季子、王重阳等租到西都谢□福兄弟名下土名王□□店屋住歇，与□同仁堂相共，□福兄弟合得四分之一。其租四季交纳，不致短少。	里长谢国用作"中见人"
《万历十四年（1586年）祁门王诠卿等立禁伐文约》A卷三162	同都乡邻护山契约	十二都王诠卿山地内杉松竹木屡盗砍，今请里邻为盟，议立禁约。自今以后山上杉松竹木，毋许肆意盗砍。如本庄盗砍者，外人有能拿报，定行重谢。庄人见一罚十，仍责置酒封山。如外人盗砍者，听庄人拿报，亦见一罚十，置酒封山。同业之人亦不许私砍，违者罚亦如前。有互相容隐者，访出鸣众，与盗砍之人同论，强抗约不服罚者，通众鸣官理治，决不轻恕。	见年里长汪任道，递年里长：赵正、赵□惟、赵守儒批准或见证

---

　　① 王钰钦、周良泉主编：《徽州千年契约文书》（"宋元明编"和"清民国编"），花山文艺出版社1991年版。

续表

契约的名称和资料来源	双方关系契约类型	契约内容	乡里组织的作用
《崇祯八年（1635年）闵良海领回丢失牛字据》A卷四387	同里乡邻失物领取	十七都一图闵良海的耕牛走失，后为十八都一图地方所获，闵良海在其所在图之里长保长族长证明下，将该牛领回，感激无量。	里长胡学阁、甲长胡可立鉴证
《康熙二十六年（1687年）王伯宜等立清白合文》B卷一98	本家叔侄税粮完纳	王伯宜与王广生是叔侄关系，王广生的父亲早年外出谋生，其户内丁粮由叔叔王伯宜家代纳。现在王广生的父亲回来了，两家订立"清白合同"，规定两家从现在开始，各照业纳税丁粮。自议之后，两家均不致将言过口混争。	里长康永新作"中见人"
《康熙四十一年（1702年）休宁汪元登卖山契》①A卷十410	同都乡邻山地买卖	汪元登因钱粮短缺，将打石山立契卖与同都三图程□名下为业，议定时价纹银十两整，当日价银一并办齐收足。其有来历不明，尽是里长承当，不涉买人之事。	里长作担保人

资料来源：《徽州千年契约文书》，A代表"宋元明编"，B代表"清民国编"；后面的数字表示页码。

---

① 原件只有编号（《崇祯十五年（1642年）休宁程氏立"置产簿"》之100）没有名称，这里的题目为笔者所加。

第五章　保甲组织对社会纠纷的预防

明清保甲组织的使命俨然今天所说的建设法治社会与和谐社会，"自城市达于乡村，使相董率，遵约法，查奸仇，劝微行。善则相共，罪则相反，以保安息之政"①。在明代及清初，保甲扮演的主要角色是乡里的治安组织，自清代康熙、雍正之际开始，保甲逐渐取代里甲，成为综合性的乡治组织。

保甲始以治安组织面世，继而与乡约呈"警察"和"牧师"的分工格局同处于乡里，所以人们往往重其"武"而轻其"文"。闻钧天在《中国保甲制度》开篇即说：

> 保甲制度，为共同担保、共同责任之制度。其组织深合全民政治之原则，而其机能与效用可为增进地方行政体系整肃之方，故其目的，将使无一家无一人不得其治焉。自广义方面言之，即吾国之地方自治制度。自狭义方面言之，即农村之保卫政策。后世第见其用为防卫之术者多，遂以为诘奸宄、防盗窃之计，莫良于此，而保甲之为用，亦几略于兹。……于是保甲本身意义之解释，偏于消极防制之作用者多，而明其积极的以训育为目的者逐鲜。②

保甲虽具法家面目，而肩负的使命却是"扶儒法之中心"③，具有广泛的纠纷预防职能。一方面，其"弥盗安民"的治安功能本身就有预防纠纷的效果，"证论其保甲法，亦不当仅据制度本身之表面以察其形式；尤必明其因果，以见相互之效者乃可"。④ 另一方面，保甲的职责与活动范围在

---

① 《大清会典》，转引自萧一山《清代通史》，中华书局 1985 年版，第 634 页。
② 闻钧天：《中国保甲制度》，上海书店 1992 年版，第 1 页。
③ 黄强：《中国保甲实验新编》，正中书局 1935 年版，第 21 页。
④ 闻钧天：《中国保甲制度》，上海书店 1992 年版，第 171 页。

后来不断增广，加上有乡约组织的有效配合，教化预防纠纷的功能更加明显。"（保甲制中的十家）一人有过，四邻劝化不从，则告于甲长，转告于约正，书之记恶簿。一人有善，四邻查访的实，则告于甲长，转告于约正，书之记善簿。其轻事小事，许本约和处，以息讼端。大善大恶，仍季终闻官，以惩奖戒。如恶有显迹，四邻知而不报者，甲长举之，罪坐四邻；四邻举之，而甲长不报者，罪坐甲长；甲长举之，而约正副不书，掌印官别有见闻者，罪坐约正副。"① 在这里，保甲组织特别有利于发现问题的苗头，然后加以劝导教化，以息讼端。王阳明的"十家牌法"自称是"其法甚约，其治甚广。盗贼可息，词讼可简。"② 顺治年间的广东巡抚彭鹏在《保甲示》中说："保甲行而弥盗贼，缉逃人，查赌博，诘奸宄，均力役，息武断，睦乡里，课耕桑，寓旌别，无一善不备焉。"③ 嘉庆湖南布政使叶佩孙在《饬行保甲》中说实行保甲，"凡婚田土词讼事件，不待证佐串供，已可悉其大半"。④ 这虽是溢美之辞，但也反映了保甲组织的很多职能和活动对预防或减少民间纠纷具有重要作用。

保甲组织在成为综合乡治组织以后，预防纠纷的职能和活动与里甲组织是一脉相承的，其内容主要有以下几方面。

第一节　孝友教化　劝止争讼

一　劝敦孝友

"孝"是血缘亲伦关系的亲爱法则，"友"是一般人际关系的和睦之道。人若践行二者，社会自然和谐。保甲以此为教化之要。湖南布政使叶佩孙推行的《饬行保甲》有"劝善之法"："（保甲）教民之道，首先孝友，次则谨以安分、让以息争、勤以治生、俭以节费，皆为日用所不可离。"⑤ 晚清金山县《保甲章程》有"劝敦孝友"条：

---

① 一凡藏书馆文献编委会编：《古代乡约及乡治法律文献十种》（第1册），黑龙江人民出版社2005年版，第170—171页。

② 《王阳明全集》（第1册），红旗出版社1996年版，第238页。

③ 《古代乡约及乡治法律文献十种》（第2册），黑龙江人民出版社2005年版，第286页。

④ 同上书，第46页。

⑤ 同上书，第55页。

父母之恩，昊天罔极，千言万语都说不尽，总要把生身之恩时刻放在心中，如衣食等物，必择美好以奉父母，自甘淡泊不私享用。如父母使令教戒，小心遵奉不敢违拗。生养死葬情愿独力担任，不推委兄弟，致有缺失耽误。如鳏父寡母，起居衣食加倍体贴，以博欢心，不使愁苦。自己更要谨身节用，立志成人，不为非作歹，贻父母羞，始可算为人子。至兄弟，本手足一般，年幼时同眠同食，何等亲热，后来年纪长大，或因钱产小事，或因妻子挑唆，动相争闹，致伤和气，一到事有缓急，彼此不相顾及，此等之人，父母见之伤心，旁人见之笑话。……致比户尽孝友可风，合里皆祥和，自召勉之望之。①

又"劝设蒙养学堂"条说："绅富之户，或十户设一学堂，或数十户设一学堂，延请品端教习，招集童蒙学生……若童而习之，所见所闻无非方正仪型、圣贤义理，潜移默化，又何有放僻邪侈之人乎？"② 这就是说，保甲组织如果能聘请道德名师对小学堂的学生进行系统的、以孝友为主要内容的思想政治教育，将来社会上违法乱纪、惹是生非者必然大大减少。

二　劝止争讼

保甲组织直接"劝禁争讼"的活动，我们可以从晚清江苏省金山县（今属上海）县令制定并推行的《保甲章程》中知其大概，该《章程》号称明清保甲地方法规之集大成③。《保甲章程》共 26 条，其中"禁斗殴"、"禁争讼"、"禁图产争继"三条是直接禁防纠纷的。

（1）"禁斗殴"：同里共井之人，有什么仇？即或一言相激，一事忿争，只须忍耐三分，便为从容悔悟。若彼此相持，各图取胜，刀棍木石，举手相加，哪管致命部位，横行殴打，一经失手，酿成命

---

① 一凡藏书馆文献编委会编：《古代乡约及乡治法律文献十种》（第 3 册），黑龙江人民出版社 2005 年版，第 554—555 页。

② 同上书，第 558 页。

③ 《保甲章程》是清代后期江苏省金山县（今属上海）县令为推行保甲法而编订的地方法规，内容较为完善，形式比较规范，较之其他保甲章程更具代表性和典型性，应该是历来保甲法规中最成熟且付诸实施的一个。参见《古代乡约及乡治法律文献十种》（第 3 册），黑龙江人民出版社 2005 年版，第 541—562 页。

案，遂至从监问罪，引颈受刑，父母妻子不能相顾，斩绞拟抵，身首异处。到了那时，悔之不及。保中年老之人，须当时时提醒劝戒，使少年子弟弗逞血气之强，免遭一生之祸。①

（2）"禁争讼"：告状最是废时失业的事。小民相亲相敬，当以礼让为先，一涉争讼，匍匐公堂，破了情面，伤了和气，而且上衙守候，耽误工夫，花销盘费。无论官事输赢，即便赢了，自己有见不到的去处，临时还受多少烦恼。损人不利己，何苦如此作为？嗣后牌甲中凡有户婚、田土、口角微嫌，可邀牌董、甲董及乡耆邻佑平心理论，再没有过不去的事。实在难以理料，再入官告状，你的理也占十分了。②

（3）"禁图产争继"：无子立嗣，应继爱继，由近及远，只要尊卑伦次不失，均准立继。即或独子承继，两门彼此情愿亦可立继。……定例于亲族内择贤择爱，听其自便。如族中觊觎财产、勒令承继告状者，官为惩治。可见立继全在无子之自主，不能以应继为词，混争混告的。嗣后牌甲中凡有立继的事，总要照穆相当，听凭族长亲长公议，按着家谱议继，不怕人家不依，即或告到当官，也逃不过应继爱继，两层争继的全无益处。③

第二节　宣讲律规　淳俗靖民

一　宣讲律令

乾嘉时期湖南布政使叶佩孙《饬行保甲》"劝善之法"规定："有事关伦纪风化者，往往僻壤愚民陷于不知，易罹法纲，尤宜仿悬书读法之制，随时晓谕，使之敬惧，则伦常重案，默化于无形，俗尚益淳、民心益靖。"④ 这是说有些纠纷的发生与当事人不懂法直接相关，所以保甲组织要"仿悬书读法之制，随时晓谕"，即经常进行普法教育，以使社会达到"俗尚益淳、民心益靖"的和谐境界。"悬书读法"原是指周代的乡官定期宣

---

① 一凡藏书馆文献编委会编：《古代乡约及乡治法律文献十种》（第3册），黑龙江人民出版社2005年版，第549—550页。

② 同上书，第550—551页。

③ 同上书，第551页。

④ 一凡藏书馆文献编委会编：《古代乡约及乡治法律文献十种》（第2册），黑龙江人民出版社2005年版，第55页。

讲天子（周王）号令和国家法律的传统，这里借用来表达保甲组织具有向甲民宣讲律令的职责。保甲组织单独的法律宣教活动似乎并不常见，一般来说是借用"乡约"这一土生土长的教化组织形式，将自身的法律宣教职能融于乡约的"读律"活动。

二　宣讲保甲条例章程

保甲一般都有地方政府代为制定的"牌甲条例"、"保甲章程"，例如，嘉庆十八年（1813年）三月二十九日巴县《团首牌甲条例》①，即是作为治安联防组织的保甲"条例"；晚清江苏省金山县的《保甲章程》即是作为综合乡治组织的保甲"章程"。这些条例或章程都要求宣讲国家法令、乡约约规以及保甲条例章程自身，"恺切晓谕，一体知悉"，做到家喻户晓，"认真遵行"。地方政府制定的保甲条例或章程，都是国家法的一部分。从规范角度来说，宣讲"保甲章程"也是广义的法制宣传。例如，晚清江苏省金山县县令制定并推行的《保甲章程》规定："牌甲中必有读书明理之人，能叙几个好朋友，每逢朔望，宣讲乡约，劝导愚蒙，致比户尽孝友可风，合里皆祥和，自召勉之望之。"② 这是讲"乡约"的要求。"乡约"是民间乡约组织的规约章程，其内容往往转述国家法令。该章程又规定："保中士民耆老，伏望随时讲解（保甲章程所定各条），俾鸮音悉格，雀角无争，敦本保身，勉为良善，弦歌雅化，仁让休风，复见今日。"③ 这是要求随时宣讲《保甲章程》本身。

第三节　禁暴戢奸　举善纠恶

一　禁暴戢奸，化民成俗

"禁暴戢奸"是保甲组织的传统职能，其预防纠纷作用表现在细密

---

① 四川大学历史系、四川省档案馆：《清代乾嘉道巴县档案选编》（下册），四川大学出版社1996年版，第279—281页。书末附有全文。从此条例看，巴县当时乡里组织还是里甲与保甲同存并重的格局。一般来讲，明清时期乡里组织中，里甲（差役兼自治组织）与保甲（治安联防组织）同存并重的格局在清代康雍时期结束，此后保甲职能扩大，兼行里甲职责，成为综合性的乡治组织。重庆府保甲综合化的进程似乎慢于中东部地区。

② 一凡藏书馆文献编委会编：《古代乡约及乡治法律文献十种》（第3册），黑龙江人民出版社2005年版，第554—555页。

③ 同上书，第561页。

的治安管理可以防患于未然，此即叶佩孙所谓"凡禁暴戢奸，化民成俗"①。康熙时礼部尚书张伯行在《通饬清厘保甲檄》中说："保甲之设，固以稽查奸宄，实以劝勉良善，诚久安长治之道也。如果一铺之中甲有保长，一甲之中户有甲长，休戚何等相关！"②嘉庆时湖南布政使叶佩孙在《饬行保甲》中对保甲的防争止息作用有一番专论：保甲遇有前项不法情事，已犯则摘发不时，未犯则奸萌潜化，岂有酿成重案坐受处分之理，此效之至切者也。由此人丁户业按册可稽。凡婚田土词讼事件，不待证佐串供，已可悉其大半，则听断公平，狱讼渐可衰息，行之日久，使地方游惰，废业嚣凌狼目者知所惩，孝悌力田俊秀勤俭者知所劝，则民俗还淳，政声卓著。③

二　举善纠恶，和睦闾里

保甲组织举善纠恶的具体措施至少有三种：一是在门牌上注明甲民的善恶行为表现。康熙年间的礼部尚书张伯行在《通饬清厘保甲檄》中规定："门牌户名之下……将铺内人等，或躬行孝悌，或和睦闾里，或周济孤寡，行善事几件；或开断乡曲，或包揽词讼，或酗酒赌博，行恶事几件，一一据实填注牌内，以凭劝惩。"④二是在官方的人事档案中记录甲民行为不轨、挑起争斗等"劣迹"。例如《饬行保甲》"劝善之法"规定："素行不检者，（保甲）先以训饬，继以鞭笞，官于册内注明劣迹，许其自新。"⑤三是在素不安分之徒的户口本上加盖"自新"红戳。晚清金山县《保甲章程》规定："牌内有作奸犯科、窝留娼赌、素不安分之徒，准各户举明禀报。……惟该户上准盖'自新'二字红戳，以示区别。如能改过安分两年以后，不再加盖。"⑥

---

①　一凡藏书馆文献编委会编：《古代乡约及乡治法律文献十种》（第 2 册），黑龙江人民出版社 2005 年版，第 45 页。

②　同上书，第 306—307 页。

③　同上书，第 46 页。

④　同上书，第 308 页。

⑤　同上书，第 55 页。

⑥　一凡藏书馆文献编委会编：《古代乡约及乡治法律文献十种》（第 3 册），黑龙江人民出版社 2005 年版，第 541—542 页。

第四节　相生相养　劝警守望

组织甲民在危难时刻互相救助，是保甲组织的重要工作，这种互助工作也有预防纠纷之效，因为"共存急难之心，方合睦邻之谊"①。

一　相生相养的社仓

康熙年间湖北巡抚晏斯盛在《社仓保甲相经纬议》中说，保甲"相保相受"的治安职能是"经"，"相生相养"的互助职能是"纬"，而"相生相养"的主要手段是实行社仓制度。清代社仓制度的具体方案是：于十家一牌、十牌一甲、十甲一保之中建立一仓，仓积谷三千石。一家大小口相衡，约为三口，口谷一升，家计三升，一保千家之中日食谷三千石，保仓三千石之积，足支百日。再倍积之，分别极又次贫三等，足支一年，虽遇奇荒，不为所动。② 晚清金山县《保甲章程》"劝谨盖藏"条规定：牌甲中是宜分设义仓，公举殷实之户经手收管。如能源源捐输，俾成盛举，本县定以捐数多寡给予花红匾额，如捐数至巨，再禀请上宪从优奖励。③

二　共存急难的劝警守望

劝警守望是保甲组织最传统的、最拿手的职事。孟子云守望相助，保甲之法即孟夫子遗意。彼为此守，此为彼望，联众心而协于一。彼为此守，仍是家自为守；此为彼望，仍是人自为望。齐众力而归于专，意美法良，莫此为最。④ 守望相助，共存急难、协力救护，特别有助于纠纷的预防。晚清金山县《保甲章程》"劝警守望"条规定：盗贼水火，事未可料。尔民同村共井，无非亲族里邻，十家中或置办一锣或两锣，如遇一家有事，将锣一鸣，合里之人互相声援，协力救护。邻村有警，一闻锣声，

---

① 一凡藏书馆文献编委会编：《古代乡约及乡治法律文献十种》（第3册），黑龙江人民出版社2005年版，第560页。

② 同上书，第2册，第347页。

③ 同上书，第3册，第559页。

④ 四川大学历史系、四川省档案馆：《清代乾嘉道巴县档案选编》（下册），四川大学出版社1996年版，第279—281页。

即可前往帮捕。共存急难之心，方合睦邻之谊。倘因事不干己，袖手旁观，设或日后自己有事，里人尽皆漠视，岂非受累无穷？至于擒捕盗贼，切不可因持有器械乱殴乱砍，致罹擅杀之罪，拿获之后，即当捆缚送县，禀候讯究。照例定拟该牌甲各有稽查之责，如见有言语各别、形迹诡秘之人，当加意盘诘。如系匪犯，立拿禀究，若系过往流民，立时驱逐出境，切不可容留徇隐，致滋贻害。①

第五节　设立章程　促订契约

一　制定章程，勉为良善

制定行为规范，做到有章可循，是预防纠纷的基本措施。保甲一般都有地方政府代为制定的"牌甲条例"、"保甲章程"，例如，嘉庆十八年（1813 年）三月二十九日巴县《团首牌甲条例》，即是作为治安联防组织的保甲"条例"；晚清江苏省金山县的《保甲章程》即是作为综合乡治组织的保甲"章程"。

（一）巴县《团首牌甲条例》

嘉庆十八年（1813 年）的巴县《团首牌甲条例》，包括序言、条规（共 23 条）、附则三部分，主要内容有：（1）保甲组织的使命与居民的行为总则。保甲组织使命是"守望相助、除盗安良"，"以靖地方，发安民生"；居民行为总则："团首约保牌头以及团内铺户人等，务须一体同心协力，认真办理，务使盗息民安，风归醇厚"。（2）保甲的组织方式。十家联为一牌，设一牌头，一家有犯，九家连坐；十牌联为一甲，每甲设立团首（甲长）一二名；十甲（团）为一保，立一保正。保正、甲长、牌头管束管内居民，随时稽查。（3）甲内特设治安机构设施，包括：每甲总路隘口设立"堆卡"（关卡）；各场及本城修整栅栏，定更后关锁，钥匙交更夫巡查经管；在市场设立梆锣并木架一座，高脚牌一面，其牌上书写"严拿匪徒"四字；在港口码头设立水卡处所；所有旅店"给发循环号簿"，登记往来。（4）各甲重点防范打击的不法之徒，主要包括：贼盗"窝户"、流氓痞棍、人口贩子、从习西洋邪教者、窝娼窝赌之户、年壮乞丐、私宰耕牛者、偷窃田园稻谷杂粮蔬菜者。团众等如遇前项棍徒，刻即鸣锣

---

① 一凡藏书馆文献编委会编：《古代乡约及乡治法律文献十种》（第 3 册），黑龙江人民出版社 2005 年版，第 560—561 页。

捆拿解县，以凭尽法惩办。（5）所有甲民都有的劝释教化不法之徒遵纪守法、弃恶从善的义务。"甲内越礼犯份，酗酒打降，以及强横滋事者，该团众等务须委曲开导，使其改悔"，但"其余田土、婚姻、债账口角，及一切寻常事件，均勿干预"，这些是里甲组织的职责。

（二）金山县《保甲章程》

清代后期江苏省金山县县令编订的金山县《保甲章程》内容完善，形式规范，可谓明清时期地方保甲法规的集大成或典型代表。章程共 26 条，内容分为治安管理（"保卫闾阎"）和劝禁解纷（"劝禁条款"）两大部分，"劝禁条款"是章程的主体，它直接赋予保甲组织有解决纠纷的义务。[①] 例如"禁斗殴"条规定："保中年老之人，须当时时提醒劝戒，使少年子弟弗逞血气之强，免遭一生之祸。""禁争讼"条规定："牌甲中凡有户婚、田土、口角微嫌，可邀牌董、甲董及乡耆邻佑平心理论，再没有过不去的事。实在难以理料，再入官告状，你的理也占十分了。""禁图产争继"条规定："牌甲中凡有立继的事，总要照穆相当，听凭族长亲长公议，按着家谱议继，不怕人家不依。"章程最后强调："保中士民耆老，伏望随时讲解（所定各条），俾鸮音悉格，雀角无争，敦本保身，勉为良善，弦歌雅化，仁让休风，复见今日。"

二 促订契约，以杜争端

与里甲组织一样，保甲组织中的保甲长也经常参与和劝，使甲民在各种交易往来中订立契约，他们其中往往扮演契约的批准人、中人、见人、保人等角色，这种参与或促订契约的活动也成为预防或减少交易纠纷最现实、最有效的方式之一。下面我们主要从明清时期契约文书所反映的实例来看其大致情况。

案例一：保长吴得取、吴得邕、吴云生见证村民之间过继子女案。《徽州千年契约文书》载录有一则《康熙十三年（1674 年）程爱香过继次女毕春弟给方氏文书》[②]，我们从中可知当地的保长鉴证了同都亲家子女的过继过程并订立了过继协议。大致情况是：康熙年间某都甲民毕社得、程

---

① 一凡藏书馆文献编委会编：《古代乡约及乡治法律文献十种》（第 3 册），黑龙江人民出版社 2005 年版，第 539—570 页。

② 王钰欣、周绍泉主编：《徽州千年契约文书》"清民国编"卷 1，花山文艺出版社 1991 年版，第 79 页。

爱香夫妇没有儿子，准备将次女毕春弟招赘本都吴社孙为婿，可是未及生育，吴社孙即不幸身亡，吴母方氏老来衣食无靠。程爱香情愿将次女春弟过继到吴家方氏之门，并另行择婿，以为方氏膳给终身。条件是毕春弟再结婚以后，无论生男生女，都要将其中一个小孩过继给毕氏，以续毕家香火。在保长吴得取、吴得邕、吴云生的见证之下，双方订立协议，同意自议之后，各无异说。如有违议，听官理论。

案例二：保正陈利如见证与担保乡邻买卖田地案。《田藏契约文书粹编》载有一则《清同治十三年（1874 年）黄云卿卖地契》①，从中可知保长陈利如见证和担保了一起乡邻田地买卖契约。大致情况是：同治年间江西省饶州府万年县甲民黄云卿愿将自己的荡苗田 24 亩 4 分 3 厘 2 毫绝卖与□□□（原契空），价银□□□。在保长陈利如的鉴证与担保下，双方签订契约，同意自卖之后，听凭输税，并无上下房亲阻论，及原主永无加赎枝节。

表 5 - 1 是我们在现存明清契约中发现的部分此类契约实例。

表 5 - 1　　　　　　　　保甲组织参与或促订的契约

契约名称和资料来源	双方关系契约类型	契约内容	保甲组织的作用
《顺治八年（1651年）柯应芳等立议墨合同》《千年契约》B 卷一 35	家族亲邻房产买卖	柯士通的妻舅程惟正早年举家外出，将老屋文溪楼交给姐姐（柯士通妻）管理，现在该屋遭遇洪水，被冲毁殆尽，仅存墙砖瓦料。因无法与程惟正联系，柯士通鸣请保甲亲邻对残存墙砖瓦料公估公卖，所得价款待柯士通回来年交还。凭众公议，立此合同存照。	保长汪叔一主持村民买卖旧房材料，并作"中见人"
《雍正四年（1726年）休宁保甲长证明程佐财产呈状》②《千年契约》A 卷十 439	乡邻财产公证	十九都三图九甲程佐的住屋失火，所有契据遭木焚无存。保长程永清、甲长程桂、图正吴公勇等一同查明程佐产业契墨、开业税役，造册并出具证明，呈报县老爷。	保甲长作公证人
《乾隆五十一年（1786年）李嘉丁细约》《千年契约》B 卷二 44	主佃关系租佃契约	屯溪人李嘉丁承租卢□名下"前家坑田"半截，双方言定，种获所得四六分成，其中小麦五五均分，无得异说。其田承去，不得荒芜，如违，即听另召人耕种，无得拦阻。	保长李喜祥作"中见人"

① 田涛等主编：《田藏契约文书粹编》（第 1 册），中华书局 2001 年版，第 97 页。

② 原件只有编号（《崇祯十五年（1642 年）休宁程氏立"置产簿"》之 129），没有题目。这里的题目为笔者所加。

续表

契约名称和 资料来源	双方关系 契约类型	契约内容	保甲组织 的作用
《乾隆五十八年（1793 年）戴尚贵等借约》《千年契约》B 卷二 100	同村乡邻 借契	戴尚贵、戴社寿今借到卢□名下九七色银三拾两整，其银照月二分得息。其本利银约□□□。至来年春茶送还不误。	保长卢仰三、余元顺、余景山作中见人并代笔写立借约
《同治四年（1865 年）程瑞祥出典佃约》《千年契约》B 卷三 24	同村乡邻 典卖契约	程瑞祥急需钱用，愿将四坵田地出典到黄□名下为业，当日得受典钱拾伍千文整，田地交由典人管业召种，交租收息。其佃不限年期，任办原价照约取赎。	保长黄日中见证人
《清同治十二年（1873 年）刘东如卖地契》《田藏契约》—96①	乡邻 买卖田地	江西省饶州府万年县刘如东愿将荡苗（田）十九亩九分七厘五毫整步绝卖予（原契空），价银（原契缺）。自卖之后听凭输税，由苗过户办粮，并无上下房亲阻论，及原主永无贴赎枝节。	保正黄小如、陈补青、倪绣江、施琢天、施少连鉴证和担保
《清光绪三年（1877 年）张王氏卖地契》《田藏契约》—107	乡邻 买卖地基	山西省绛州闻喜县村民张王氏将院地一块卖与张起发，价银五两五钱整。当日交足，外无欠少。	甲长张长奎、张长才、张起辉鉴证与担保
《光绪三年（1877 年）黟县汪兆铨等杜断卖地基赤契之一》《千年契约》B 三 91	同村乡邻 地基绝卖	王兆铨有祖遗循良坊店屋，以前因遭火被焚。今因家用无措，情愿将该屋地基一片出卖于程裕和堂名下为业，言定时值价□□□□拾陆两整。自卖之后，永无找赎、悔异情事。	地保程有德作中见人
《清光绪六年（1880 年）盛毓麟卖地官契》《田藏契约》—108②	乡邻 买卖田地	江西省饶州府万年县盛毓麟愿将荡苗（田）二亩二分二厘五毫整步，绝卖与（原契空），价银（原契空）。自卖之后听凭输税，由苗过户办粮，并无上下房亲阻论，及原主永无加赎枝节。	保正秦珙堂、施洪升、元秀江、黄冠群、施蓉菴鉴证与担保

---

　　① 同治十二至十三年（1873—1874 年）万年县这类契约内容和保甲长作用都基本相同的田地绝卖契约在《田藏契约文书粹编》第 1 册（第 96—98 页）中还有：《清同治十二年（1873 年）施凤标卖地契》、《清同治十二年（1873 年）张步堦卖地契》、《清同治十三年（1874 年）陆福堂卖地契》、《清同治十三年（1874 年）陆颖川卖地契》。

　　② 光绪六年（1880 年）万年县这类契约内容和保甲长作用都基本相同的田地绝卖契约在《田藏契约文书粹编》第 1 册第 110 页中还有：《清光绪六年（1880 年）刘蔾照卖地官契》、《清光绪六年（1880 年）张寿安卖地官契》、《清光绪六年（1880 年）陆恬夫卖地官契》。

续表

契约名称和资料来源	双方关系契约类型	契约内容	保甲组织的作用
《清光绪六年（1880年）马贵良卖地官契》《田藏契约》一109	乡邻买卖田地	山西省绛州闻喜县马贵良将村西寨门上坡地两段一亩零三厘四毫和二亩七分六厘六毫，卖与行文英名下永远为业，价银三两八钱整。银契当日两交，粮草随地过割。	甲长王子仁鉴证与担保
《清光绪二十二年（1896年）金生卖地连二契》《田藏契约》一110—120	乡邻房产买卖	奉天省兴京府怀仁县金生情愿将祖遗熟地一段已置房产处出卖。先尽亲族人等，无人承受。现卖与荣绍绪，价钱一千六百吊。每年应纳钱粮银任凭买主过割、管业、完纳，永无异言。	保正李贵、牌头狄万金见证
《光绪三十四年（1908年）黟县裴孙氏等断卖荳坦赤契》《千年契约》B三435	同村乡邻田地买卖	徽州储黟县裴孙氏情愿将祖遗下荳坦一处卖与舒□名下，言定时价纹银十八两整，其银当时收足无欠。无重叠交易，如有来历不明等情，当不涉受业人之事。既卖之后，两无悔异。	保正朱叙和作中见人

资料来源：《徽州千年契约文书》（A代表"宋元明编"，B代表"清民国编"）、《田藏契约文书粹编》（简称《田藏契约》，"一"表示第一册），材料名称后面的数字表示页码。

第六章　乡约组织对社会纠纷的预防

　　明清时期乡约组织的情况比较复杂，在不同的时期，其形态、性质和作用都不尽相同，但其预防纠纷、解决纠纷的职能没有根本变化。清代学者屈大钧在《广东新语》卷九"事语·乡约"中说："御史季公本，谪簿揭阳，以化民为事，约为条规。乡立约长以总其教，约副以助其决，约正司训诲，约史主劝惩，知约掌约事，约赞修约仪。……行之二年，风俗移革，境内以宁。"这里的"季本公"是何许人，待考，"揭阳"即广东省潮州府揭阳县，"约长"、"约副"是乡约组织的正副领导人，"约正"、"约史"、"知约"、"约赞"均为乡约组织中的工作人员。

　　教化本是乡约组织的基本职责，其在纠纷预防方面的优长之处是其他地缘社会组织无法比拟的。明清乡约组织无不把"欲乡人皆入于礼"[①]，泯纠纷于未然定为自己的使命。"乡约无事则鞠化愚民，有事则密禀。地方平靖，讼狱不兴者，年终给以称职字匾。地方多盗，讼狱繁兴者，年终书不称职，用木刻条钉于门首。……于以端风化，靖地方，庶几近之矣！"[②]乾隆十九年（1754 年）安徽省徽州府绩溪知县"令坊乡村镇慎举绅士耆老足以典刑闾里者一二人为约正，优礼宴待，颁法规条，令勒宣化导，立彰善瘅恶簿，俾民知劝惩。"[③]清代浙江省海宁县县令许三礼为全县制颁《讲约规条》，规定："同约父兄、子弟各须仰体圣谕，敦孝友、务和睦，士农工商各勤职业，旧染污俗咸共一新。间有户婚、争斗一切小忿，互相劝释，或闻知乡耆从公剖辨，侵犯者归正，失误者谢过，心平气和，以杜争竞。其或有暧昧不明，迹无指证，止可敷陈礼法，微言讽解，毋得轻发

---

　　① 曹国庆：《明代乡约推行的特点》，《中国文化研究》1997 年春之卷。
　　② 一凡藏书馆文献编委会编：《古代乡约及乡治法律文献十种》（第 2 册），黑龙江人民出版社 2005 年版，第 285—286 页。
　　③ 乾隆《绩溪县志》卷 3 "学校志·乡约附"。

阴私以开衅隙，毋得擅行决罚以滋武断。"① 即使军事化的团练乡约也有教化正俗和解决纠纷的职责。《团练乡约章程》"议重申礼教"条规定："各乡长每月议期三日，齐集公所。有事，为乡人排难解纷以息事安人；无事，则合乡中子弟为之称说礼义，教之孝弟为田，以消其强暴之气。"②。此外，有些乡约（例如广东的沙堤乡约）的设计本身就具有明显的纠纷预防特色。③

明清乡约组织有预防纠纷作用的活动和措施，主要有规约的议定与宣讲、圣谕和律令的宣讲、定期集会、约众互助互济、社会监督、促订契约等。

第一节　制定《乡约》　定期宣讲

一　定《乡约》与"讲乡约"

（一）定《乡约》，立规范

乡约组织是"以约法的形式把人民组织起来"④ 的民间社会组织，"立条约"、"定规约"是乡约的首要任务，"乡约"是乡约组织的标志，没有规约就没有乡约。而乡约的规约是一种民间教化劝善规条，是靖睦乡里社会的民间法规。

明清时期乡约组织中，民间自办乡约之规约的代表是广东沙堤乡约的《圣训约》，官倡乡约之规约的代表是《南赣乡约》，后者尤其具有示范效应。《南赣乡约》（又称《阳明先生乡约法》）并非某一具体乡约组织的规约，它只是一个"范本"，其内容集实体规范与程序规范于一体，堪称一部微型"民间法典"。例如规定了立约目的："协和尔民……息讼罢争，讲信修睦，务为良善之民，共成仁厚之俗"；规定了执"法"主体：有约长、约副、约正、约史、知约、约赞；规定了解纷规则："一应斗殴不平之事，鸣之约长等公论是非；或约长闻之，即与晓谕解释"；"凡有危疑难处之

---

① 参见周振鹤撰集，顾美华点校《圣谕广训集解与研究》，上海书店出版社 2006 年版，第 533—534 页。

② 《团练乡约章程》，参见饶集蓉等辑《光绪嘉应州志》卷 15《兵防》。

③ 沙堤乡约在总体上最为关注纠纷解决事宜，而并不太关注社学、社仓、里社祭祀之类的乡里公事，也不强调与庙宇、生产、赋役等有关的宗教和法律的事情。

④ 王日根：《论明清乡约属性与职能的变迁》，《厦门大学学报》2003 年第 2 期。

事，皆须约长会同约之人与之裁处区划，必当于理济于事而后已；不得坐视推托，陷人于恶，罪坐约长约正诸人"。规定了解纷程序：凡遇纠纷与过恶，"约长副等，须先期阴与之言……使其可改；若不能改，然后纠而书之；又不能改，然后白之官；又不能改，同约之人执送之官，明正其罪；势不能执，戮力协谋官府兵灭之"。①

随着历代皇帝为子民规定行为规范并成为"圣谕"，乡约规约的内容逐渐变成以"圣谕"为核心，附以家法或禁约的民间社会公共行为规范。这种情形很像今天的乡规民约一般都把"公民基本道德规范"②、"八荣八耻"③ 等政治性内容纳入其中一样。

（二）"讲乡约"，行教化

"讲乡约"是明清时期一种制度化、社会性的文化道德教育兼普法教育活动。狭义的"讲乡约"仅指宣讲乡约的规约，广义的"讲乡约"包括宣讲圣谕和律令。宣讲"乡约之规约"的核心程序实际上大都是"同约之人""务遵乡约"的宣誓仪式，目的是要大家共同遵守、身体力行，建立良好的和谐社会秩序。明代正统年间（1436—1449 年）潮州府民间各地"建亭（乡约亭）设先圣四配、十哲像，刻蓝田吕氏乡约，选约正，约副偕士民朔望宣读，而讲肆之出乎至诚，远近感动"④。明末清初兴起具有政治意义的"讲乡约"运动，至清朝保甲制度完善后，乡约组织与保甲组织相互为用，"乡约月讲"成为定例。晚清乡约局讲乡约"选举公正绅董，捐集经费，专办化导事宜，以作四乡表率"，"局中另聘公正诚笃之士二人或四人，各为约正，分值四乡，会同各乡图董振兴乡约，挨图轮流会讲。每乡有乡约长一人，主持各乡乡约，由约正就当地会讲时，与当地父老董事，商请老成敦品之人充任。"⑤ 有些地方还利用庙会、迎神赛会等人多热闹的场合宣讲乡约。乡约局由地方绅董主持，乡约宣讲由各乡约约正负

① 《王阳明全集》第 1 册，红旗出版社 1996 年版，第 228—230 页。
② 2001 年 9 月中共中央颁布《公民道德建设实施纲要》，规定"公民基本道德规范"的主要内容是："爱国守法，明礼诚信，团结友善，勤俭自强，敬业奉献"。
③ 2006 年 3 月中共中央总书记胡锦涛在政协民盟民进联组会上关于树立社会主义荣辱观的讲话中提出："以热爱祖国为荣、以危害祖国为耻，以服务人民为荣、以背离人民为耻，以崇尚科学为荣、以愚昧无知为耻，以辛勤劳动为荣、以好逸恶劳为耻，以团结互助为荣、以损人利己为耻，以诚实守信为荣、以见利忘义为耻，以遵纪守法为荣、以违法乱纪为耻，以艰苦奋斗为荣、以骄奢淫逸为耻。"
④ 饶宗颐：《潮州志·教育志》。
⑤ 牛铭实：《中国历代乡约》，中国社会出版社 2005 年版，第 73 页。

责。乡约局各册簿多种，"一册采访节孝事略，一册记地方风俗，一册书各乡见闻善恶报应，一册记出入细致，一册记讲约生赴乡宣讲功课，一册记奖励善类，一册记惩戒凶恶，一册记示谕文书底稿，一册登记收捐，一册记乡董到局会叙轮流日期，一册记刻印各种善书，散布细目。"①

二　"乡约"的纠纷预防效应

乡约的议定和宣讲，其纠纷预防作用主要体现在三个方面：

（一）承载"和谐"的价值导向

乡约规约的内容大都以劝善教化为主，和谐乡民是乡约组织之规约的主要目的和重要职能。王阳明宣称制定《南赣乡约》的主要目的是"协和南赣山谷之民"②。明隆庆六年（1572年）《文堂乡约家法》载："乡约大意，惟以劝善习礼为重"③。清代浙江省海宁县《乡约》（《讲约规条》）规定："同约父兄、子弟各须仰体圣谕，敦孝友、务和睦，士农工商各勤职业，旧染污俗咸共一新。间有户婚、争斗一切小忿，互相劝释，或闻知乡耆从公剖辨，侵犯者归正，失误者谢过，心平气和，以杜争竞。其或有暧昧不明，迹无指证，止可敷陈礼法，微言讽解，毋得轻发阴私以开嫌隙，毋得擅行决罚以滋武断。"④四川省慈溪县清咸丰五年（1855年）创办乡约采取立字据的办法，称做"乡约公据式"。"公据式列某乡、某图约长、某同约等，奉邑尊劝谕举行乡约。凡同约之人，各宜恪守条程，协力奉行，互相劝诫，毋得疏忽。如有抗违等情，公同禀究。"⑤

（二）有"法"可依，定分止争

乡约组织的规约本身是民间法，其内容除了规定乡约的组织方式、活动内容之外，大都要规定一些具体的行为规则，从而使约众有"法"可依，进而定分止争。明代《文堂陈氏乡约》中有上纳钱粮、山林保护、佃仆管理等具体规定。例如关于上纳钱粮，规定："凡遇上纳之类，俱于会

①　牛铭实：《中国历代乡约》，中国社会出版社2005年版，第73页。

②　（清）邹守益：《东廓邹先生遗稿》卷9，《乡约跋》。清光绪三十年版，1926年重印本，第7页。

③　陈柯云：《略论明清徽州的乡约》，《中国史研究》1990年第4期。

④　周振鹤撰集，顾美华点校：《圣谕广训：集解与研究》，上海书店出版社2006年版，第533页。

⑤　牛铭实：《中国历代乡约》，中国社会出版社2005年版，第74页。

所商议定期，毋仍拖延，以致差人下扰"；对于山林保护，规定："本都远近山场栽植松杉竹木，毋许盗砍盗卖。诸凡樵采人止取杂木。如违，鸣众惩治"；关于佃仆管理，规定"各处小户散居山谷，不无非分作恶、窝盗放火、偷木打禾、拖租等情。今将各地方佃户编立甲长，该甲人丁许令甲长约束。每月朔，各甲长清晨赴约所报地方安否、如何。如本甲有事，甲长隐情不报，即系受财卖法，一体连坐。如甲下人丁不服约束者，许甲长指名禀众重究。每朔日，甲长一名不到者，公同酌罚不恕。"① 清代咸丰年间四川省慈溪县乡约之"条程"共九条：取《吕氏乡约》的"德业相劝"、"过失相规"、"礼俗相交"三条，加上"守望相助"、"毋习赌博"、"毋留匪类"、"毋纵图诈"、"严禁溺女"、"劝办保婴"六条。②

　　（三）宣讲中灌输息争思想

　　民间自办乡约的规法一般都有"和睦乡里"、"孝顺父母"、"尊敬长上"之类的规定。沙堤乡约的五条规约中有三条说到了纠纷的预防与解决③：第一条尚礼义："父子相亲，兄弟相友，长幼相爱，夫妇相敬，朋友相信；有恩相亲，有礼相接与凡父坐子立，夫妇如宾，兄先弟随之类。……凡坐，不可分上户下户，率以齿为序。……凡遇冬年节，则同甲之人，各相往来拜贺，有婚嫁丧葬，皆宜相吊相助，以尽其情可也。"第三条立臧否："凡二十五家同甲④之内，一人为非，则共往戒之，务使不为恶而后已。一人为善，则共往赞之，务使成其善而后已。久久行之，则……为善行者日长，为恶者日消，不仁者远矣，是谓善俗。"第四条行保甲："甲内互相保察，互相亲睦，相勉为善，不许为非。甲内一人为非，九家（或）二十四家举呈乡正，（透过他）闻官究治，……（否）则罪必连坐。若小有言语，则同甲之人，互相和解，不复斗讼，则风俗亦由之而淳厚矣。"与蓝田《吕氏乡约》和王守仁《南赣乡约》相比，《沙堤乡约》在这里更加强调约众相处中，序坐"论齿不论财"的原则和举善纠恶、纠纷调处中约众的集体责任。

　　沙堤乡约宣讲"乡约"还附带讲《孟子·滕文公》"死徙无出乡"

　　① 《隆庆（祁门）文堂乡约家法》，明隆庆刻本，原件藏安徽省图书馆。
　　② 牛铭实：《中国历代乡约》，中国社会出版社 2005 年版，第 74 页。
　　③ 《圣训约》，明嘉靖二十三年刻本，"台湾国立中央图书馆"藏经部礼类杂礼俗之属，第 50—67 页。
　　④ 从这里看出，湛若水以二十五家为一甲，这种设计与其好友王阳明十家为一甲的设计不同。

章："死徙无出乡，乡田同井，出入相友，守望相助，疾病相扶持，则百姓亲睦。"据《圣训约》记载，讲者开始即强调孟子所说的"井田之法，正与乡约之意同"，重点则是末段所说的"《书》曰：'百姓不亲，五口不逊。'今诸君子共起乡约，使同乡、同甲之人，如一家、一身之相亲，亦能出入相友，守望相助，疾病相扶持，则和气流行，是亦古者井田之遗民矣。幸共勉之"。①

官方倡督民办的乡约，其约法与纯民办乡约的约法虽有不同，但和睦乡里、息争罢讼也是"圣训"、"圣谕"的基本内容和精神，所以在预防纠纷方面，两者并无二致。

第二节　宣讲谕律　睦邻和党

自从官方干预乡约的组织与活动之后，宣讲"圣谕""圣训"和律令就成为乡约组织的一件重要政治任务，其主旨是教化人民重人伦、息争讼、惜财用、端士习等，这种活动对纠纷有着广泛的预防作用。康熙二十四年（1685 年）广东巡抚李士桢在《设约宣讲檄》中说："为议设约所，宣讲上谕事。照得人性皆善，各有良知良能，惟因习染所汙，遂昧本心本体；是以钦颁上谕十六条，俾小民成知廉耻，崇尚礼义，则孝悌忠信之心油然而生矣。……务使贤愚共晓，正人心而厚风俗。"② 官方把这类普法教育比作当年周代地方的"读法"③，例如清初著名官员黄六鸿说："古之族师，犹今之里社族长也；古之党正犹今之乡约耆老也；至于州长，亦犹今之州县有司也。……今之上谕，又与成周之法令，同一教化大典。"④ 所以州县官、约长、族长要分别一年一讲、一季一讲和一月一讲。

明清乡约组织宣讲谕律的方式以定期专人集中宣讲为主。清代乡约宣

---

① 《圣训约》，明嘉靖二十三年刻本，台湾"国立中央图书馆"藏经部礼类杂礼俗之属。

② （清）李士桢：《抚粤政略》卷 4《符檄》。

③ 西周"国"之地方分为乡、州、党、族、闾、比六级，首领分别称乡大夫、州长、党正、族师、比长、闾胥，他们都有向所属百姓讲读国家法令的义务。其中"州长之读法，以正月及正岁（夏历正月），是一岁而再读。党正之读法，以四时之孟月，是一岁而四读。族师则每月一举行，是一岁而十二读"。这就是说，州长要在每年正月讲读一次；党正每季首月讲读一次，一年四次；族师每月讲一次，一年讲十二次。参见《周礼·地官·司徒》；黄六鸿《福惠全书》卷 25"教养部·讲读上谕"。

④ （清）黄六鸿：《福惠全书》卷 25"教养部一·讲读上谕"。

讲"圣谕十六条"和相关法条,"于城厢内外,往来通衢、人民凑集之处,设立各乡约所,每月朔望,县正率同官属前往,齐集耆老里民,恭请上谕,供奉香案上,各官排立位次,文左武右,行三拜九叩首礼毕,铺垫列坐地下,令乡约于十六条内挨次宣讲四条,讲解谛听。"① 这里的情形是:各乡镇在交通要道设立"乡约所"作为专门宣讲场所,每月的初一、十五两天,所有官员(如果此地是县衙所在)和老百姓,齐集乡约所,供奉谕牌、烧香跪拜,由约长逐条讲解。具体形式有三种:一是约正或主约主讲,这种情况居多;二是专职人员主讲,例如沙堤乡约中由"礼生"等人主讲;三是轮流主讲,例如文堂乡约选荐约众中"齿德俱优者"轮流主讲②,这种情况较少。

下面我们将明清乡约宣讲圣谕和宣讲律令的情况分别加以详述。

一　宣讲圣谕:敬长上、睦乡里

"圣谕"即当朝皇上的最高指示。"圣谕"在明代主要是明太祖的"圣谕六言"(《教民六谕》),在清代主要是康熙帝的"圣谕十六条"。在"圣谕"成为乡约规约的必备内容之后,乡约则"重在以上谕为宣导,而目的则趋于收教化之效……且同约者相互间之协定,其规约之主权,不属于组合分子,而属于政治上层敕谕之意旨。"③ 宣讲圣谕的目的在于"劝人为善去恶"④,"劝诱人心向善,遵纪守法,广教化而厚风俗"⑤。

(一)明代宣讲"圣谕六言"

乡约组织讲圣谕起自明代嘉靖、万历年间,当时主要讲太祖的"教民六谕"(也称"圣谕六言"),内容是"孝顺父母,恭敬长上,和睦乡里,教训子孙,各安生理,毋作非为。"⑥ 章潢《图书编》的乡约规条说:"保甲既定,即此举行乡约,诵读圣谕六言。"⑦

① 宣统三年《东莞县志》卷25《经政略四》,《典礼下·礼仪内宣讲篇》。
② 参见陈柯云《略论明清徽州的乡约》,《中国史研究》1990年第4期。
③ 黄强:《中国保甲实验新编》,正中书局1935年版,第39页。
④ (清)于成龙:《慎选乡约谕》,载《古代乡约及乡治法律文献十种》(第2册),黑龙江人民出版社2005年版,第282—286页。
⑤ 王日根:《明清基层社会管理组织系统论纲》,《清史研究》1997年第2期。
⑥ 《明实录》卷255《太祖实录》。
⑦ (明)章潢:《图书编》卷92,上海古籍出版社1992年版,第17页。

1. 民间自办的乡约宣讲圣谕

民办乡约如何宣讲圣谕？基本情况我们只能从有关约规等文献中知其大概。以广东沙堤乡约为例①。沙堤乡约宣讲圣谕的范围比较广，形式比较灵活，内容特别有现实意义，基本情况大致有四个方面：第一，宣讲当朝皇帝的圣谕。沙堤乡约宣讲的圣谕包括明太祖的"六谕"和明世宗的"宣谕"。"六谕"的讲解者在宣讲时经常作一些提示和发挥，延伸出一些日常行为规范。例如"尊敬长上"包括了"子弟于长者之前，不敢戏笑，背后不敢非毁；谦卑逊顺而致敬尽礼；谨守律法而不敢犯；早纳官粮而不敢违"等事。"和睦乡里"包括了"无以贵忽贱，无以富欺贫，无以强凌弱"等事。"无作非为"的"非为"则包括"为盗贼、为光棍，为不孝，为不义"。沙堤乡约在圣谕宣讲中还加入其他乡约少见的当朝皇帝明世宗的《承天府宣谕》，内容是："各要为子的尽孝道，为父的教训子孙，长者抚那幼的，幼的敬那长的，勤生理，做好人，依我此言，钦此。"这个《宣谕》只是明太祖《六谕》更加浅白的口头版本，本身并无新意，但却表现了沙堤乡约主持人湛若水成熟的官场技巧和政治敏感，因为这个举措至少可令对湛若水并不信任的明世宗找不到指责的借口。

第二，宣讲的重点是呼吁和警告。例如宣讲"圣训"（圣谕）时，呼吁"凡乡里父老归告乡邻及家之子弟，切须戒之，无犯圣谕所禁"，要求"凡我同约乡宾，归以告邻里、宗族，各钦遵圣训，保其身家，保其子孙"。同时警告："若不依皇上宣谕，而任情纵恣，则必犯律条而蹈不测之祸。"

第三，宣讲时注意理论联系实际。针对乡中子弟赌博之风盛行，沙堤乡约圣训讲章内特别严申："如今之赌博，正是非为之大者。试观今之逆父兄，疾妻子，斗邻里，破散祖业，穿窬淫放，莫不由赌博而致此极也。若能素戒此等而不为，则凡非为之事皆不为，则不患不为好人矣"。认为赌博是一切纠纷的导缘，社区最急迫的任务除了孝亲、敬老、尊长、睦邻之外，便是消灭赌博。这些内容在当时、当地极有现实意义。

第四，附带讲经。这些经即儒家经典，主要内容有三部分：一是《尚书·洪范》"皇极敷言"章："无偏无陂，遵王之义。无有作好，遵王之道。无有作恶，遵王之路。无偏无党，王道荡荡。无党无偏，王道平平。

————————————

① 以下沙堤乡约讲谕和讲经的原文见《圣训约》，台湾"国立中央图书馆"藏经部礼类杂礼俗之属。

无反无侧，王道正直。会其有极，归其有极。"宣讲的重点是想说，人须要有中正向善之心以及平正的性情，一切遵从王道，要"凡我同约之贤，宜归以此教训乡邻子弟，幸同归皇极之化，为皇极之民"。二是《诗经·小雅》《鹿鸣》诗首章："呦呦鹿鸣，食野之苹；我有嘉宾，鼓瑟吹笙。吹笙鼓簧，承筐是将；人之好我，示我周行。"宣讲这首周王宴享宾客的诗歌，用意在向约宾的支持表示感谢。三是《诗经·小雅》《南山有台》诗首章"南山有台，北山有莱，乐只君子，邦家之基。乐只君子，万寿无期"。讲者说诗，意在称赞宾客对于化成风俗的贡献，表达"约会之光也，愿与诸君共勉之"的意思。

2. 官倡民办的乡约宣讲圣谕

明代官倡民办乡约组织宣讲圣谕，其形式似乎没有统一的规定，但内容一般是太祖的《教民六谕》。只有《南赣乡约》例外地不讲"圣谕"，而讲王阳明自己的谕令。《南赣乡约》规定了具体的宣讲仪式："当会前一日，知约预于约所洒扫张具于堂，设告谕牌及香案南向。当会日，同约毕至，约赞鸣鼓三，众皆诣香案前序立，北面跪听约正读告谕毕；约长合众扬言曰：'自今以后，凡我同约之人，祗奉戒谕，齐心合德，同归于善；若有二三其心，阳善阴恶者，神明诛殛。'众皆曰：'若有二三其心，阳善阴恶者，神明诛殛。'"嘉靖年间徽州府绩溪县的乡约"择寺观祠舍为约所，上奉圣谕碑，立迁善改过簿。至期，设香案，约正率约人各整衣冠，赴所肃班。行礼毕，设坐，童子歌诗鸣鼓，宣讲孝顺父母六条。有善过彰闻者，约正、副举而书之，以示劝惩。每月宣讲六次。"①

（二）清代宣讲"圣谕十六条"和"圣谕广训"

清代乡约制度加强了对圣谕的宣讲。清初宣讲"六谕"。顺治九年（1652 年）"颁行六谕，卧碑文于八旗及直隶各省"②，所讲"六谕"完全因袭洪武"六谕"的底子。顺治十六年（1659 年）要求全国建立乡约，规定每月朔望（初一、十五）宣讲"六谕"两次③。浙江省海宁县县令许三礼为全县制颁《讲约规条》，其中规定"各乡村镇俱择宽广寺观为讲约所，每逢朔望日乡耆传集居民，无分长幼齐赴约所，设立六谕牌案，推逊善讲者二人演谕。其中仕宦，或见任归省，或养高家食，或文学宿儒，俱

---

① 乾隆《绩溪县志》卷 3 "学校志·乡约附"。

② 《清世祖实录》《顺治实录》（二），台湾华文书局 2006 年总发行，第 730 页。

③ 台北中研院：《近代史研究所集刊》，1980 年第 19 期。

敦请临会，以正约礼。"① 清代乡约组织绝大部分时间都是讲"圣谕十六条"和"圣谕广训"。

清圣祖玄烨在康熙九年（1670 年）十月癸巳日给礼部一道上谕，颁布"圣谕十六条"：敦孝弟以重人伦，笃宗族以昭雍睦，和乡党以息争讼，重农桑以足衣食，尚节俭以惜财用，隆学校以端士习，黜异端以崇正学，讲法律以儆愚顽，明礼让以厚风俗，务本业以定民志，训子弟以禁非为，息诬告以全良善，诫窝逃以免株连，完钱粮以省催科，联保甲以弭盗贼，解仇忿以重身命。②

清世宗胤禛在雍正二年二月（1724 年）又对"圣谕十六条"逐条推衍申论，成《圣谕广训》一万余言，抒为训诰，传示天下。《大清会典事例》规定："各州县大乡大村人口稠密之处，俱设立讲约之所，于举贡生员内拣选老成者一人，以为约正；再选朴实谨守者三四人，以为直月。每月朔望，齐集乡之耆老、里正及读书之人，宣读《圣谕广训》，详示开导，务使乡曲愚夫共知鼓舞向善。"③ 清代名吏田文镜奉旨亲撰、雍正皇帝朱批钦颁的《钦颁州县事宜·宣讲圣谕律条》规定："凡为州县者，父母斯民，首先教导。每逢朔望两期，务须率同教官佐贰杂职各员，亲至公所，齐集兵民，敬将圣谕广训，逐条讲解，浅譬曲喻，使之通晓，并将所刊律条，亦为明白宣示，俾知凛惕。至于四外乡村，不能分身兼到者，则遵照定例，在于大乡大村，设立讲约所，选举诚实堪信、素无过犯之绅士，充为约正，值月分讲，印官仍不时亲往查督，以重其事。"④

国家制定了统一的宣讲规则。例如康熙九年（1670 年）颁行"圣谕十六条"之后，朝廷以"礼仪"的方式规定了讲读方式，其大致内容在一些方志中有所记载。例如广东《东莞县志》中说："本邑于城厢内外，往来通衢，人民凑集之处，设立各乡约所，每月朔望，县正率同官属前往，齐集耆老里民，恭请上谕，供奉香案上，各官排立位次，文左武右，行三拜九叩首礼毕，铺垫列坐地下，令乡约于十六条内挨次宣讲四条，讲解谛

① 周振鹤撰集，顾美华点校：《圣谕广训集解与研究》，上海书店出版社 2006 年版，第 533—534 页。

② 《圣祖仁皇帝实录》卷 34，台北华文书局影印，2006 年版，第 10—11 页。

③ 《钦定大清会典事例》卷 398，"礼部·风教·讲约二"，（台）启文出版社 1963 年版。

④ 郭成伟：《官箴书点评与官箴书研究》，中国法制出版社 2005 年版，第 111—112 页。

听。"① 又同治五年的四川省资州直隶州《仁寿县志》载："每月朔望日，择宽洁公所，设香案。届时县中文武俱至，衣蟒衣，礼生唱，序拜，行三跪九叩首礼。兴，退班，齐至讲所，军民人等环立肃听。礼生唱，恭请讲圣谕第一条，司讲生按至讲毕而退。"②

图6-1是清末陕西省榆林府葭州颁发给讲生的宣讲执照。

图6-1　陕西省榆林府葭州（今佳县）儒学（学校）颁发给讲生的宣讲执照③

图片来源：《〈圣谕广训〉集解与研究》④ 正文前面的画页。

下面我们具体考察对"和乡党以息争讼"和"息诬告以全良善"这两条与纠纷预防关系最直接的"圣谕"的宣讲，以点带面地了解乡约组织宣讲圣谕的实际情况。

---

① 宣统三年《东莞县志》卷25《经政略四》《典礼下·礼仪内宣讲篇》。

② 光绪《仁寿县志》卷4《礼教志·宣讲篇》。

③ 儒学是元明清在府厅、州县设立供生员（秀才）读书的学校兼地方文教管理机构（相当于现在的教育局）。执照内容："署葭州儒学正堂马 为慎选讲生恭行宣化事。照得雍正七年奏准，令直省各州县大乡村俱设立讲约之所，宣讲《圣谕广训》，原以举贡生员任其职，至乾隆元年、二年议准，令直省各州县于乡里民中择其素行醇谨、通晓文义为讲生，不论士民，不拘名数，惟择其人，广行化导。为此合行采访其有曾习经书、未列胶庠而为乡里所推重者应允充讲生，优以礼貌，免其杂差，俾得于附近里社中专行宣讲，永蹈淳风。尔等身膺其选，允宜勤慎乃心，无旷厥职，须至执照者。右给 准此 道光八年八月二十五日发"。

④ 周振鹤撰集，顾美华点校：《圣谕广训：集解与研究》，上海书店出版社2006年版。

1. 对"圣谕十六条"中"和乡党以息争讼"的宣讲

当时有很多宣讲圣谕的教本。《上谕合律乡约全书》① 是康熙年间兵部右侍郎兼都察院右副都御史、浙江巡抚陈秉直撰写、皇上特许全国通用的"讲乡约"教本，也是后来雍正朝《圣谕广训》的底本。《上谕合律乡约全书》对"圣谕十六条"每条的宣讲内容都有"讲谕"和"读律"两项。"讲谕"是对该条内容的详细解释和具体要求。

"和乡党以息争讼"条讲谕内容（摘要）是：

　　如今讲第三条了，你们听着：为什么要和乡党？你们百姓，自父兄、宗族之外，住在一坊便是同坊的人，住在一镇便是同镇的人，其中多有母族外家、姨亲中表，或系父执，或系师友，出门时常相见，朝夕都要遇着，一块儿离不开，一脚儿蹑不去，所以叫做'乡党'。那乡党中人，也有富贵的、贫贱的，或胜我的，或不如我的，或与我平等的。若在乡党中，总然恃不得势利，用不得习钻，加不得凌虐，逞不得豪强，讨不得便宜，破不得面孔……如今百姓们住在一处，有家业的把贫贱来欺凌，没生计的把富贵来妒恨，你不肯让我，我偏要压你，或侵占田地、强图方圆，或谋占妻女、盘债准折，或纵放牛马、践踏禾稼，或酗肆勇力、欺侮善良，日日生出事端，家家不肯忍耐，一边讼师、地棍挑唆撺掇，没浪兴波，小事变大，以致上下公庭，倾家荡产，拖累不休，全不像同乡共井之人。……我今与你们说和乡党的好处，譬如乡党之中，平日从无口面，谁人肯去搬斗他？平日一团和气，谁人还去恼怪他？平日下些谦虚，谁人还去凌驾他？平日每事忍耐，谁人还去摆布他？大抵同在一块的人，赛强赌胜便要相争，各不服输便要告状。若邻里相睦、乡党无嫌，一人相争，几人来劝，一家有事，几家来解，背地商量调处，定然教他息闹。大凡争讼之时，旁人或出好言劝谕，就是一天的怒气、天大的官事，也都冰消瓦解了，若使（是）因风放火、撺哄下石，致令争讼起来，便有许多利害。我今更把争讼的利害讲与你们听：一纸入了公门，定要分个胜负，你们惟恐输却，只得要去钻营，承行的礼物、皂快的东道，预先

① 一凡藏书馆文献编委会编：《古代乡约及乡治法律文献十种》（第 1 册），黑龙江人民出版社 2005 年版，第 263—546 页；又散见于周振鹤撰集，顾美华点校：《圣谕广训：集解与研究》上海书店出版社 2006 年版，第 3—161 页。

费下许多，倘然遇着官府不肖，还要借端诈害，或往来过客、地方乡绅讨情揽管，或歇家包头、衙蠹差役索钱过付，原被有意扯过两平，蛋已大家不能歇手，若一家赢了，一家输了，还要另行告起，下司衙门输了，更要到上司衙门去告，承问衙门招详过了，上司或要再驳，重新费起。每有一词经历几个衙门，一事捱过几个年头，不结不了，干证被害，牵连无数，就是有铜山金穴也要费尽，就是铁铸的身躯也要磨光了，你道这样争讼利害不利害？……第三条就把息讼根由说你们听，你们回去，乡党之间切须实实遵行。①

2. 对《圣谕广训》中"息诬告以全善良"的宣讲

雍正时期编撰的《圣谕广训》是对康熙"圣谕十六条"的申论解读本，其中"息诬告以全善良"条的内容共 619 字。《〈圣谕广训〉集解》中有清代乡约宣讲"息诬告以全善良"条的内容，现摘要如下：

这一条皇上的意思，盖天地所生的人本来尽是善良，乃我看现在时世善良的很多，而凶顽亦不少，为啥缘故？只因世风不古，样样存个私心，争长论短、大家认直不认曲，弄得有了口舌，从此意气不平，遂打起一场官来，然而官司不是好打的，常言道："清官难断家常事"。那能得件件是个得当？……有句老话："衙门堂堂开，有理无钱莫进来。"一切衙役三班，那个不要钱的？只要你官司一成功，差是差、承是承、偿命是偿命、见情是见情，枝枝节节，想出许多花色来开销你银子，就是赢了已经费得不小，若再一输，岂非赔饭折工夫，仍旧冤屈无伸，惹人笑话，阿是更犯不着呢？何弗耐些气，倒安居乐业，过好日子便来得适意了，所以前人说："气死莫告状。"……毕竟你们住在乡下，种田的一向只讲种田，生意的一向只讲生意，至于官司的经络不曾考究惯，设或稍有不平就去告状，真正是自讨苦吃。……就真正冤枉，究竟理出众人口，若然家事，不妨告诉声族长，评个曲直，倘与外人争斗，乡庄上也有耆老，拣一位年高德劭的请他判断判断，只要差的肯服输了，就得过且过哩，岂不是个好方法？如刘安民平心率物，闾里有争讼，不即诣官，先求他判正，他总

---

① 周振鹤撰集，顾美华点校：《圣谕广训集解与研究》，上海书店出版社 2006 年版，第 25—26 页。

极其公道，人人都敬信他，官司就没有了，后二子科第，可见人家拌唇拌舌，能从中解和其事也是好处。……打官司总算不是好人，一字入公门，九牛拔不出……前辈说得是："一点硃砂一点血。"①

二　宣讲律令：儆愚顽、和乡党

"圣谕六言"、"圣谕十六条"、《圣谕广训》本身都是法律，而且是比《大明律》、《大清律例》效力更高的法律，内容也基本一致，但后者内容更系统、更具操作性，所以乡约在宣讲圣谕时总是要进一步对应《大明律》和《大清律例》进行讲解，或者说使圣谕与律条相互注解，彼此印证。当然，"圣谕"各条本身都有对应的律条规定，将这些"圣谕"发挥开来，其内容几乎可以包括基本法典的所有律条。所以乡约组织讲律令，多是与讲圣谕、讲乡约连带一起宣讲的。叶春及《惠安政书》"乡约篇"中说："月吉乃属于而读法，书其善者、恶者，老人以木铎徇于路，望亦如之。……凡民间须要讲读大诰、律令。敕于老人手榜，及见丁着业牌面，沿门轮递，务要通晓法意，有司时加提督。设圣谕牌一，置于（约）亭中，俨天颜之在上焉。城中两图，知县引耆老等，跪听如仪。各都耆老，率众行礼，兼讲家礼条件，以家礼乃文皇帝所头礼，亦法也。"②

清代乡约组织讲律令，形式更加正规，内容更为系统。钦定的乡约宣讲教本《上谕合律乡约全书》对每条圣谕的宣讲都是先"讲谕"后"读律"。"读律"主要是讲解该条所对应的大清律条，灌输息争守法意识。下面我们选介两条圣谕所对应的法律的宣讲内容。

（一）宣讲"讲法律以儆愚顽"

这是讲谕，不是"读律"的内容，但它是"圣谕十六条"中的法律专条，故特加介绍。《〈圣谕广训〉集解》中有清代乡约宣讲"讲法律以儆愚顽"条的宣讲词，现摘要如下：

> 如今讲第八条了，你们听着：你们百姓可晓得，朝廷设下一部《大清律》却是为何？只恐你百姓们行险作孽、为非作歹，犯出一件

① 周振鹤撰集，顾美华点校：《圣谕广训集解与研究》，上海书店出版社 2006 年版，第 410—411 页。

② （明）叶春及：《惠安政书》，福建人民出版社 1987 年版，第 341 页。

事来，定要问断一个罪名，又怕问刑衙门及地方有司轻重出入，不加详审，所以朝廷预先费几许苦心，加许多参酌，准人情、合天理，定下这个法律。虽然律上有笞、杖、徒、流、绞、斩、凌迟许多条款，森严可畏，殊不知正是朝廷立心忠厚，要你百姓们见了害怕，不敢去为歹人、兴恶念，事事警醒，做个良善百姓，所以特谕‘讲法律以儆愚顽’。但那一部《大清律》讲来也教你们听不得许多，我今只把上谕各条的律略说与你们听，你们仔细听着。……（以下对圣谕十六条所涉及的律条逐条解说）这些律例，总是皇上为你百姓们或有犯法，刑讯之下惟恐枉滥，参酌较定，颁行天下，教内外大小衙门遵守奉行。又怕你们百姓懵懂无知，没人讲究，不知其中大义，犯怎样的法即受怎样的罪，特令细细讲与你们听。……你百姓们就是极愚极顽，听了今日这些法律，难道胸中绝无一点惧怕么？你们百姓试听到皇上圣谕把法律讲来儆戒你们，这是不要你们犯法的意思，仔细思量便该省悟。所以今日本院不惜哓哓，与你们苦说一番，你们回家好生猛省，尽力凛戒，无负开讲一番，才与你们实实有益。①

（二）宣讲"和乡党以息争讼"对应律条

《〈圣谕广训〉集解》中有清代乡约宣讲"和乡党以息争讼"条的宣讲词，现摘要如下：

> 你们要思乡党皆我生于斯、长于斯，父兄耆老朝出暮见，灯火相照、守望相助，何等亲热；无事则杯酒往来，有事则共相救护，同心协力，何等雍容和蔼。……试读律例：一、在外刁徒，身背黄袱头插黄旗，口称奏诉，直入公门，挟制官吏者，所在官司就拿送问……。又凡投匿名文书告言人罪者绞。其事皆起于不能和睦乡党，以致争讼不休，小事变大，轻怨变仇，拖累公庭，倾家荡产，后悔无及……若守身保家之子欲息讼端，莫如和乡党，一时相争大家来劝，一家有事大家和解，一腔怒气既息，天大官事也无，圣谕"和乡党"愿尔等思之。②

---

① 周振鹤撰集，顾美华点校：《圣谕广训集解与研究》，上海书店出版社 2006 年版，第 74—76 页。

② 同上书，第 26 页。

这里讲到的"律例"就是《大清律例》第 332 条"越诉条例"第 9 条①和《大清律》第 333 条"投匿名文书告人罪"②。

从以上材料来看，乡约组织宣讲圣谕和律条有以下特点：第一，内容丰富，绘声绘色。乡约宣讲圣谕和律条，内容并不空洞，既有联系实际的生动发挥，也有针对性强的实际案例。第二，劝人不争，维持社会和谐。"美教化，移风俗"，人与人之间，户婚田土等小事要相互忍让，避免纷争。第三，提出了发生纠纷，要先找民间解决，尽量避免打官司。如前述《圣谕广训》中"息诬告以全良善"条的宣讲内容中说："若然家事，不妨告诉声族长，评个曲直，倘与外人争斗，乡庄上也有耆老，拣一位年高德劭的请他判断判断，只要差的肯服输了，就得过且过哩，岂不是个好方法?"③

乡约组织宣讲圣谕和律令打出的旗号往往是"劝善规过"、"以正人心"，使人们从思想上和行为上自觉遵守法律秩序和道德规范，这种苦口婆心、和风细雨式地潜移默化，预防纠纷的作用至为深远。顺治时汤斌任"补潼关道副使"，在潼关推行乡约、宣讲谕律，曾使争讼的兄弟在听了宣讲后转为友爱。《汤子遗书》载：汤斌在潼关"行保甲，有盗即获，自是四境宴然。又患民风强悍，为设学讲律。有兄弟相讼者，府君收其词不问。令于讲乡约时必至。凡三至，涕泣，自陈悔过。遂出词还之，卒相友爱。府君去时，犹追送数百里也"。④

第三节　定期集会　增进乡情

一　乡约组织的定期集会

约众定期集会于乡约所，召开全约会议，这是乡约的基本活动之一。明清乡约组织聚会的时间和频率，各地情况不一。一般是一月两会（如南

---

① 《大清律例》第 332 条"越诉"《条例》第 9 条："在外刁徒，身背黄袱头插黄旗，口称奏诉，直入衙门，挟制官吏者，所在官司就拏送问。若系干己事情及有冤枉者，照例审断，仍治以不应重罪；其不系干己事情，别无冤枉，并究追主使之人一体问罪，俱发近边充军。"

② 《大清律例》第 333 条："投匿名文书告人罪"："凡投（贴）隐匿（自己）姓名文书告言人罪者绞（监候）"。

③ 周振鹤撰集，顾美华点校：《圣谕广训集解与研究》，上海书店出版社 2006 年版，第 410—411 页。

④ 汤斌撰：《汤子遗书·附录》，台湾商务印书馆景印文渊阁四库全书抽印本。

赣乡约），也有多至一月六会（如明代绩溪乡约）或少至每季一会的（如沙堤乡约），不一而足。聚会的日期，一般在朔望两日，个别的亦有在其他日子的，如初二及十六日，甚或初四及十九日①。当然，如遇有特殊情况，如恰逢春节等，约正约副也可以临时决定推迟或提前"会日"。②乡约定期的正式集会都有一套既定的仪式。这套仪式在朱熹的《增损吕氏乡约》中就已经奠定，南赣乡约简化读约的繁文缛节，但又在读约之前增加读谕的内容，而且还突出乡饮酒礼。清代乡约更以讲读圣谕、圣训为首要议程。

（一）民间自办乡约的集会

以广东沙堤乡约为例。沙堤乡约每月都有活动，分为聚会和巡省二项。巡省是下乡活动，聚会是在约所——沙贝村的独冈书院举行，每年四次，每季仲月望日，即二月、五月、八月、十一月十五日。《圣训约》所定的聚会仪式，据朱鸿林的介绍③，整理并摘要如下：

第一部分：迎宾升堂。聚会该日，清晨七时（辰刻）乡约领导班子一干人（主约、副主约、约正、约副、乡正等）作为主方先到约所（独冈书院礼堂）等候约宾。约宾陆续到达后，先在书院祠堂休息，等约宾到齐后，主方全体出迎。主约、副主约由东阶出，约正、约副、乡正由西阶出，到门外揖宾请进。宾方由"傧"（主方接引宾客的礼宾人员）二人前导，从西边入门，约正、约副、乡正跟随其后，一起向堂前前进；主约、副主约由"介"（宾方传达宾主之言的人）二人前导，从东边入门，向堂前前进。双方到达堂前之后，主约、副主约先揖宾升阶，升阶后再揖宾升堂。升堂后的仪式，通由赞者唱导进行。首先鸣鼓三声，鼓后众宾与主约、副主约相揖，步向礼堂中央，北向站立，立定后宾主各再作揖两次。接着众宾与约正、约副、乡正作揖一次。然后宾主都到事先贴好名字的座位坐下喝茶。

第二部分：正式仪式。（1）宣讲圣训、宣谕。宾西主东，全体由傧介引导到约亭之前，先排班，有官爵的在前排，以爵次就位，其他以年齿为次就位。就位后一起跪下，听礼生先读明太祖的《六谕》"圣训"，再读明世宗谕百姓的承天府"宣谕"。读完之后一起叩头三次，然后起立，等

---

① 王兰荫：《明代之乡约与民众教育》，《师大月刊》1935年5月第21期。

② 董建辉：《"乡约"不等于"乡规民约"》，《厦门大学学报》2006年第2期。

③ 朱鸿林：《中国近世儒学实质的思辨与习学》，北京大学出版社2005年版，第272—274页。

待香案撤去之后，复入堂上座位。接着听讲书者讲解圣训及宣谕，此时宾主都要站立听讲。（2）听讲经书。讲书者再讲《尚书·洪范》的"皇极敷言"章和《诗经》的《鹿鸣》、《南山有台》诗各一道。（3）行燕（宴）礼。首先是预备程序，主约率乡约领导班子一干人命弟子（书院学生）酌酒，送上宾主各人，起立交献，作揖饮酒，酒盏交弟子接受，然后各就座位坐下。其次是"愉宾乐歌"，听歌饮酒。先由约副向歌工及执事各人敬饮二杯，然后歌工先后唱"皇极敷言"章、《鹿鸣》诗和《南山有台》诗。每段唱完，约正、约副都要起身举手，请约宾饮酒，饮毕进食。最后是自由敬酒，实际上也是有次序的。（4）宣讲乡约。先鸣鼓九声，全体起立，听读约者宣读乡约。约文共有五条，依次题目为"尚礼义"、"恤患难"、"立臧否"、"行保甲"、"躬巡省"。读约完毕，宾主起立，相向拱手，答称"谨如约"，然后坐下，听讲书者讲《孟子》"死徙无出乡"章。（5）举善纠恶。司籍者把"记善册"和"记过册"分别传给约宾，请他们将所知的某人所做某善事、某人所做某过失事，登记在册。入册之后司籍者当众宣布。记过册只传阅一遍，并且"又立一册，待一年之后，才密书某人某事过恶，不以示人，令其可改，若二年不改，则鸣鼓攻之矣"。接着由乡正报告保甲中人所做的善事恶事。然后彻读约案，宣布礼毕。

第三部分：礼毕送客。赞者宣布礼毕后，宾主起立作揖，分别从西阶、东阶下堂。主约、副主约送宾到大门，宾主相向作揖，举手道别。

（二）官倡民办乡约的集会

以南赣乡约为例。南赣乡约约规《南赣乡约》对乡约的定期集会作了专门规定，主要是三方面内容①：

1. 听读告谕

"当会前一日，知约预于约所洒扫张具于堂，设告谕牌及香案南向。当会日，同约毕至，约赞鸣鼓三，众皆诣香案前序立，北面跪听约正读告谕毕；约长合众扬言曰：'自今以后，凡我同约之人，祗奉戒谕，齐心合德，同归于善；若有二三其心，阳善阴恶者，神明诛殛。'众皆曰：'若有二三其心，阳善阴恶者，神明诛殛。'皆再拜，兴。"这里与其他很多乡约不同的是，王守仁不引明太祖的"六谕"，而代之以自己的告谕②。到底是哪些告谕，我们不得而知。或者严格来讲，《南赣乡约》只是一个乡约之

---

① 《王阳明全集·知行录》，红旗出版社1996年版，第230—232页。

② 朱鸿林：《中国近世儒学实质的思辨与习学》，北京大学出版社2005年版，第295页。

规约的样本，其中所讲告谕没有指定、也不好指定是哪一个具体的告谕。但可以肯定的是，它一定是王阳明所颁告谕，从文献记载来看，这些告谕的绝大部分都是关于纠纷预防与解决的内容。

2. 听读乡约

"（同约）以次出会所，分东西立，约正读乡约毕，大声曰：'凡我同盟，务遵乡约。'众皆曰：'是。'乃东西交拜，兴。"

3. 举善纠恶

彰善。（1）设彰善位、陈彰善簿。"（同约）各以次就位，少者各酌酒于长者三行，知约起，设彰善位于堂上，南向置笔砚，陈彰善簿。"（2）提名并民主通过。"约赞鸣鼓三，众皆起，约赞唱：'请举善！'众曰：'是在约史。'约史出就彰善位，扬言曰：'某有某善，某能改某过，请书之，以为同约劝。'约正遍质于众曰：'如何？'众曰：'约史举甚当！'约正乃揖善者进彰善位，东西立，约史复谓众曰：'某所举止是，请各举所知！'众有所知即举，无则曰：'约史所举是矣！'"（3）书于善簿，公开表彰。"约长副正皆出就彰善位，约史书簿毕。约长举杯扬言曰：'某能为某善，某能改某过，是能修其身也；某能使某族人为某善，改某过，是能齐其家也；使人人若此，风俗焉有不厚？凡我同约，当取以为法！'遂属于其善者；善者亦酌酒酬约长曰：'此岂足为善，乃劳长者过奖，某诚惶怍，敢不益加砥砺，期无负长者之教。'皆饮毕，再拜会约长，约长答拜，兴。"

纠过。（1）设纠过位、陈纠过簿。"（同约）各就位，知约撤彰善之席，酒复三行，知约起，设纠过位于阶下，北向置笔砚，陈纠过簿。"（2）提名并听证、通过。"约赞鸣鼓三，众皆起，约赞唱：'请纠过！'众曰：'是在约史。'约史就纠过位，扬言曰：'闻某有某过，未敢以为然，姑书之，以俟后图，如何？'约正遍质于众曰：'如何？'众皆曰：'约史必有见。'约正乃揖过者出就纠过位，北向立，约史复遍谓众曰：'某所闻止是，请各言所闻！'众有闻即言，无则曰：'约史所闻是矣！'"（3）书于善簿，当场教诲。"约长副正皆出纠过位，东西立，约史书簿毕，约长谓过者曰：'虽然姑无行罚，惟速改！'过者跪请曰：'某敢不服罪！'自起酌酒跪而饮曰：'敢不速改，重为长者忧！'约正、副、史皆曰：'某等不能早劝谕，使子陷于此，亦安得无罪！'皆酌自罚。过者复跪而请曰：'某既知罪，长者又自以为罚，某敢不即就戮，若许其得以自改，则请长者无饮，某之幸也！'趋后酌酒自罚。约正副咸曰：'子能勇于受责如此，是能迁于善也，某等亦可免于罪矣！'乃释爵。过者再拜，约长揖之，兴，各就位，知约撤纠过席，酒复二行，遂饭。"

申戒。"饭毕，约赞起，鸣鼓三，唱：'申戒！'众起，约正中堂立，扬言曰：'呜呼！凡我同约之人，明听申戒，人孰无善，亦孰无恶；为善虽人不知，积之既久，自然善积而不可掩；为恶若不知改，积之既久，必至恶积而不可赦。今有善而为人所彰，固可喜；苟遂以为善而自恃，将日入于恶矣！有恶而为人所纠，固可愧；苟能悔其恶而自改，将日进于善矣！然则今日之善者，未可自恃以为善；而今日之恶者，亦岂遂终于恶哉？凡我同约之人，盍共勉之！'众重曰：'敢不勉。'乃出席，依次东西序立，交拜，兴，遂退。"

（三）官督民办乡约的集会

"讲乡约"几乎成了清代教化性"乡约"的同义词。讲乡约实际上就是乡约组织定期开会集中政治学习。雍正年间河南乡约的定期集会情况：凡州县城内及各大乡村各立讲约之所，设约正一人，于举贡生员内拣选老成有学行者为之，值月三四人，选朴实谨守者为之。置二籍，德业可劝者为一籍，过失可规者为一籍，值月掌之，月终则告于约正而授于其次。每月朔日举行，先期值月预约同乡之人，夙兴集于讲约之所，俟约正及耆老、里长皆至，相对三揖，众以齿分左右立，设案于庭中，值月向案北面立，亢声宣读《圣谕广训》，各人肃听，约正复推说其义，必剀切叮咛，务使警悟通晓，未达者仍许其质问。讲毕，于此乡内有善者众推之，有过者值月纠之，约正询其实状众无异词，乃命值月分别书之，值月遂读记善籍一遍，其记过籍呈约正及耆老、里长默视一遍，皆付值月收之，事毕众揖而退。岁终则考校其善过，汇册报于州县官，设为劝惩之法，有能改过者一体奖励之。[1] 这一套仪式在光绪年间还在使用，光绪《湖南通志》卷7记载的情况与上面的完全一致。[2]

康熙年间江苏巡抚张伯行《申饬乡约保甲示》要求乡约集会与乡里集会合二为一，似为一大创意。他说："乡约、保长每月朔望讲会悉依各条丁宁儆戒，今添设大会二次，一取正月初十、一取十一月初十，皆闲暇易于欢聚也。是日城内外乡约、保长合为一大会，各都拣其近界呼吸易通或两三都或三四都择一适中之公所，先期知会每人自备饮食，较议乡约、保

---

[1]　雍正《河南通志》卷10"礼乐"。
[2]　光绪《湖南通志》卷7"礼乐"。

甲事宜，订以各自清楚，互相接应，万一有事传知邻界，毋分彼此，或各人奉行有刚柔疏密之不齐，全要过失相规，又或本保甲内自己有失察之歹人而邻保知者，若知攻出则酿祸又深，无妨公众促膝直吐姓名，方见相助为理之妙，切勿怕事逡巡，上有官法、下有众志，彼歹人安能肆害言公乎？会上议到隐微处原是寂寂深谈，不许会外听闻、会中传播才是情同唇齿，本保长回去该甲内邀集那十家申饬，只泛言时日大会有说你甲内有歹人者，人言可畏，官法如雷，保长与甲长责任所关，不得不预先说破，要十分防闲，要十分改变，万一不然，岂止本人要捆解受刑，即邻佑八家与保长、甲长刑也难当。保长如此提醒，或亦可敛戢化盗为良，倘言之不悛，事发擒解宜矣。至于边邑乡村有与江、浙、广紧连处仿佛同里，我这边乡约保甲当以条规与彼处贤豪及有地方之责者共览相订稽查如法，庶无邻壑贻讥，该印官仍以此意移会彼州县，官守虽异而圣谕本同，地界虽分而民情若合，试思联保甲的"联"字原要远近联络一心遵化，庶几道不拾遗，民皆乐善，长为太平有道之风矣。"①

二　定期集会对纠纷的预防作用

从以上集会的情况可以看出，乡约的定期集会主要要完成三大任务：规范宣讲、举善纠恶、调处纠纷。规范宣讲是约正或"齿德俱优者"宣讲圣谕、律条、乡约，其他人共听之；举善纠恶即准备善恶二簿，在宣读完圣谕后讲评乡民善恶，书入簿中；调处纠纷是在乡民有纠纷或牵涉诉讼时，乡约正副进行调处。

乡约约众定期的全约会议，对减少民间纠纷有重大预防作用，主要体现在两个方面：一是直接调处纠纷，这通常是在集会议程的最后一项工作；二是通过集会提供大家相互交流、彼此沟通的平台，听讲演，吃茶点，客观上可以全面增进乡里亲情，促进和睦，减少纠纷。朱鸿林在论述沙堤乡的集会约作用时讲："我们不难想象，出席聚会的宗族父老和参与执事的湛氏宗族青年，都能透过仪式的展现和明太祖'六谕'的讲说，对源于儒家经典及官方典章的高雅礼文有所认识和实习，对士大夫所提倡的儒家伦理规范获得加强的印象，从而整体上使乡约所及地区民众在道德提升和文化融合方面提高了实现的可能。"②

---

① （清）张伯行：《正谊堂文集》卷38"告示三"。

② 朱鸿林：《中国近世儒学实质的思辨与习学》，北京大学出版社2005年版，第285页。

第四节　互助互察　防争于未然

一　互助互济　防止穷极生滥

约众互助互济是乡约组织成立的宗旨之一，也是乡约日常活动的重要内容。这种活动有利于乡里社会秩序的安定，符合官府民间"和睦乡里，防滥于穷"的愿望，这里的"穷"是指包括物质贫困在内的危难状态。

约众互助互济几乎是所有乡约之规约的必要条款。明代《南赣乡约》规定："通约之人，凡有危疑难处之事，皆须约长会同约之人与之裁处区画，必当于理济于事而后已；不得坐视推托，陷入于恶，（否则）罪坐约长、约正诸人。"沙堤乡约规约"恤患难"条规定："凡同甲者，如一家之人，又如一人之身……岂有不顾卫之理。凡有疾病，必相问疗，有水火盗贼之灾，必相救援，有死丧，必相吊慰，邻里有丧，舂不相杵，不巷歌。至于同甲有被人诬害，则二十四家率一乡之人共白之。横加诬人、总甲罗织之类，必共捍之，不许入本里为害。"① 这条和《吕氏乡约》的"患难相恤"条类似，特色则是以25家为相保单位，以集体行动抗拒外来的吏役侵害。清代浙江省海宁县县令许三礼为全县制颁《讲约规条》规定："居安思危、积谷防饥之不可已也。……其积谷之事，乡耆劝输，各照贫富出谷登簿，收贮公所，报县印簿，以备凶荒，即于本图内散给饥户，并无胥役查扰。"② 晚清乡约宣讲的内容大大突破了"圣谕"的内容，例如"积谷说"、"施粥说"、"恤孤说"、"周寡说"、"扶病说"、"救溺婴说"、"劝惜谷说"等都是有关提倡公益、公务的善事。例如"积谷"一事提倡"各乡悉仿朱子社仓法量力施行"，"或积谷数百石，于青黄不济时则计口以贷，俟秋冬收获后则加息偿还。视岁之歉盈量息之多寡，循环籴粜。既可以陈易新，出纳有经，仍归以本生利。积之久，则谷日以赢。设有天灾流行，即尽出以赈济。"③ 又例如"扶病"一事提出量力而行、互相救助。"有力者，助以钱米，使糊口有资，医治有费。则扶其一人之病，

---

① 《圣训约》，明嘉靖二十三年刻本，台湾"国立中央图书馆"藏经部礼类杂礼俗之属，第50—67页。

② 参见周振鹤撰集，顾美华点校《圣谕广训集解与研究》，上海书店出版社2006年版，第533—534页。

③ 牛铭实：《中国历代乡约》，中国社会出版社2005年版，第72—73页。

实已扶其一家之病也。无力者，助以心力或代为奔走，曲为经营。则今日扶彼，安知异日不扶我之病也。"①

二　监督社会　消除纠纷隐患

乡约组织作为以教化为本色的地缘社会组织，对乡里社会的方方面面都有自觉或不自觉的监督活动，这些监督行为对纠纷无疑有防争于未然的重大预防作用。

（一）监督约众

1. 《南赣乡约》的规定：（1）监督"寄庄人户"是否与当地人一样纳粮当差。"寄庄人户，多于纳粮当差之时躲回原籍，往往负累同甲；今后约长等劝令及期完纳应承，如蹈前弊，告官惩治，削去寄庄。"（2）监督本地大户、外地客商是否放高利贷及挟取土地，监督无力偿租的贫民、军人以及"揽差下乡索求赍发者"等是否有不法行为，一旦发现就呈官纠治。"本地大户，异境客商，放债收息，合依常例，毋得磊算；或有贫难不能偿者，亦宜以理量宽；有等不仁之徒，辄便捉锁磊取，挟写田地，致令穷民无告，去而为之盗。今后有此告，诸约长等与之明白，偿不及数者，劝令宽舍；取已过数者，力与追还；如或恃强不听，率同约之人鸣之官司。"（3）监督"招抚"的"新民"（归顺政府的乡民）是否将其所占田产退还原主，是否再怀前仇、致扰地方，是否"勤耕勤织，平买平卖，思同良民"。不服从约长劝诫的，要"呈官惩治"。"各寨居民，昔被新民之害，诚不忍言；但今既许其自新，所占田产，已令退还，毋得再怀前仇，致扰地方，约长等常宜晓谕，令各守本分，有不听者，呈官治罪。"第十二条规定："投招新民，因尔一念之善，贷尔之罪；当痛自克责，改过自新，勤耕勤织，平买平卖，思同良民，无以前日名目，甘心下流，自取灭绝；约长等各宜时时提撕晓谕，如蹈前非者，呈官征治。"②

2. 沙堤乡约的活动。沙堤乡约活动安排的第二大类是主约等下乡"巡行"，巡行是此约的特色，《吕氏乡约》和《南赣乡约》均无此项活动。沙堤乡约的巡行在聚会（二、五、八、十一月）之外的八个月的望日进行。巡行是下乡活动，约宾不需参加，主持人则要全体出动。他们巡行到各个保甲地分做督察工作，根据聚会时约宾及乡正所提供的资讯，了解甲

---

① 牛铭实：《中国历代乡约》，中国社会出版社 2005 年版，第 73 页。

② 《王阳明全集·知行录》，红旗出版社 1996 年版，第 229—230 页。

中居民为善为恶事情，加以勉励或警诫。沙堤乡约"约法"《圣训约》的最后一条"躬巡省"规定："（至日）主约、副主约、约正、副同乡正，巡行各甲而督察之。某甲某人为善，某甲某人为不善，某甲某人为孝为悌，某甲某人为不孝为不悌之类，以警之。"①

（二）监督乡官

有些地方的乡约组织还执行监督里甲、保甲等乡里组织的职能。《南赣乡约》规定："吏书、义民、总甲、里老、百长、弓兵、机快人等若揽差下乡，索求赍发者，约长率同呈官追究。"② 徽州《文堂陈氏乡约》规定："今将各地方佃户编立甲长，该甲人丁许令甲长约束。每月朔，各甲长清晨赴约所报地方安否、如何。如本甲有事，甲长隐情不报，即系受财卖法，一体连坐。"③ 这里的乡约对甲长有很大的控制权。又清代浙江省海宁县县令许三礼为全县制颁《讲约规条》规定："保甲十家牌，每图村落挨门填注丁口若干、作何事业，伍保造册汇簿送查，乡耆虽不与事，亦当不时觉察，如有隐匿等弊许指实密禀。"④

第五节　促订契约　避免纷争

在日常往来特别是在经济往来中，当事人签订契约是避免日后发生纠纷的主要手段之一。乡约组织在促成乡民之间达成契约的过程中发挥着重要作用。我们检读明清契约，发现其中的"证人"、"凭中"、"中见"、"中人"、"保人"等很多都是"乡约"（约长或约正）。

一　明代乡约促订契约

明代约正朱必闻、里长汪振光公证潘鸣珂与朱某签订田地买卖契约。《徽州千年契约文书》收录有《天启元年（1621年）休宁潘鸣珂卖田塘赤契》，从中可知天启年间徽州府休宁县十都三图七甲的潘鸣珂因家境贫寒，

① 《圣训约》，明嘉靖二十三年刻本，台湾"国立中央图书馆"藏经部礼类杂礼俗之属，第50—67页。

② 《王阳明全集·知行录》，红旗出版社1996年版，第230页。

③ 陈柯云：《略论明清徽州的乡约》，《中国史研究》1990年第4期。

④ 周振鹤撰集，顾美华点校：《圣谕广训集解与研究》，上海书店出版社2006年版，第533—534页。

"无钱使用",愿将自己的租田卖与朱□为业,当地约正朱必闻和里长汪振光作为"凭中"(公证人)参与双方签订买卖契约,议定所卖田地作价银肆拾两□钱整,自出卖之后听从买主"收租管业",保证并无重复交易及一切不明等情。① 这里的"赤契"即立契后,经官府验证并纳税,由官府为其办理过户过税的手续之后在白契上钤盖官方大印的红契。

二 清代乡约促订契约

清代约正见证梁俊同胞兄弟范永吉、范永祥房屋买卖。《田藏契约粹编》收录有《乾隆五十年(1785年)范永吉、范永祥卖房连三契》,从中可知乾隆年间山西省临汾县某乡某里甲范永祥、范永吉两兄弟将共有的"本院西厦房两间"、"地基从东一半"出卖给他们的另一兄弟范永寿,当地约正梁俊作为见证人押署,并同三个"中人"梁天顺、张世富、张永显一起参与双方签订买卖契约,议定时价六千文,房屋上下砖石相连,"当日钱业相交,并无短欠"。契文最后"加盖":"买卖房地总以乡约书名为凭。立契后该乡约即催令赴县投税。倘迟至十日后不税者,或被告发,或经访闻,除业主照漏税例治罪外,将该乡约一并究处。"② 可见约正在这里兼有官府代理人的角色。

表6–1是清代乡邻在田地买卖活动中,乡约促成订立契约的部分实例。

表6–1   乡约组织促成订立的契约

契约名称与资料来源	契约内容	乡约组织的作用
《乾隆四十二年(1777年)祁存义、祁存礼卖房地连三契》《田藏契约》,24③	山西省平阳府临汾县某乡(坊)中苏里六甲祁存义、祁存礼将"地一段、院一所"共三分三间卖与本里本甲祁基,价银九两。	约长张明廷鉴证与担保

① 王钰欣、周绍泉主编:《徽州千年契约文书》宋元明编卷4,花山文艺出版社1991年版,第14页。

② 田涛等主编:《田藏契约文书粹编》(第1册),中华书局2001年版,第28页。

③ 同一乡中契约内容和乡约组织的作用都基本相同的,在《田藏契约粹编》还有《乾隆四十四年(1779年)任国富卖地连二契》,参见《田藏契约粹编》第1册,中华书局2001年版,第25—26页。

契约名称与资料来源	契约内容	乡约组织的作用
《乾隆五十九年（1794年）曹岳氏同男通洪卖地连二契》《田藏契约》，32	山西省平阳府洪洞县北马下里九甲曹岳氏将龙王庙水地一段九分三厘卖与朝贤里七甲李凤山，价银一十六两五钱。价足业明，永无异说。	约正段必荣、高连有作中见人
《嘉庆八年（1803年）苏董氏同男金玉卖地连二契》《田藏契约》，36	山西省平阳府洪洞县德化里四甲苏门董氏将"院活地"一分三厘五毫，"场面地"三分三毫，卖与北马里五甲董仙策，价银二十五两。价足业明，永无异说。	约正董金荣、高连林作中见人
《嘉庆十年（1805年）董仙策卖地连二契》《田藏契约》，37—38	山西省平阳府洪洞县北马下里五甲董仙策将"院活地"一分三厘五毫，"场面地三分三毫"，卖与朝贤里七甲李凤山，价银四十两整，价足业明，永无异说。	约正赵云菴、段宗璋作中见人
《道光二十年（1840年）张盛玉卖地连四契》《田藏契约》，55	山西省平阳府洪洞县东乔高里一甲张盛玉将"园子地二亩六分、椿树一个"卖与本甲雷思温，价银二十千，价足业明，永无异说。	约正张希兴、赵钺作中见人
《道光二十六年（1846年）孔方桂卖地连二契》《田藏契约》，58	山西省平阳府洪洞县东乔高里七甲孔方桂将镇南平地一段计一十五亩七分一厘，卖与本里一甲雷思温，价钱一百五十七千一百整，价足业明，永无异说。	约正杨玉馨作中见人
《清咸丰七年（1857年）孙裕源同家长孙昌达卖地三契》《田藏契约》，68—69	山西省忻州孙裕源家将祖遗西南地一段计地三亩五分，卖与索茂才耕种，价钱二十三千五百文整，其钱旦日交足不欠。	乡保索富旺、索兴科、索登高见证
《清咸丰七年（1857年）王裕卖地连三契》《田藏契约》，71	山西省忻州王裕将祖遗正河地一块计地四亩卖与索进宝，价钱二十八千文，随柳树二株，作价一千二百文。其钱旦日交足。	乡保索登高、索新科、索福旺见证
《咸丰十一年（1861年）任廷策卖地连三契》《田藏契约》，73	山西省平阳府洪洞县东乔里七甲任廷策将镇西南内坦斜平地一十七亩卖与本里本甲雷有功，价钱一百一十九千文，价足业明，永无异说。	乡约赵仰孟见证
《清同治三年（1864年）索金福卖地连三契》《田藏契约》，79—80	山西省忻州索金福将一亩五分地卖与索进喜耕种，价钱六千七百文整，其钱旦日交足，随粮照册过割。	乡保索满福见证

续表

契约名称与 资料来源	契约内容	乡约组织的作用
《同治三年（1864年）李恫义卖地连二契》《田藏契约》，81	山西省平阳府太平县李恫义早年将祖遗平地一段三亩三分典与李贞行耕种，典价银十二两五钱。现因粮卯所逼无奈，情愿以原典作价，卖与原典地人李贞行。其钱早已清楚，并不短欠，地上粮差随时过割。	约正李有明、张居敬见证与担保
《同治七年（1868年）李含章卖地连二契》《田藏契约》，87	山西省平阳府太平县李含章将祖遗平地一段二亩六分九厘二毫八丝八忽，卖与李树勋、李连金，价银二十二两八钱九分，其银当日交足，地上粮差随契过割。	乡约刘瑞定见证
《同治八年（1869年）李刘氏孙小敖卖地连二契》《田藏契约》，88	山西省平阳府太平县李刘氏早年将村西南祖遗井麻地一段当与李贞行耕种。现因粮卯所逼无奈，自觉无力回赎，情愿以原当价银七两卖与李贞行。其银早已交足，并不短欠，地上粮差随时过割。	乡约刘成俊见证与担保
《清同治十年（1871年）索赵氏同子索忠卖地连三契》《田藏契约》，93	山西忻州索赵氏将祖遗自家围地五亩五分卖与索进宝耕种，价钱六十六千文整，其钱笔下交足。随粮造册过割。	乡保索好义、索成光、索廷相见证
《清光绪四年（1878年）乔继光卖地连二契》《田藏契约》，108	山西忻州乔继光将祖遗白保安地一段四亩卖与索进宝，价钱一十九千文整，其钱笔下交足，随粮造册过割。	乡保索廷秀见证
《光绪八年（1882年）杨中选卖房院场地基连三契》《田藏契约》，110—111	山西省汾州府汾阳县汾城南康厢二甲杨中选将房院一所卖与南贾厢九甲刘鹏飞为业，价银一十七两整，当日交足，并无短欠。其地基粮差随契过割办纳。	乡约李敦五见证
《清光绪十二年（1886年）张康宁卖地连三契》《田藏契约》，112—113	山西忻州张康宁将祖遗西园地一石五分卖与索晋宝耕种，永远为业，价钱三千文整，且日交清。	乡保索廷秀见证

材料来源：《田藏契约粹编》第1册（简称《田藏契约》），材料名称后面的数字表示页码。

　　以上是对乡约预防纠纷情况的基本考察。这种预防的效果已从一些文献记载中看出大概。康熙年间《休宁县志》讲：乡约之法"行之既久，里有不驯不法者，闻入约则逡巡不能前，急向其家父母族长者服罪，改行而后敢入"。一般乡民"众口微举之，则羞涩赧于面，以为大耻。其感发人心而兴起教化已如此!"① 又康熙年间《徽州府志》载:明末隆庆年间,徽州知府何东序曾"力行乡约为条,教以训民,风俗为之一振"。婺源知县张木贾说:"举行乡约,一时有无讼之化。"② 清代《全闽诗话》记载:"蔡居阳率乡人行乡约,其中约规甚严。至于桃李垂街,田畴被亩,人和盗绝,一时为盛。"③ 这些记载虽不无溢美之词,但乡约组织对民间纠纷的减少或预防具有重要作用当是事实。

---

①　康熙《休宁县志》卷2《建置·约保》。

②　康熙《徽州府志》卷5《秩官志下·名宦》。

③　(清)郑方坤:《全闽诗话》卷6,福建人民出版社2006年版。

第七章　同乡组织对社会纠纷的预防

同乡社会是同乡人在异地因乡缘所形成的地缘社会，其组织形式在明清时期是同乡会馆。

"同乡"作为动宾结构，本身就是一种纠纷预防机制。《圣谕广训》说："若是远出他乡，偶然遇了一个同处（乡）的人，听见了他的声音便有许多欢喜，坐在一处相亲相爱，就如骨肉一般。"① 所以美国学者施坚雅（G. William Skinner）认为长途贩运中的风险，如果有"同乡关系"存在，就会"被限制在最低限度"②。同治年间《重修上新会馆序》说："自有会馆以至今日，几百年之中，数千里之外，修葺共之，居处共之，累有同心，从无间焉，声气道义，又非他馆之所能比肩也。"③ "从无间焉"（永远不会发生纠纷），何以可能？因为同乡会馆作为一条联结纽带，在复杂的社会中，在土、客之间，在城、乡、市之间，在官、民、商之间具有整合社会、协调矛盾、预防纠纷的润滑剂作用。又乾隆二十七年（1762 年）苏州《新修陕西会馆记》说："平时有不相浃洽者，一旦相遇于旅邸，乡音方语，一时蔼然而入于耳；嗜好性情，不约而同于心。加以岁时伏腊，临之以神明，重之以香火，樽酒篚铺，欢呼把臂，异乡骨肉，所极不忘耳。……以故四方之士，乐其易与而谅其心。"④

同乡会馆对纠纷的预防作用是通过公约、宣教、祀神、合乐、义举等多种手段实现的。

---

① 周振鹤撰集、顾美华点校：《圣谕广训集解与研究》，上海书店出版社 2006 年版，第 25—26 页。

② ［美］施坚雅：《中国封建晚期城市研究》，王旭等译，吉林教育出版社 1991 年版，第 109 页。

③ 同治《重修上高县志》卷 3《京师会馆附》。

④ 苏州历史博物馆编：《明清苏州工商业碑刻集》，江苏人民出版社 1981 年版，第 331—332 页。

第一节　制定公约　以防自乱

"既馆矣，惧其易乱也，故申之以约"，这是明代嘉靖三十九年（1560年）河南郑州典教（主管教育的官员）郑公涛为北京的歙县会馆《馆约》题序所说的话。这话表明同乡会馆议定公约（馆规章程）的初衷之一就是使同乡人在会馆内外的活动有法可依，防止冲突发生。郑公涛题序全文如下："吾歙俗素敦乡谊，惟以事来京，涣治各私，金惧其涣也，故萃之以会。既会矣，惧其易暌（分离）也，故联之以馆。既馆矣，惧其易乱也，故申之以约。既约矣，惧其易驰也，故永之以录。录成而余始至，持以示余，余曰：慎厥终，如其始，永会之道，如是而已。谛观会约，首叙置馆，志创始之艰也；次立会长，举正副，敬长推贤，示有统纪也；次处会费，严出入，言财用不可缺，亦不可耗也；次时宴会，重观劝言，相亲相成，情欲其通，义欲其正也；忻戚不同，面交之薄也，故庆吊之礼次之，同乡弗恤路人之忍也，故弗恤之义次之；开乐助之有图有终也；标优免之，款酬首倡也。凡此者，要皆约人心，以敦乡谊。其作合之初心，何若是其坚也。……睹斯录者，悉如兹约，可长存而不替也。"[1] 这里的"约"即公约，是同乡人共同制定的、反映同乡人"公意"的规约；这里"录"大概指的是刻录，即将公约铭刻于碑。这段话反映了同乡会馆馆规的主要内容，特别是彰显了"约"和"录"的纠纷预防意义。

同乡公约就是同乡社会组织的"法律"，它一般通过会规、馆规或章程等形式表现出来，内容包括会馆负责人的产生办法及职责、会员的权利和义务、会员的活动规则、会馆经费的来源及管理、祭祀与殿堂的管理、义冢的管理等。其中对预防纠纷具有关键作用的是关于同乡人之间、同乡同行之间、同乡人与土著人之间权利义务关系的规定，特别是关于经商活动及行业规定。同乡会馆为了保护同乡人的利益，通常制定有各种商业行规，例如价格制定、度量衡标准、货物损毁赔偿办法、商品交易折让等，以供乡人共同遵守。这些规定在当时起到了商法或商事仲裁条例的作用，既可以事前预防纠纷发生，又可以成为事后仲裁商业纠纷的依据。有很多同乡会馆之所以能长存几百年，就是因为有很完备的馆规章程。北京临襄

---

① （清）歙县会馆：《重修歙县会馆录·续修会馆录节存原编记序》（上册），道光十四年（1834年）。

会馆碑记言："油市之设，创自前明。后于清康熙年间，移至临襄会馆，迄今已数百年。……履蹈信义，弊端毫无，足征当初定法良善。"[1] 同乡会馆的公约大致有内部规范、经商规范、综合规范三大类，下面分别予以介绍。

一　同乡会馆内部规范

早期的同乡会馆馆约比较简单，其内容主要集中在内部的行为规范方面。例如明代京师的闽中汀州会馆《馆约》规定："惟礼让之相先，惟患难之相恤，惟德业之相劝，惟过失之相规，惟忠君爱国之相砥砺。"[2] 雍正年间（1723—1735 年）《汀州会馆规约》规定："□赌博□妨正业，会长理宜劝止，令其速改，倘或故违，即请□纵并□移寓，以肃馆规。若家人有犯，务须放逐。本主不得□纵并□裙妇女，一体严禁，不许入馆。"嘉庆十三年（1808 年）新增规条："馆内向禁嫖赌，今再申明，嗣后有犯禁者，会长通知合众送官究治，不得徇私。""馆内不许酗酒滋事，违者罚银二两，家人有犯立即驱逐，该主不得徇私。"[3]

二　同乡社会经商规范

这种公约是同乡人在异地从事经商活动的规则，制定的目的是为同乡社会建立起有序的商业秩序。下面选择两个实例加以介绍。

（一）重庆的浙江会馆规约

现存的巴县档案中，有一则《嘉庆六年（1801 年）仲夏月磁帮众商士公建浙江会馆碑文》，从中可见清代重庆的浙江会馆规约主要是经商规则，主要内容是"五议"：一议"公信"。为"避独行病商之弊"，凡磁货投行发售，本行厘金减半，本客粗磁每子 3 厘，细磁每子 1 分 9 厘，"照数归公，以资公用"。若有差徭杂费则"归行承办"，并在公项内每年每帮给银 200 两，"免其侵移客本之患"。二议"别帮"。向来江浙磁货与河南、湖北、川省一体，自乾隆五十五年至五十六年间（1750—1751 年）"紊乱前规，分开彼此"，今后仍按旧规，凡有磁帮公事，"无分江浙，合而为

---

① 《山右临襄会馆为油市成立始末缘由专事记载碑记》，参见李华编《明清以来北京工商会馆碑刻选编》，文物出版社 1980 年版，第 27 页。

② （清）李景铭：《闽中会馆志》。转引自王熹、杨帆《会馆》，北京出版社 2006 年版，第 7 页。

③ 同治《汀州会馆志》卷 1《规约》。

一，永以为好"。三议"公所"。结算之后如有盈余，"存于各司栈，代理生息，以作修葺置业守成之举"。四议"过江"。水客无论粗细磁器仍纳厘金，"每子银六厘"。五议"阳奉"。凡阳奉阴谋者一经查出，"另罚修葺码头"，罚银"每磁一子二分以充公用"。① 从以上会馆碑文条款可以看出，会馆虽称"浙江会馆"，但实际上是由"磁帮众商公建"，只是"众商士公"中以浙江商人为主。这种规约的制定表明重庆整个磁业市场的有序化和规范化。

（二）汀龙会馆行规

汀龙会馆是清代潮州最大的会馆，至今存有反映潮州之福建汀龙会馆历史的《汀龙会馆志》。根据该志的记载，汀龙会馆主要管理"依其里邑之所近"而成立的"纲"（运输货物的组织），即依地域与行业相结合的复合标准在会馆之下设立分支机构。汀龙会馆之下设有篓纸纲、龙岩纲、履泰纲、本立纲、福纸纲、九州纲、运河纲、武平纲、上杭纲、莲峰纲、永定纲、白沙纲和袍季等，各纲都有自己的行规，其中福纸纲行规的全文如下："（一）各字号纸张由客批定行收揭挥到东关，按挥先代垫完清正饷并代发船脚，俟纸货售完后，总共与客结算，订记行单簿内。（二）各庄纸张由行照依时值发卖，俱作钱价申算，每七百文额定申七兑花边叁元，每百元以时用佛边补贴花水边拾元。（三）各项纸售卖后行内与客结算，每七百零五文扣七兑花边壹元，自道光间议贴行内看边用戳过平钱三文，合共每七百零捌文扣花边壹元（支用行内之边，如有次边短平，俱由行认补）。（四）行内代客售卖以九八扣行用，每百元扣七兑边贰元。（五）除行用船脚外，行内与客总共结算，每双合壹捆扣钱五十九文，大包各项每球四十九文（并饷项补费补平及东关发担入行，每捆市钱四文，每球市钱三文，又贴行房租油水客饭俱在内）。（六）各字号客到行，便饭一次，席请一次，前人定规，原以存宾主体统，行有请客之名，客有贴行之费。若将此除去，虽有另送，将来彼此效尤，致启争端，殊为不雅，自后宜照旧规，以昭划一。（七）各行售卖纸张务先向客说明市价，庶免以后争论，其纸货批入各行，倘有润张湿角，亦须通知各字号到行面验看过，提出结价，可免争多议寡。（八）各船户自峰领载，每双合一捆，额钱二十文，以四捆为一担，每担共钱八十文，大包厚纸每担额钱壹佰陆拾文，中包每

---

① 《嘉庆六年仲夏月磁帮众商士公建浙江会馆碑文》，《巴县档案》嘉庆财政卷2。转引自王日根《乡土之链：明清会馆与社会变迁》，天津人民出版社1996年版，第56页。

担壹佰三十文，各行照挥验收，先行垫发脚钱，后与客总结算，其船载倘遇水浅旱干，另加批包封，由峰馆批明，随时无定。（九）各纸客由蔡家围搭小船到郡，每人约略给钱壹拾六文，其各纸客回来由东关搭小船至大船，每人并行李一担，共给钱壹拾六文，若另有货物，每担给钱六文。此规已于咸丰九年（1859 年）呈请彭县宪给示勒碑在案。①

三　同乡社会综合性规范

同乡社会综合性规范，是指内容包括会馆的内部规则、同乡商业规则、纠纷预防与处理规则等集内部规则与外部规则、实体规则与程序规则于一体的同乡会馆规约。下面也选两个实例加以介绍。

（一）台湾鹿港泉郊会馆规约

台湾鹿港泉郊会馆②规约是非常典型的同乡会馆公约，其内容是综合性的。全部内容 12 条，第 1—5 条是内部规则，第 6—12 条是经商规则。

第 1—5 条是会馆内部行为规则："一，清历三月二十三日庆祝圣母寿诞，诸同人务须到馆，定签首，以主一月事务，期满一易，苦乐相承，自上而下，上流下接，不得借口乏暇，致废公事，违者罚银六元，以充公费不贷。二，签首分别正副、兼办，以签首既订何号，则前一号为签副，以正签管传船帮，副签管看银钱，至月满，副签即将银钱缴交正签核符，正签月订薪水四元，副签月订薪水二元，苟费不敷，应公同议填，毋致签首独亏。如有不遵，罚银一倍充公不贷。三，延师协办公务，主断街衢口角是非，应择品行端方，闻众公举，年满一易，签首不得徇私自便请留，我同人亦不得硬荐，臻废公事，合应声明。四，炉主统合郊事务，然就全年抽分核按起来，除缴生息公费外，所入不供所出，并无别款可筹，集众公议，惟将每爿船，如四百石加抽分一百石，公议不易，此系专为公费不敷而设，关顾大局，倘有不遵，闻众公诛。五，签首如有公事问众，诸同人均宜向前共商，公事公办，不得袖手，致废公事，违者罚银六元充公。"

第 6—12 条是商业行为规范："六，泉郊诸号船，每百石货额订抽银

---

① 《汀龙会馆志》，转引自王日根《乡土之链：明清会馆与社会变迁》，天津人民出版社 1996 年版，第 144 页。

② 泉郊会馆位于台湾鹿港镇，是明清时期在台的有泉字籍（如泉州）商人组建的同乡会馆。主祀天上圣母（海上保护神）。"郊"又叫"行郊"或"郊行"，是闽南及台湾对行商独用的俗称。

一元，以作公费，诸同人如有配载，应付出海收来交缴，不得隐匿，如有隐匿，察出罚银一倍充公。七，船户如犯风水损失，有救起货额船货两摊，其杉磉茶叶药材，此无可稽之货，例应不在摊内，应与船另议，合应声明。八，船户遭风损失器具，惟桅舵碇三款，应就照货若干，船主应开七分，货客应帖船三分，其余细款，胡混难稽，不在贴款，合应声明。九，船户搁漏，货额湿损，缺本若干，货客应开七分，船主应贴货三分，船之修创，应费多少，船主应开七分，货客应贴船三分。十，船户先后次第大小，分别帮期，不得奋先争载，赶篡出口，违者罚银，以充公费不贷。十一，交关欠数，恃强横负，应当禀究，诸同人不论亲朋，能为苟完更妙，不得助纣为虐，察出罚酒筵赔罪。十二，竹筏驳运，轻船重载，犯盗偷抢，以及风水等因就存余同筏，苦乐共之，查时失所，禀官报请查究，诸同人不论有无货额在内，各宜向前协力，不得袖手旁观，合应声明。"① 这份规约通过对会员权利与义务的规定使得泉籍船商整合在一个相对稳定的团体中，从而建立起有序的商业秩序。

（二）重庆"楚黄白花客帮"规约

2004 年 12 月到 2005 年 4 月，在重庆湖广会馆修复的施工现场挖出 15 块清代石碑，涉及纠纷预防与解决的有三块，相应的碑文分别是：《楚黄白花客帮碑志》、《永远管业凭约碑》、《巴县正堂示谕碑》，其中反映同乡会馆规约的是《楚黄白花客帮碑志》。"楚黄"即湖北黄州，"白花"即棉花。该碑志内容的相当一部分是"楚黄白花客帮"会馆"约"（章程）的内容。从碑刻内容看，这个"约"是综合性的会馆规范。现将相关碑文摘要如下：

> 知我齐安古邑，人文蔚起，素称名胜。耕读居其半，商贾居其半。惟贩运白花，来往众商挟资大贾者固多，而其称最盛者，首推信安，西陵其次，余无有焉。历来货抵渝城，隐受其弊，久欲于禹王庙左右建造客堂，以为宴宾客，整理花规，惟惜余地狭隘，有志未逮。嘉庆八年……公举元丰号王公董理客事。元丰奋然振兴，守正不阿。邀集花帮众客，整理行规，校准针秤，请赁八省恳示勒碑。如几可同心矣。于是井井有法，固属美举，若恪守无恒，久必废弛，诗曰：靡

---

① 周宗贤：《血浓于水的会馆》，台湾"行政院"文化建设委员会 1988 年版，第 51 页。

不有初，鲜克有终。元丰因之有远虑焉。于是立值年以职其位，派司月以职其详。每逢亚祭之日，聚公众较秤，彬彬乎洵有条不紊矣。……今元丰卸事，锦族复举世泰毛公、永兴金公两号董理。凡我花帮，临公事而趔趄者，议必罚；匪我花帮，假乡梓而盘踞者，议必禁。取庐于斯，爰得我所。伏愿帝王神威，福庇齐安；历江河而风平浪静，归梓里而玉积金堆，名利显达。……兹谨勒碑，以志不朽。首领王元丰，接事值年毛世泰、金永兴，司月（以下23人名，略）。同买卖白花客、行人等公立。①

　　"楚黄白花客帮"碑2004年12月出土于重庆齐安公所戏楼下，碑上所记立碑时间是嘉庆十五年（1810年）。齐安即今湖北黄州。碑文记载了在渝从事白花买卖的湖北黄州"客帮"建立齐安公所的过程，以及齐安公所的宗旨、组织、职责、议事规则等，其中有几点值得特别注意：（1）公所的宗旨是维护"客帮"利益、促使交易公平与社会和谐。所谓"有条不紊"、"井井有法"、"商贾畅茂"、"历江河而风平浪静"等。（2）组织情况：有首领（王元丰）、值年（毛世泰、金永兴）、司月等职位。（3）公所的职责：除了"宴宾客"②之外，主要有：制度规范建设，即整理"花规"、"校准针秤"，使在众客帮在当地的活动"有条不紊"、"井井有法"；对损害客帮公共利益（"临公事而趔趄"）、冒充老乡（"假乡梓而盘踞"）等行为严加罚禁。可见公所把平息纠纷放在极其重要的地位。

　　正如法律的价值首先在于能被遵行一样，同乡会馆公约的价值也首先仰仗同乡人的恪守。同治年间《汀州会馆志》的作者曾感叹："同乡之至京师入会馆者凛遵前例者，亦有罔顾前规者。苟不自爱，望其规，规守之得乎？"他呼吁士绅们带头严格执行会馆规条，起到表率与仪范作用，所谓"第士君子学古入官，行将出身加民为世表率，讵甘偭越以干物议"③。为了加强这些规约的权威性，同乡会馆都会随会

---

① 何智亚：《重庆湖广会馆历史与修复研究》，重庆出版社2006年版，第249页。

② 在另一块碑《渝城重建齐安公所碑》的碑文中有"设包厨，备饮馔，置寝床"等内容。参见何智亚《重庆湖广会馆历史与修复研究》，重庆出版社2006年版，第251页。

③ 《汀州会馆志》，转引自王日根《乡土之链：明清会馆与社会变迁》，天津人民出版社1996年版，第310页。

馆一同向官府申请立案，竭力谋求官府的承认。"梅园公所"董事说："公议规条，捐资董办。惟虞私约无常，客居招侮，业经具禀常宪，蒙批准勒石示禁遵守等谕"①。他们想通过官府立案确立其规条的权威性，避免"私约无常"、"客居招侮"。不过，会馆申请立案，政府一般都能准许。

第二节　宣教乡谊　讲信修睦

同乡会馆"宣教乡谊、讲信修睦"，相当于乡里组织、乡约组织的教化活动。"士大夫崇敬乡之谊，于是有府州县各建之馆"②。"崇乡谊，敦信义"是同乡会馆建馆的初衷，是建馆者们的深层心理追求，激发乡谊之情是会馆始终不渝的首要职责，所谓"不徒以科第仕宦为荣，而以敦厚仁恕为尚……乐故乐诸君子之奋于义，而更为宣其意"③。同乡会馆通过各种方式向同乡人宣教乡谊信义精神，强调相互诫勉、共同发达，在同乡社会中营造讲信修睦的乡土氛围，进而同化周围土著人社会，最后形成一种回归传统的和谐社会境界。同乡会馆因此成为流寓客籍的乡邦之人，发扬乡土优势、尊崇古道其乐融融的精神家园与现实基地。

一　宣教内容："崇乡谊，敦信义"

同治年间的《新城县志》对同乡情义有如下论说："君子之所以敬其乡者，盖乐与其乡之人共循夫敦厚仁恕之习焉，力之所可为者，则竭其力以图其安；事之所当尽智者，则竭其智以正其事。昔孔子言观于乡而知王道之易。而其居乡党也，以似不能言著。夫乡党所相沿之理而行之，可以兴王道，以孔子之圣，处事而其言如不出诸其口，然则君子之所以敬其乡者信乎？其不以才智相先，而惟以敦厚仁恕相尚也。士大夫之官于京师者，非一邑之人也。其与其邑之人相聚，则犹之乎其乡也。"④ 所以北京的浙江绍兴会馆强调"得以示乡方而兴道义，联声气而

---

① 《昭文县为梅园公所卜建存仁堂给示勒石碑》，参见苏州历史博物馆编《明清苏州工商业碑刻集》，江苏人民出版社1981年版，第349页。

② （清）李景铭：《闽中会馆志》卷首《自序》。

③ 同上。

④ 同治《新城县志》卷2《建置》。

宏切磋"①；东元宁会馆追求"型仁讲让，共知王道之易"②；（闽中）龙溪会馆强调"通情愫，达音问，疾厄相扶，有无相资，为义甚大"③；佛山的会馆把"劝诱德业，纠绳愆过，所以风励流俗，维持世教"④作为自己的宗旨。所有这些，无不体现对传统和谐无讼社会秩序的高度认同与竭力维护。"讲乡谊"、"敦和好"是同乡会馆的基本使命。北京《重修歙县会馆记》云："（京师流寓绅商）各随其所隶州县设立邸舍，使鞍马仆夫有所休息，以纾栉沐之劳，岁时伏腊，有所燕集，以敦和好之谊，是以宾至如归，有适馆授粲之乐，而无采菖依槚之叹。吾歙为秦旧县，黄山练水，世毓名贤。程朱遗范，渐摩熏染。情谊深而风俗厚，虽侨居寄籍他郡邑者，类皆不忘其乡，依依水源木本。矧京师为冠盖所集，可无会聚之区，以讲乡谊而崇古道哉？"⑤

二　宣教方式：集会、碑刻、楹联

同乡会馆宣教乡谊信义的方式很多，例如有制定馆规馆约、集会、刻碑、铭印楹联诗文等。这里我们主要介绍碑刻和楹联诗文的情况。

（一）碑刻

同乡会馆中的碑刻大概就是明代嘉靖年间郑公涛在北京歙县会馆"馆约"题序所说的"录"。几乎所有的同乡会馆都要把自己倡导的和谐精神铭刻于碑。现在的重庆湖广会馆所属的齐安公所⑥前院四周墙体木栏板上

---

① ［日］仁井田陞：《北京工商ギルド资料集》（第1册），东京大学东洋文化研究所1976年刊行，第108页。

② 同上书，第117页。

③ （清）李景铭：《闽中会馆志》卷4《龙溪会馆》。

④ 王日根：《乡土之链：明清会馆与社会变迁》，天津人民出版社1996年版，第306页。

⑤ ［日］仁井田陞：《北京工商ギルド资料集》（第3册），东京大学东洋文化研究所1976年刊行，第1172页。又（清）歙县会馆编纂《重修歙县会馆录》，道光十四年（1834年）。

⑥ 齐安公所是在湖广会馆会首支持下由湖北黄州府商人集资修建的府会馆。今湖广会馆之门额上有"齐安公所"四个大字，墙砖上有"齐安公"字样，房梁上有"嘉庆丁丑（1817年）岁孟春月谷旦立；光绪己丑（1889年）岁黄州阖府重建"，表明此处实为湖北黄州（古称齐安郡）的地区性会馆。（参见龙彬《重庆湖广会馆及其保护研究》，载张复合主编《建筑史论文集》第14辑，清华大学出版社2001年版，第241—242页）黄州府在唐朝乾元元年（758年）以前曾叫永安郡、齐安郡，在明朝隶属于湖广布政司。

刻有"二十四孝"① 图，图绘精美，造型生动，演绎了中国传统文化中
"百善孝为先"的理念，也充分体现了会馆建筑在日常生活中所具有的伦
理教化作用。

今人整理的同乡会馆碑刻，笔者所知见的主要有《明清以来北京工商
会馆碑刻选编》②、《明清苏州工商业碑刻集》③、《上海碑刻资料选辑》④
等。下面是有关代表性同乡会馆碑刻内容的摘要：

《潮州会馆碑记》："会馆之设，迓神庥，联嘉会，襄义举，笃乡情，
甚盛典也。"⑤ 乾隆四十九年（1784 年）《碑记》："我郡同人，互相勉励，
善保始终，尤会馆之第一要务也。……夫立基期于永赖，创业贵乎守成。
继自今恪守前规，勉思善后，于贸易往来之地，敦里党洽比之情；当丰亨
豫顺之时，务撙节爱养之道。公平处事，则大小咸宜；忠信相孚，则物我
各得。一切仰体圣天子优恤商民之至意，垂诸永久。式睹神歆其祀，锡福
延禧，众协一心，千秋弗替"⑥ 从这里也可看出，当时的潮州会馆对于社
会的变迁与发展采取了顺应的对策，在发展中保持规范、寻求平稳是会馆
角色的主要方面，它力求协调好各方面矛盾，以保证建立起良好的经济秩
序，以秩序的安定来保证经济的发展。

上海《潮惠会馆二次迁建碑记》："会馆之建，非第春秋伏腊为旅人联
樽酒之欢，叙敬梓恭桑之谊，相与乐其乐也，亦以懋迁货居，受廛列肆，
云合星聚，群萃一方，讵免睚眦，致生报复，非赖耆旧曷由排解？重以时
势交迫，津梁多故，横征私敛，吹毛索瘢，隐倚神丛，动成疮痏。虽与全
局无预，而偶遇株累，皇皇若有大害，踵乎厥后，既同井邑，宜援陷阱，

---

① "二十四孝"是中国民间广为人知的历史故事，内容主要是颂扬古代 24 个尽孝的人，他们的
孝行分别是：虞舜"孝感动天"、汉文帝"亲尝汤药"、曾参"啮指痛心"、闵损"芦衣顺母"、仲由
"百里负米"、董咏"卖身葬父"、郯子"鹿乳奉亲"、江革"行佣供母"、陆绩"怀橘遗亲"、唐夫人
"乳姑不怠"、吴猛"恣蚊饱血"、王祥"卧冰求鲤"、郭巨"埋儿奉母"、杨香"扼虎救父"、朱寿昌
"弃官寻母"、庾黔娄"尝粪忧心"、老莱子"戏彩娱亲"、蔡顺"拾葚异器"、黄香"扇枕温衾"、姜
诗"涌泉跃鲤"、王褒"闻雷泣墓"、丁兰"刻木事亲"、孟宗"哭竹生笋"、黄庭坚"涤亲溺器"。

② 李华编：《明清以来北京工商会馆碑刻选编》，文物出版社 1980 年版。

③ 苏州历史博物馆编：《明清苏州工商业碑刻集》，江苏人民出版社 1981 年版。

④ 上海博物馆编：《上海碑刻资料选辑》，上海人民出版社 1980 年版。

⑤ 《潮州会馆碑记》，载苏州历史博物馆编《明清苏州工商业碑刻集》，江苏人民出版社 1981 年
版，第 340 页。

⑥ 同上书，第 340—341 页。

凡此皆当忧其所忧者也。纵他族好行其德者，亦能代为捍卫，而终不若出于会馆，事从公论，众有同心，临以明神，盟之息壤，俾消衅隙，用济艰难，保全实多，关系殊重。推之拯乏给贫，散财发粟，寻常善举，均可余力及之。无烦类数，此会馆之建，所不容缓也。"①

苏州《金华会馆碑记》："为想春风秋月，同乡偕来于斯馆也，联乡语，叙乡情，畅然蔼然。不独逆旅之况赖以消释，抑且相任相恤，脱近市之习，敦本里之淳。本来面目，他乡无间。"②

苏州的钱江会馆："堂中祀神，以义合者宜有所宗也。封疆大吏暨藩伯监司，咸书额以张其事，盖体圣天子通商惠旅之至意，而吾乡人之至者，得以捆载而来，僦赁无所费，不畏寇盗，亦不患燥湿。自今以始，毋以为唐肆，徇情以馆私人；毋以为过所，畏执而称使客。守之以恒，协之以和，传之永永可也"。③通过官绅和富商的努力，以微薄的经济便利聚合同籍流寓，使他们在都市的氛围中保持乡土的恬静、相熟与互劝的逸雅。

《重修东齐会馆碑记》："盖会馆之设，所以答神庥，睦乡谊也。前贤经始之，后贤慎葺之，其何以缵事功而不隳，垂久远而无替。"④

嘉庆十四年（1809 年）七月《重修仙城会馆碑记》："吾乡转毂郡国，萃于京师，物产之华甲于他省，筑馆城南，以时会聚，由来旧矣。吾犹及见老成，其所以能致富饶，非徒趋时审势，逐什一之利，以获奇赢也。盖必有忠信诚悫之行，淳谨节俭之风，以修于己而孚于人。故能长享其利，阅数十百年不衰。考之史传所载，若鲍叔之分金，弦高之犒师，陶朱之三致千金，白圭之为治生祖，皆卓然有过人之行，而后能拟千户之封，此岂有今古之殊者哉。昔斯馆之设，以为岁时祀神祈报，退而与父兄子弟宴饮谈论，敦乡情，崇信行，而为此也。"⑤

---

①　《潮惠会馆二次迁建记碑》，载上海博物馆编《上海碑刻资料选辑》，上海人民出版社 1980 年版，第 331 页。

②　《金华会馆碑记》，载苏州历史博物馆编《明清苏州工商业碑刻集》，江苏人民出版社 1981 年版，第 330 页。

③　《吴阊钱江会馆碑记》，载苏州历史博物馆编《明清苏州工商业碑刻集》，江苏人民出版社 1981 年版，第 20 页。

④　《重修东齐会馆碑记》，载苏州历史博物馆编《明清苏州工商业碑刻集》，江苏人民出版社 1981 年版，第 337 页。

⑤　《重修仙城会馆碑记》，载李华编《明清以来北京工商会馆碑刻选编》，文物出版社 1980 年版，第 19 页。

黎庶昌①在光绪二十一年（1895 年）题写的《创修重庆云贵公所碑记》中说："古者井田之制，出入相友，守望相助，疾病相扶，持大化和同，爰有乡饮酒之礼。故咸重违其乡，所以教一世之人，孝悌之化，亲长仁睦之道。……诗曰：维桑与梓，必恭敬止。孔子曰：吾观于乡而知王道之易易也。所谓孝悌之化，亲长仁睦之道。庶昌愿与吾侪共之，邦之庆也，国之肥也。"②

以上碑刻文本的最后，大凡都要强调"以谂诸后，愿后之人，修明不息，毋忘经始之心，毋戾经始之法，庶几吾邑永有赖焉"③之类的话。

（二）楹联诗文

同乡会馆中的楹联诗文，或吟物抒情，或表其胸志，或凝聚人心，主旨大都有"敦乡谊"、"睦友邻"，这是对同乡会馆之凝聚力和团结和睦精神的最好宣示。重庆湖广会馆一柱廊上写着一幅楹联："是是非非恩恩怨怨来来来认认真真想想事，忙忙碌碌暮暮朝朝坐坐坐潇潇洒洒宽宽心"。北京的福建汀州会馆内有楹联："帝里衣冠聚，天涯骨肉亲"④。北京的福州会馆馆内，有闽中名士郑际唐⑤撰写的两幅楹联："蓬瀛地隔三千水，韦杜居邻尺五天"；"万里海天臣子，一堂桑梓弟兄"。此二联巧借馆物，记述馆中会众，既有路隔海天万里来京的士绅，也有来京营商致富的商贩，更有应试科考寄寓的学子，虽行有所别、意有各图、名分有高下，然在会馆会集，以乡谊之缘济济一堂，皆为同生共育于"桑梓"之地的"弟兄"。北京的湖广会馆楹联："何必开门，明月自然来入室；不须会友，古人无数是同心"。此联巧用馆院门窗、清风明月，以表会馆聚众来者，皆是"开门"见山、心若"皓月"坦荡之辈，结缘于会馆，成四海"皆友"，共谋未来的"同心"人。北京的扬州会馆有一楹联："二千里远行江淮，凡甲乙科同在中朝，皆敦乡谊；尺五天近临韦杜，当己未岁重新上

---

①　黎庶昌（1837—1896 年），贵州遵义人，先后任川东兵备道道员，清政府驻英、法、西班牙等国参赞，并两度出任驻日公使。

②　何智亚：《重庆湖广会馆历史与修复研究》，重庆出版社 2006 年版，第 92—93 页。

③　曾厚章：《绍兴县馆纪略·碑记》，转引自王熹、杨帆《会馆》，北京出版社 2006 年版，第174—175 页。

④　此部分中的楹联诗文自此以下各句均转引自王熹、杨帆《会馆》，北京出版社 2006 年版，第139—142 页。

⑤　郑际唐：字大草，号云门，侯官（今福州）人。乾隆年间进士，历任山西学政、内阁学士兼礼部侍郎等。工书法，精篆籀。有传砚斋诗稿。

馆，更启人文"。有一诗文："大地邻虚总一尘，冷官随处可容身；栽花树
栅闻中事，爱酒怜诗我辈人。桑下岂惟三宿恋，槐荫也作两家春；却思旧
雨东西路，千万还应更买邻。"①

图 7 - 1　重庆湖广会馆
柱廊上的楹联：是是非非恩恩怨怨来来来认认真真想想事，
忙忙碌碌暮暮朝朝坐坐坐潇潇洒洒宽宽心

第三节　奉祀乡土神　凝聚同乡情

　　乡土神是居外同乡人最易认同的信仰标识，乡土神崇拜承载了会馆的
全部文化内涵，凝聚着同乡人的最高精神寄托。供奉和祭祀乡土神是乡土
情谊形成和维系的重要纽带，也是同乡社会形成的信仰基础。同乡会馆的
建筑物是同籍士农工商民众祭祀乡土神灵的主要场所。会馆与神庙合一是
各地同乡会馆的共同特征②。最初的会馆建筑很简陋，但也有祀神建筑，

---

　　①　（清）朱一新：《京师坊巷志稿》，北京古籍出版社 1982 年版，第 229 页。
　　②　各地的建筑规模、风格、式样等各有特点，但会馆的主体建筑大多仿照庙宇式建筑建造，一
般设有山门、戏楼、看厅、大殿、厢房、客房、膳食房、长廊、水池、花园、钟鼓楼等。

例如重庆的湖广会馆在康熙年间仅"修造一台一殿，正殿崇祀禹王"①。同乡会馆在后来的建筑设置中，神灵供奉一直居于显要位置并成为同乡会馆最具特色的陈设。可以说，乡土神灵是同乡会馆赖以存续的精神支柱，是团结与凝聚同乡社会的精神纽带，是同乡社会息讼少争的精神源头。

一　同乡社会所祀奉的乡土神

中国以祀神来强化群体意识的习惯由来已久。明清同乡社会都有自己的乡土神或行业守护神，这种神灵崇拜经历了一个从单一乡土神到众神兼祀的发展过程。同乡社会最初信奉的大多是一神，这些神有的是一邑之神，例如湖北麻城的帝主；有的是一省之神，例如江西的许真君；有的是两省以上乃至全国通祀之神，例如关圣、林妃、神禹等。后来很多会馆发展到一馆多神，例如京师的有些会馆同时奉祀财神、福禄神，以及关帝、乡先贤等其他乡土神。有些会馆既奉祀乡土神又奉祀行业神。一般来讲，移民集中区域的祀奉对象以乡土神为主，兼容其他诸神。同乡会馆所供奉的这些神灵总体上可以分为乡土神、乡先贤、福禄财神三大类。其中乡土神是最基本的崇祀对象，例如江西人奉祀许逊为"吾乡福主旌阳许真君"（许真人），福建人奉林默娘为天后圣母，山西人奉关羽为关圣大帝，湖广人祀大禹，浙江人奉伍员、钱霎为列圣，云贵人奉南霁云为黑神，广东人奉慧能为南华六祖，江南人祀准提，湖北麻城人奉"帝主"，湖南长沙人奉"李真人"，等等。乡先贤主要是有功于会馆的董事或倡捐人以及同乡的先辈们，例如江西人之于文天祥、谢枋得，潮汕人之于韩文公，台南的潮汕会馆不但供奉三山国王，也设有韩文公祠，并供奉广东巡抚和两广总督之社位。

表7-1、表7-2所列分别是明清时期在重庆的各省同乡会馆、在台湾的各地同乡会馆所祀乡土神的情况。

表7-1　　　　　　　　在重庆的各省同乡会馆所祀乡土神②

会馆名（别称）	乡土神或圣贤	原　因
湖广会馆（禹王宫）	大禹（治水之神）	两湖地区多河流、湖泊，水患严重

---

① 窦建良：《同乡组织之研究》，正中书局1945年版，第34页。
② 参见何智亚《重庆湖广会馆历史与修复研究》，重庆出版社2006年版，第63—66页。

续表

会馆名（别称）	乡土神或圣贤	原　因
齐安公所（帝主宫）	帝主（福主）	帝主是幸福吉祥的象征①
广东会馆（南华宫）	"六祖"慧能	慧能（638—713 年）系广州新州人（今广东新兴县），佛教禅宗之南宗的始祖，祖庭位于广东韶关庾岭南华寺慧能
江西会馆（万寿宫）	许逊（许真君）	晋代道家圣人，出生于江西南昌县，医病治水，造福一方。相传晚年修炼，寿至136 岁
陕西会馆（三圣宫、三元庙）	关羽	关羽与孔子称"文武二圣"，祖籍（东汉）河东郡解县常平里（今山西省运城市常平乡常平村）
福建会馆（妈祖庙、天后宫）	妈祖（天妃、天后、天上圣母）	妈祖（林默娘）出生于宋初，是福建莆田湄州岛望族林氏后裔②
江南会馆（准提庵）	准提观音	佛教六观音③之一，感应性强、智能无量，有祈必应
浙江会馆（列圣宫）	吴越王镠、伍子胥	伍子胥系春秋时楚国人，父兄被楚平王杀害后，投奔吴国帮助吴王阖闾成就霸业
山西会馆（武圣宫、文武宫、关帝庙）	关羽	山西与陕西相邻，习俗相近
云贵公所（黑神庙）	黑神、关帝	黑神即唐代将军南霁云，生性忠烈，娴诸武艺，谥封号"贵州黑神总管荣禄大夫"

表 7－2　　　　　　　　　在台湾的各地同乡会馆所祀乡土神④

会馆名（别称）	乡土神或圣贤	原　因
潮汕会馆	三山国王、妈祖	三山指是广东潮州地区的独山、巾山和明山。三山国王就是广东潮州地区的地方保护神

---

① 《麻城县志》（光绪八年刻本）："岁苦旱潦祀之必应，民有疾厄祀之必痊，湖山险阻呼之必安，嗣续艰难祷之必吉。"转引自何智亚《重庆湖广会馆历史与修复研究》，重庆出版社 2006 年版，第 64 页。

② 妈祖少灵异、知福祸，成人后识天文、懂医理，豪爽仗义、助人为乐，28 岁时在一抢救海难中遇难。传说妈祖去世后屡显灵于海上，航海者载其牌位于舟中，遇风险有祷则应，逢凶化吉、遇难呈祥。至今仍是中国东南沿海和海外华人共同供奉的海上保护神。

③ 六观音是：千手观音、圣观音、马头观音、十一面观音、准提观音、如意轮观音。

④ 周宗贤：《血浓于水的会馆》，台湾"行政院"文化建设委员会 1988 年出版，第 32—58 页。

会馆名（别称）	乡土神或圣贤	原　因
银同会馆（泉州府同安县籍会馆）	妈祖、吴真人等	吴真人名吴夲，北宋泉州府清溪县常乐里石门人，后移居泉州府同安县白礁乡积善里。生前是神医，死后被尊为医神
桐山营会馆①	玄天上帝、观音菩萨	玄天上帝即玄武帝、真武大帝、水神。宋代泉州作为海神被利用来祭海。后为妈祖所代替
安平金门馆（浯江会馆）	苏府王爷	苏府王爷即苏永盛，唐时佐牧马侯陈渊开发金门
彰化汀州会馆	定光古佛	定光古佛是闽西人的保护神
三山会馆②	五福大帝（五灵公）	五福大帝为民间的逐疫之神，源起自于福州③
泉郊会馆	天上圣母	海上保护神
台北金门馆	苏府王爷	苏府王爷即苏永盛，唐时佐牧马侯陈渊开发金门
淡水汀州会馆	定光古佛	定光古佛是闽西人的保护神

二　同乡社会祭祀乡土神的活动

同乡会馆极为重视祭祀活动。清代《云贵会馆章程》规定："本会馆之设立系为两省同乡供奉神祇，会商事务。……会馆每年春秋两次祭祀关帝及南大将军，推选德高望重之会员主祭。同时祭祀乡贤。会员均请参与祭祀。"④ 有的会馆还定有专门的祭祀章程。光绪十八年（1892 年）九月重庆海关税务司郝博逊（H. E. Hobson）在《重庆海关 1891 年调查报告》中记录了悬挂在江南会馆里规定会员遵守的祭祀章程。其中规定⑤："江南会馆内新建祠堂供奉神祇，每年应举行春秋二祭，定二月十二日为春祭之期，八月十二日为秋祭之期。""凡属江南同乡，无论官绅士商，均由首事

---

① 桐山位于福建福宁府福鼎县境内。

② 三山即福州城内的三座山：东南于山、西南乌石山（亦称道山）、北面越王山（亦称闽山）。三山会馆是福州 11 县在彰化的同乡组织。

③ 相传张元伯、钟士秀、刘元达、史文业、赵公明五人夜游，因见瘟鬼于井中施放疫毒，乃以身投井、留书示警而死。后人感念其舍身救人而建庙祀之。天界玉帝分别封五人为显灵公、应灵公、宣灵公、扬灵公、振灵公，合称为"五灵公"，专为阳界驱瘟除疫，保境安民。

④ 何智亚：《重庆湖广会馆历史与修复研究》，重庆出版社 2006 年版，第 67 页。

⑤ 同上书，第 94—95 页。

于前三日通知。愿与祭者须在知单上签名。""凡已捐助会馆基金者得免费使用会馆所备神香,未捐者每人捐香赀银五钱。捐银十两以上者以后不再捐香赀。""凡属我馆会员,无论创办者或捐助者,官或商,应各在同列中推选若干人轮流担任值年首事。""妇女不得进入神祠。如违当众议罚或送县究办。以上十五条业经公议决定施行,企盼乡谊得以愈加敦笃。如有故违,定予呈送地方衙门罚办。"

同乡社会对于乡土神的祭祀非常隆重。光绪年间《漳郡会馆录》这样载述漳州东、西两馆的祭祀活动:"正月、八月十五日祭东西二馆。清明、七月十五日祭外馆。二月初三日祭西馆文昌帝君尊诞。五月十一日祭东馆城隍尊诞。五月十三日祭西馆关圣帝君尊诞。文武会试年择日公祭东西二馆。东西二馆每逢宜祭之辰,馆长先期传单同人醵金交馆役预备一切,是日已刻齐集,既馔具,赞礼者唱,就位上香,拜兴拜兴拜兴拜兴,平身跪酹酒,献爵读祝文,读祝者读讫,赞礼者又唱:拜兴拜兴拜兴拜兴,平身礼毕,焚楮币,与祭者东西向立,三揖,散班会饮。"① 各会馆祭祀活动的时间与内容五花八门。在重庆,农历正月十三日湖广会馆举办禹王会(祭祀大禹),二月初八广东会馆举办六祖会(祭祀禅宗六祖慧能),三月二十三日福建会馆举办天后会(祭祀妈祖),四月二十八日陕西会馆举办药王会(祭祀药王孙思邈,也有祀扁鹊、华佗),七月初一咸邑公所举办朱公会(祭祀朱熹)。公祭的有三月十七日的王爷会(祭祀镇江王爷)、四月初八的观音会(祭祀观音菩萨),六月二十四日的火神会(祭祀火神),七月初七的土地会(祭祀土地神),七月二十一日的财神会(祭祀财神赵公明)等。②

三 祀奉乡土神的纠纷预防效应

同乡社会奉祀乡土神的目的和作用是多方面的。《泉漳会馆兴修碑记》说,建馆祀神的目的在于"吾邑人旅寄异地,而居市贸易,帆海生涯,皆仰照天后尊神显庇,俾使时时往来利益,舟顺而人安也。"③ 这里说的是商业目的,即希图对神灵的笃信能使他们更顺利地开拓商业道路。北京的延

---

① 光绪《漳郡会馆录》卷首《祭祀事宜》。

② 何智亚:《重庆湖广会馆历史与修复研究》,重庆出版社 2006 年版,第 94 页。

③ 《兴修漳泉会馆碑》,载上海博物馆编《上海碑刻资料选辑》,上海人民出版社 1980 年版,第 325 页。

邵会馆奉祀天后，道光十八年（1838 年）《延邵纸商会馆碑文》云："天后系出吾闽莆田林氏，自曾祖保吉公始居莆之崛屿。……宋建隆元年（960 年）三月二十三日，红光入室，而天后诞焉。……里人相传，生前即有机上救亲、海中拯人诸异，因号曰通贤灵女。其事近于幻，然性孝而爱人，诚之所至，无感不通……宋绍兴中，始封曰灵惠夫人，绍兴初曰灵惠妃，元至元中曰天妃，明因之，亦越我朝。使节度洋，舟师剿寇，以及粮艘北运，罔不仰资神力，履险若夷。以是康熙二十三年（1684 年）加封天后，累增徽称至三十二字曰：'护国庇民、妙灵昭应、宏仁普济、福佑群生、诚感咸孚、显神赞顺、垂慈笃祜、安澜利运'。"[1] 这里说的是逢凶化吉、遇难呈祥的目的，"天后"法力无边、无所不能，可以给信奉者们带来"心想事成"的心灵慰藉和精神力量！

无论奉祀乡土神有着怎样的初衷或动机，奉祀乡土神都有预防或减少社会纠纷发生的效应。这主要体现在三个方面。

（一）桑梓之谊，群聚而笃

有了乡土神这面神旗的感召，才会有同乡社会的合乐、义举、公约等活动。"它（乡土神）的存在，并非仅具象征性的意义。以其作用而论，会馆正是通过这种同识共遵的'精神偶像'作为凝聚会众的最佳'黏合剂'；同时，更借助此种超自然与现实的力量，对外来侵犯者予以震慑，而对会众则兼具护佑消灾与增强活力的'心灵兴奋剂'的奇效作用。"[2] 乡土神等神灵偶像是明清同乡会馆赖以生存的精神支柱，更是维系其完整性、保持其凝聚力的首要条件。四川宣汉《重修禹王宫碑记》说："天下郡邑之有会馆，其始皆由同乡共里之人，或游宦于其地，或商贩于其区，醵金以为公廨，因得于岁时会议有故，商筹以联桑梓之情，而使寄寓异地者均不致有孤零之叹，其意良厚也。其后各祀其乡之神于馆，则其意又惧人心不齐，或有相欺相诈者，因质诸明神以为凭，而培修禋祀之不绝，以致其尊崇而抒诚敬。"[3] 康熙五十四年（1715 年）北京的广州仙城会馆首事李兆图等所撰《创建黄皮胡同仙城会馆记》讲："中设关帝像祀焉……里人升堂，奠位凝肃，瞻仰神明，若见若语。桑梓之谊，群聚而笃。"[4]

---

① 李华编：《明清以来北京工商会馆碑刻选编》，文物出版社 1980 年版，第 98—99 页。
② 王熹、杨帆：《会馆》，北京出版社 2006 年版，第 144 页。
③ 民国《宣汉县志》卷 3《祠祀》。
④ 李华编：《明清以来北京工商会馆碑刻选编》，文物出版社 1980 年版，第 15 页。

（二）整肃人心，建立互信

同乡社会所奉祀的乡土神灵皆为传统美德的化身，因而奉祀乡土神能起到整素人心的作用。清末冯桂芬说："大抵圣人之施教有常，而神与佛施教不测，故愚民敬畏圣人之心，每不如其敬畏神与佛。佛之教广大慈悲，神之教威灵显赫，故愚民敬畏诸佛之心，每不如敬畏诸神。"① 以神道设教更切近一般民众，也更能从心灵上感化民众。乡土神的这种作用在同乡社会中得到了充分体现，《重修正乙祠（浙江银号会馆）整饬义园记》说："人无论智愚，未有对明神而敢肆厥志者，爰鸠资为祠以宅神，别构楹为之宴所，岁时赛祀，集同人其中，秩秩然，老者拱，少者伛，以飨以饮，肃肃然，雍雍然，自是善过相规劝，患难疾病相扶持"。② 我们注意到京师全闽会馆、苏州的各地会馆大都供奉关帝、文昌帝，这里面有没有什么特别的原因？我们认为这里的原因主要是因为"关圣倾心汉室，奉醴牲者，所以教忠；文昌累叶士夫，敬馨香者，所以劝善"③，关羽是"建大义于颓朝，扶纲常于草昧"的人物④，"以关帝植纲常，扶名教，立人伦之极，故不惟不欲于名贤硕士其他神明等量齐观"⑤。会馆利用神灵"以范围尘世人之心，使之震慑而罔敢越，故人心顺应，即以克享夫天心"，让人们"体此意，而检其身，而慎其心，无敢慢，无敢渎，无作坏，无作恶"⑥。奉祀乡土神可以消除人们对商人"重利轻义"的固有观念，培育商人间的联盟与互助互信关系，从而有效地预防和减少纠纷，维持社会的稳定与和谐。

（三）联情洽意，和谐四邻

祀神是为悦人，娱神是为享众。有祀就有会，每次祭祀乡土神都会举办一些聚餐唱戏的活动。拜神更可团结乡人、和谐四邻。在人神同享共悦之际，达到人神和谐、会众同心、土客共娱的佳境。在这个意义上，对于处于流动中的客籍人来说，乡土神成为人们"联其情而洽其意"、睦邻友

① （清）冯桂芬：《显志堂稿》卷1《关帝觉世真经阐化编序》。

② 《重修正乙祠整饬义园记》，载李华编《明清以来北京工商会馆碑刻选编》，文物出版社1980年版，第14页。

③ （清）李景铭：《闽中会馆志》卷首《自序》。

④ （清）魏裔介：《兼济堂文集》卷13《重修关帝庙碑记》。

⑤ 《宫中档雍正朝奏折》第8辑，第112页。

⑥ 《重修天后列圣碑》，载广东省社会科学院等编《明清佛山碑刻文献经济资料》，广东人民出版社1987年版，第128页。

好的重要纽带。同治四年（1865 年）十月《重修正乙祠记》说："正乙祠
（浙江银号会馆）……以奉神明，立商约，联乡谊，助游宴也。每值春秋
假日，祀神饮福，冠裳毕集，献酬交错，相与为欢。"①

　　总之，乡土神之崇拜是同乡社会得以实现社会整合的精神中枢。

第四节　同乡合乐　聚亲联谊

　　会馆是同乡社会的俱乐部。同乡会馆通过祭祀、演戏、宴请等活动，
"聚乡人，联旧谊"，"敦亲睦之谊、叙桑梓之乐"，联络乡友会众与客地
各界人士，更在官员、商人群体之间进行整合，协调利益，防止纠纷发
生。很多明清同乡会馆的相关活动情况见诸文献记载。例如明代北京的福
州会馆，"承平时，京曹同乡贯，或同举进士举人者，每岁首，必衣冠会
饮，谓之团拜。其宴聚恒于各会馆，笙歌选日，车马如云，夜深恒有灯
剧，将晓乃散，极觞春之盛焉。是风明以前已然。"② 漳郡会馆，"凡缙绅
先生与夫孝廉明经上舍游之往来，莫不送迎有礼，至有依而去，有思春秋
享祀，岁时伏腊而聚膝欢呼，以故宾至如归，万里天涯犹然戚里过从
也。"③《黔江县志》记载，清代黔江县建有湖广会馆、江西会馆、徽州会
馆等乡镇会馆，会馆成员每年相聚一次，多在年下叙旧、联谊、会餐、演
戏，称为"开年会"。④

　　同乡会馆的娱乐活动主要是演戏和宴请，有时是在祭祀酬神活动前后
进行，有时是单独举行，具体日程安排大都根据农历节日和各地乡土节日
而定。重庆海关税务司郝博逊（H. E. Hobson）在《重庆海关 1891 年调查
报告》中载录的江南会馆祭祀章程规定"祭祀酬神应演大戏，分胙肉醴
酒，早、午开席。"⑤ 又记录重庆会馆的活动的情况："会馆的社交聚会是
相当频繁的，常随会员人数多寡而定。例如江西会馆十二月中有多至三百
次，湖广会馆达二百次以上，福建会馆在一百次以上，其他会馆七十次至

---

① 李华编：《明清以来北京工商会馆碑刻选编》，文物出版社 1980 年版，第 12 页。
② 自王熹、杨帆：《会馆》，北京出版社 2006 年版，第 36 页。
③ 同上书，第 38 页。
④ 何智亚：《重庆湖广会馆历史与修复研究》，重庆出版社 2006 年版，第 110 页。
⑤ 同上书，第 94 页。

八十次不等。全体宴会并演剧则在特定庆祝时举行。"① 这里的具体次数可能有些夸张，但重庆的会馆经常举行联谊活动当是无疑的。

一 演戏同乐

同乡会馆无一例外的建有戏楼。每年的农历节日，例如春节、端阳节、中秋节、重阳节、腊八节等，会馆都有庙会、庆典等各种活动，其中演戏是必不可少的节目。同乡会馆演戏，有时是为了酬神，有时纯粹是为了娱乐。此时会馆内外"鱼龙漫衍，百戏杂逻，士民走观，充衢溢巷"，盛况空前。会馆演的戏既有家乡戏，也有本地或其他地方的戏，无论是本会馆的人还是其他乡邻市民均免费观赏。家乡戏团的演出更能为同乡人提供在异域看家乡戏、听家乡音的乐趣，大大地缓解了同乡人思乡之苦。

二 宴请同乡

同乡的绅商、会首都可以借用会馆举办各种宴会。顺治十八年（1661年）北京的福建《漳州会馆规约》规定："春秋祭本郡城隍之神，春以上元，秋以中秋，馆长副公办香烛牲醴，先期请知馆友，如期行礼。馆长主献，祭毕会饮，以齿为序，食取胙余，不至丰饮，取献醉不及乱，其五月十一日祝神诞，系今新增礼亦如之。"② 四川省档案馆所藏巴县档案中，有清朝咸丰年间万寿宫（江西会馆）宴请客人的清单，此清单详细记载了举办宴席的情况，其中某年共办上席 27 席，中席 12 席，普茶 10 席。③

鉴于同乡会馆成为公众活动和人流聚集的场所，官方往往特别发布告示对会馆活动的秩序加以规定。清代道光十七年（1837 年）巴县衙门发布公告："会馆各庙，神所凭依，理宜隶静清洁，以昭诚敬。恐有无知之徒，三五成群，擅入馆庙内，摇钱赌博，骚扰滋事，合行出示严禁。为此示谕，阖属军民人等知悉，尔等务各循份守法，各安生业，毋得游手好闲，聚赌滋事。倘敢不遵，许该住持协同会首约邻扭禀本县，以凭惩治，决不宽恕。毋违，特示。"此后又另外补充发布告示："此系神庙重地，不许闲人游戏，妇女入庙烧香，有犯夫男同咎。禁止摇钱赌博，毋许踢毽打

---

① 何智亚：《重庆湖广会馆历史与修复研究》，重庆出版社 2006 年版，第 95 页。

② 光绪《漳郡会馆录》卷 1《漳州会馆规约》。

③ 何智亚：《重庆湖广会馆历史与修复研究》，重庆出版社 2006 年版，第 96 页。

球。倘敢故违不遵，立即扭禀严究。"①

总之，同乡会馆的"合乐"活动，有使同乡社会"交接以道，庆吊以礼，联疏为亲，情义蔼然"② 之效，是当时人们解乏娱乐、和睦乡邻的重要方式。

第五节　倡行义举　保障同乡人安居乐业

从某种意义上说，同乡会馆就是异域同乡社会的互助组织，就是同乡人在外地的避难所。或者说，同乡会馆的出现原本就是为了满足同乡人相互济助的需要。同乡会馆扶危济困、开办义学、助举丧葬等义举，能使客居异地者心有所寄、安居乐业。其效果往往是"一盂麦饭，故乡之情犹敦；满目蓬蒿，孤客之泪犹湿"③，从而有效地释解思乡之愁、离家之难，更能增进同乡情谊，使纠纷无从发生。

一　扶危济困

扶危济困，即会馆为同乡人提供各种救助。同乡人士有买卖不利、生病无助或遇有灾变，会馆就会慷慨相助，或赠借旅费、或施衣给药。有的同乡会馆还提供贷款、养育孤儿、代办或协办纳税等。向同乡人提供借贷是同乡会馆的重要功能和事业。会馆本身都置有会产，而且有的收益可观。在现代化金融体制未发达时，会馆扮演地下钱庄的角色，如上海的广肇会馆就明订借贷办法。清代吕燮枢所作的渝州竹枝词，描述了重庆八省会馆办丧、济盲、治病、助寡的善事："存心堂与体心堂，好善无如八省商。掩骼育婴兼送药，不教嫠妇叹无疆。"④

二　开办义学

有些会馆设立义学以供同乡孩童念书，这种义学极像现在打工者子弟学校。《巴县志》记载：江西会馆于光绪三十一年（1905 年）由江西泰和县同乡会购置田业，以街房租金作为办学基金，创办私立泰邑小学校；光

---

① 何智亚：《重庆湖广会馆历史与修复研究》，重庆出版社 2006 年版，第 96—97 页。
② 道光《重续歙县会馆录》（上册）《续录后集·乾隆六年会馆议条规》。
③ （清）李景铭：《闽中会馆志》卷 1《福州会馆》。
④ 何智亚：《重庆湖广会馆历史与修复研究》，重庆出版社 2006 年版，第 98 页。

绪三十二年由赣省抚州各会馆每年划拨四千余元创办私立昭武小学校。①

三　助举丧葬

助举丧葬，即同乡会馆帮助同乡办理丧葬事宜，使死有所归、生有所安，所谓活着的人"肃肃然，雍雍然，自是善过相规劝，患难疾病相维持，生者安矣"②。

为了使客死他乡的同乡人得以善终，同乡会馆往往在馆内或附近设有殡舍以供生者为死者料理善后、安置灵柩。此外同乡会馆大都辟有"义园"、"义地"等专门安葬客死异乡者的公共墓地。同治四年（1865年）十月《重修正乙祠记》中说："能敦桑梓之谊者，尤莫如建立义园一事……每于店业之赢余，腋集而公存之，创作义事于永定门外，立土地祠，旁有隙地，为义冢，乡人殁而无归者皆殡焉。"③清代重庆的《云贵会馆章程》规定："义地专为安葬两省亡故同乡。凡有会员愿在义地安葬须通知会馆首事，首事据以发给印就文书，填明姓名籍贯；会员身故时，义地看司查对文书无讹，即为指定坟地。凡属他省之人不容葬入本会馆义地，如查觉违反此项章程，看司罚银五十两，棺木即予移出。"④重庆浙江会馆的公墓称"浙江亭"。重庆之会馆的义冢得到官方保护。四川档案馆保存的巴县档案中，有道光十七年（1837年）巴县衙门发布的保护义冢布告："江西、湖广义冢，系众客商置买安葬旅亲处所，既已乏随时祭扫人，理宜作长久保护之计。近有无知乡愚，或纵放牛羊，践踏坟土，或砍伐树木，损坏坟茔，种种情形，殊甚痛恨。除饬差严办外，会行出示严禁，为此示喻诸色人等知悉。自示之后，倘后蹈前辙，许看守之人，协同会首扭禀本县，以凭惩治，决不姑宽。各宜禀遵无违，特示。"⑤

关于同乡会馆预防纠纷的手段和内容，除上述五个方面之外，同乡会馆参与地方事务也是预防纠纷的重要方面。因为它"化解了诸多土客之间的隐形潜在矛盾，使之能在更大的广度和深度上，参与移居地的各项事

---

① 何智亚：《重庆湖广会馆历史与修复研究》，重庆出版社2006年版，第98页。
② ［日］仁井田陞：《北京工商ギルド资料集》（第1册），东京大学东洋文化研究所1976年刊行，第111页。
③ 李华编：《明清以来北京工商会馆碑刻资料选编》，文物出版社1980年版，第12页。
④ 何智亚：《重庆湖广会馆历史与修复研究》，重庆出版社2006年版，第67页。
⑤ 同上书，第98页。

务，成为社会积极、主动的成员"。①

对于同乡会馆预防纠纷的作用，笔者想引用两位先人的话作小结。一位是雍正十三年（1735年）《创建晋翼会馆碑记》的作者（姓名无考），他说："以乡人之萃止于兹者，实繁有徒。……持筹而握算者有人，它材而鸠工者有人。更有本邑橘行诸君子，尚义乐输，可不谓踊跃以从事、劝欣以赴工者。以妥神明，以慰商旅，以安仕客，诸君子之用心良为善，诸君子以劳力亦无余矣。"② 这是说，会馆使得各色异乡人安居乐业、和睦融融。另一位是明代崇祯年间进士、湖北麻城人刘侗，他说："凡入出都门者，籍有稽，游有业，因有归也。不至作奸，作奸未形，责让先及；不至抵罪，抵于罪则籍得之耳，无迟于补。"③ 同乡会馆可以预防和减少犯罪，预防和减少纠纷的功能就更不用说了。

---

① 王熹、杨帆：《会馆》，北京出版社2006年版，第119页。

② 李华编：《明清以来北京工商会馆碑刻选编》，文物出版社1980年版，第29页。

③（明）刘侗：《帝京景物略》卷4，《嵩山会馆建唐大士像》。

第八章　乡间结社对社会纠纷的预防

专制集权政治国家对民间结社非常敏感，但明清时期无论南方还是北方，结社仍然成为乡民的一种习惯，有些地方（例如徽州府）的乡间结社组织还比较发达。乡间结社作为一种地缘社会组织，也有一套预防社会纠纷的机制。下面我们首先总体考察乡间结社预防纠纷的情况，然后考察一个具体的结社组织——具有民间沙龙性质的"文会"——对民间纠纷的预防情况。

第一节　乡间结社预防纠纷的措施

一　订立协议，以杜纷争

首先是订立会规。订立会规既是结社组织成立的主要环节，又是结社组织预防内部纠纷的手段。清代徽州府绩溪县仁里村"太子神会"（奉祀太子神的娱乐互助结社组织）《会规》规定："一定本会内人等毋许私自强借，其有强借者，毋许入会，断不徇情；一定本会分为十二股，一年一换，轮流值守，毋得推捱；一定十八朝办祭，值年者董事，其祭仪等物，十二股均吃均散，若有不到者，毋得散胙（妇人小厮毋得入席）……一定递年晒谷上仓，十二股齐到。如有不到者，公罚米六升交众，毋许入席。"① 这些规定有效地防止内部纠纷的发生。

其次是就某些事务订立专门协议。清代徽州府"卞王古会"（祭祀神灵的演剧结社组织）的主要成员金、汪、陈、宋四姓十户人家，在雍正九年（1731 年）就会产的管理和分配订立《金汪陈宋四姓轮管租银合墨》（"合墨"即合同）："立议合墨金、汪、陈、宋四姓，缘于先年立有卞王古会，置有田、山，银两利以为祀神演戏之需。迨后人心不古，所欠之租

---

① 《清道光十年——同治十二年绩溪仁里太子神会簿》，原件藏南京大学历史系资料室，编号000115。

银及利，弱者难以取讨，以致各户有苦乐不均也。今于雍正九年十户齐集，着议将从前所置之山、田及欠会本逐一开列，立一合墨，各户收执一纸，以为久远之计。其有租银利息轮流挨管，以为迎神费用，不得倚强欺弱，以恶凌善。如有不遵议者，十户齐集公举，毋得畏缩不前。……雍正九年四月。日立合墨人：金全五、金志亮、陈辉甫、陈肘五、汪仲际、汪文广、汪公执、宋有吉、宋子臣、金子成。凭中保：金仁君、金勋如。"①

二　互助互济，和谐双赢

乡村的经济救助性结社组织是基于各农户的济助需要而产生的。这里以前往往一户无力独立兴办的事情，现在各家各户都能办成，而且兴办方式井然有序。当有多家同时需要帮助时，救助的顺序一般是：建造新房、打井筑堰等由拈阄决定，婚事依子女年龄的大小而定，丧事依人死之先后进行。这种结社不仅可以保障社员安居乐业、和睦相处，而且还会影响四方邻里晏然乐俗、相互亲爱。

（一）集资借贷与纠纷预防

明清时期集资借贷类会社的经济活动，实际上是一种免息或低息的定期储蓄和借贷，这既使村民免遭高利贷盘剥，又能解决村民的不时之需，减少村民间因经济贫乏而发生或激化纠纷的情形。所谓"情谊既敦，忧乐与共，急难相赴，有无相通"。② 江苏省苏州府昆（山）新（阳）两县"合会"的助济办法是："倡率者为会首，助之者为会脚。每会人出资若干维均。初会所集，会首取之，次会以下则投签以决之，点多者为胜。岁一会，或二会，或三会，人遍得会乃止。初惟婚丧不给者举之，后乃用以置产，有致富者。会脚有死亡或避匿，则应出之资责之会首；会首或亡，则会脚有未得者无所责偿，因弃资财者亦有时焉。"③ 四川省顺庆府广安县"钱会"的助济办法是：秋收之后组建钱会，邻亲戚友告助而兴。会钱多寡，或千缗，或百缗，各视其首会之力。先期首会一人，折柬约订十人曰

---

① 安徽省博物馆：《明清徽州社会经济史料丛编》第1集，中国社会科学出版社1988年版，第569页。

② 《合江县志》（6卷），民国十八年铅印本。转引自丁世良、赵放主编《中国地方志民俗资料汇编》（西南卷·上），书目文献出版社1991年版，第165页。

③ 《昆（山）新（阳）两县梀补合志》（24卷），民国十二年刻本。转引自丁世良、赵放主编《中国地方志民俗资料汇编》（华东卷·上），书目文献出版社1995年版，第409页。

"请会"。众议允订曰"集会"。届日丰其饮馔,立簿分据,首会人执牛耳,其十人占股次第,有由众议定者,有拈阄定者;预议会息或二分、或分半,毕书于簿,应纳钱等差之数亦书之。前后既定,不得更改委卸,各执一会簿为据。会各异名。……惟善乐会,人乐行之。凡乡人皆助首会,其纳钱曰"上会"。本年上首会钱后,次年一会为正会。届日由首会邀集,至值年家,上会如初。嗣后逐年按簿还钱,曰"填会"。倘十人内一人缴资不清,惟首会责赔。会必十一年始毕,皆乡党相赒相恤之意。① 四川省泸州直隶州合江县"打会"的助济办法是:"打会者,需款者集若干人,依例醵金(凑钱、集资),分年合本息递偿余人。而余人按年收会,其已收者亦分年合本息偿于余人,均有余利可享者也。"②

(二) 婚嫁丧葬会社与纠纷预防

红白喜事是乡民生活中的两件大事,喜事需隆重,丧事要厚办,不菲的耗费往往把中等以下的乡民农户搞得倾家荡产,钱债纠葛、坟山纷争时有发生。为了事顺人和,各地乡民热衷于组织和加入解决婚丧困难的婚嫁丧葬会社。其中丧葬会社一般都是入社者预先出钱储存,资助会员丧事的方式各有不同,有的是平时醵钱为会,有丧之家,轮流分用,彼此无论;有的是量出会钱购置酒食财物送给丧家;有的是出钱购置棺木送给丧家;有的是把会员平常交纳的会钱如数奉还给丧家助办丧事,不足之资,另出会钱资助;有的是随会设有纸杆旗幡会、礼宾会、拜棚布幕会,协助丧家备办丧事。③ 山东兖州地区的"义社"(丧葬会社),由入社者醵金钱生息,遇有死丧"计所入赙之"④,"赙"即送给丧家布帛、钱财。此外,会友还另外"共出赀财,置送丧诸器物,不幸遇其事者用之"。⑤ 由于"义社"收入有保障,丧家不会出现长久停柩、尸骨暴露的现象。乡民参加这种义社,就相当于参加了死亡保险储蓄。

我们还在清代四川巴县档案中看到一则《嘉庆十一年(1806 年)朱

---

① 《广安州新志》(43 卷),民国十六年重印本。转引自丁世良、赵放主编《中国地方志民俗资料汇编》(西南卷·上),书目文献出版社 1991 年版,第 313 页。

② 《合江县志》(6 卷),民国十八年铅印本。转引自丁世良、赵放主编《中国地方志民俗资料汇编》(西南卷·上),书目文献出版社 1991 年版,第 165 页。

③ 《古今图书集成·方舆汇编·职方典》卷 199。

④ 同上书,卷 230。

⑤ 同上书,卷 155。

太常等清明会稽查约》。"清明会"是丧葬会的一种，"稽查约"大概是核实、追认往事的规约。该约记载乾隆四十七年（1782 年）湖南省郴州直隶州宜章县在四川省巴县的八个在外同乡，为了葬仪互助，创立"清明会"并购买土地以作日后"筋骸安厝之所"。上述"稽查约"是嘉庆十一年对该会宗旨再一次确认时所立，核心内容是："立出合同连名稽查人朱太常、朱太元、兰玉翠、谢富明、雷安明、李光华、雷洪安、谢积元，情因清明会令节，睹物伤怀。意我八人虽异乡之客，欲归故地，势所不行，犹虑日后筋骸将安厝何地，故此从民所欲，自乾隆五十七年，八人各出银两，营谋买卖，积月屡岁，迨至嘉庆四年，复又出银两，置买晏家山周姓田业山场一分，更名清明会。此山以作八人亲属安厝，山之中外踏出一段，以作我郴、宜一州一县乡亲安厝。每逢清明会期，有无后裔之乡众，上出银十二两，以作踏青挂归。中元佳弟□出银二十两，以作修斋庙荐，两会之银交与值年首士辛勤备办。至于田宅租资各有攸归，碑载朗明。"① 这一"稽查约"的字里行间无不透露出慎终追远、仁和亲睦的人文精神。

第二节 "文会"对民间纠纷的预防

一 作为地缘社会组织的"文会"

"文会"是明清时期乡间的文化娱乐性结社组织，名称源于《论语·颜渊》中的"君子以文会友"一语，其性质酷似西欧 16 世纪起源于法国的"沙龙"。明清时期的文会源于文人结社或研讨诗文的聚会，但活动并不限于诗文。徽州是文会组织最为发达的地区之一，这里的文会名称有"文社""文会所""文会馆""会馆"等，类型大致有三：一是文人自发结成的文会。如集贤馆、道存书院、文会所、慕川书屋等。二是官僚士大夫、社会名流创建的文会。如北园文会、郡城文会、南山文会等。三是家族创建的文会。如萃升文会、阜山文会、云谷文会、檀干园、南溪别墅、兴贤会馆、川上草堂、双溪书屋和云门书屋等。据我们的考察，大多数文会都是集教育、教化、乡治、解纷功能于一体，超越宗族组织、乡里组织和乡约组织的另一类乡村自治组织，其社会功能主要有纠纷的预防与解

---

① 四川省档案馆：《清代乾嘉道巴县档案选编》，四川大学出版社 1989 年版，第 252 页。

决等。

　　溪川文会因有《呈坎溪川文会簿》①传世而为今人所了解。溪川文会创始于明嘉靖年间,是徽州地区创建较早的文会之一,由前罗21世罗琼宗草创。在他的倡导下,有十余人相继入会。一代又一代会长及会员的苦心经营,克服了文会面临的重重困难,致使溪川文会一直延续至民国时期,存续了四百余年,在徽州地区是很少见的。溪川文会是前后罗氏宗族共同创建的,并为罗氏宗族服务的民间社会教育组织,具有一定宗族化特点。但另一方面又可看出,文会并不完全局限于宗族,具有超出宗族范围的一些迹象。第一,前后罗氏合立。溪川文会会员既有前罗宗族的,也有后罗宗族的,为两个宗族共同创设。第二,会员中有异姓。从与会名氏看,异姓有29人,人数虽不多,但足以表明文会已突破了前后罗氏宗族之限制。第三,采取轮班制,做到管理有公匦、有监督。这种轮班制保证会员大都有机会参与文会的管理,力求达平等、公正、公平。而宗族则不同,其管理都是族长或房长说了算,族长享有特权,族长与宗族成员并非是平等关系。从这个意义上讲,文会要比宗族组织进步些,因而其影响亦趋扩大,在徽州地域社会中,扮演着重要角色,发挥了独特作用。一些宗族内部解决不了的事,转而求助于文会的例子,屡见不鲜,"凡遇诸大礼节,即便邀请绅衿,折中斟酌,此文会之役,有裨祠事"②。进而"乡有争竞,始则鸣于族,不能决,则诉于文会,听约束焉"③。一方面弥补了宗族组织职能的不足,并与宗族一道共同维系着徽州乡土社会的运转。另一方面它的发展又势必冲击、削弱宗族组织的影响,乃至分化宗族制度。后者更值得我们加以关注和探究。④

二　文会对纠纷的预防

　　文会似乎具有和谐社会的本能。明末清初徽州府休宁县人金声说:"学则必求师友。"意思是文人士子具有害怕独学无友的心理,因而聚于文

---

① 参见书后附件十一。

② （清）吴吉祐:《丰南志》（民国抄本）,卷9艺文志。

③ （清）许承尧:《歙事闲谭》卷18,《歙风俗礼教考·文会》,黄山书社2001年版。

④ 参见史五一、杜敏《徽州文会个案研究——以民国〈呈坎溪川文会簿〉为中心》,《安徽师范大学学报》2007年第6期。

会，这不仅可以"同类相求，同朋相照，同业相励，同美相成"①，共同提高，而且在心理上可以得到慰藉。"化成其乡者，赖有切磋，以集其益。（文会）必以敬业乐群、论学取友为要。"② 文会的存在与活动对纠纷具有很好的预防作用。

（一）"以名教相砥砺"

明清徽州民间"各村自为文会，以名教相砥砺"③，文会中的文人、致仕或休假在家的官僚大都以教化地方为己任，文会因此具有知识教育和伦理教化的双重功能，成为重要的乡村教化组织。万历十年（1582 年）右佥都御史罗应鹤辞官返乡主持呈坎文会时亲撰楹联："教子有遗经：诗经、书经、易经、礼记、春秋、左传；传家无别业：举人、贡士、进士、状元、榜眼、探花。"徽州歙县人江永治在康熙元年（1662 年）夏作《重修聚星会馆》指出："（文会）昔惟造就人才，今则并崇祀典，而礼文于以植其基；昔仅课举业于艺林，今则萃一乡之俊彦，讲信修睦，教让敦仁，而风化于以端其本。"④

为激励后学，文会不仅对会员"岁、科、乡、会等试咸量给资斧，以示优崇"⑤，而且还对本地学子中的成绩优异者进行褒奖。"黟俗各大族有祠会，其支裔大小试获俊者，会以金为奖，谓之喜庆银"⑥。在万历年间歙县呈坎村，一旦有学子考中举人、贡士、进士归来，文会会员都穿上礼服、端上果酒、带上礼金，在彩旗和鼓乐引领下到学子家热烈祝贺，晚上还要在文会馆设宴为该学子接风洗尘。居家的学子到外地当官，文会会员也要行贺和设宴欢送。⑦ 清代歙县人凌应秋记载："本里科、岁二考，新进学生员送学日，公备旗帐、羊酒（兼设果酒），迎入文会特敬；本里乡试中试举人，填亲供面日，公备旗帐、羊酒，并设果酒，迎入文会特敬。"⑧这种奖掖无疑有利于民间社会形成一种好学上进、睦邻亲善的良好风气。

① （清）江登云：《橙阳散志》卷 11《艺文志下》；民国《黟县四志》卷 3《风俗》。
② 道光《黟县志》卷 15《艺文志》。
③ （清）江爱山（登云）、江依濂（绍莲）：《橙阳散志》。
④ （清）江登云：《橙阳散志》卷 11《艺文志下》；民国《黟县四志》卷 3《风俗》。
⑤ （清）邹杰：《集诚文会序》，同治《黟县三志》卷末《艺文志·补遗》。
⑥ 同治《黟县三志》卷 7《人物志·文苑》。
⑦ 参见罗来平《解读〈溪川文会〉》，《合肥学院学报》2005 年第 3 期。
⑧ 道光《徽州府志》卷 3《营建志·学校》。

（二）定会规，弭纠纷

文会的会规是一种民间法，具有规范、弭争的作用。明代休宁徽商程镶说："选宗之贤，各出三百缗，创为会约，严立章程，号曰'正义'，凡直人之枉，恤人之乏，均于此取资焉。"① 这说的是徽州府休宁县的一个乡村文会靠集资和执行"会约"或"章程"来开展活动。这里的"正义"与今天的"正义"同义；"直人之枉"即解决纠纷，维护社会公平和地方安定；"恤人之乏"即周济贫困，为会众提供基本生活保障。

下面我们通过一个实例来考察文会会规的民间法作用。崇祯年间安徽省徽州府歙县呈坎村（有潈川河流过）《潈川文会会规》共有 29 条②，其内容可分为四个方面：（1）会员的管理办法，包括第 20、21、29 条。第 20 条规定入会人员资格，即必须是进士、举人、贡生三种正途出身，以及监生、生员、受封封君和武科功名获得者。第 21 条讲客籍入会必须本人亲自到呈坎登记，否则不予认可。第 29 条讲年过 60 岁或仕宦远游在外而家中又无弟子者，属于自动退会，文会不再管他们。

（2）文会各项活动的经费支出办法和标准，包括第 1—19、22、23 条。第 1—13 条规定学子取得各种功名（考中秀才、举人、贡士、进士等）或选官归日，以及进士居家以后离家到官府赴任，文会行贺、宴叙和复礼的银两标准。功名（学历）越高，文会行贺款待标准亦越高，例如参加乡试中举人归日，文会鼓乐礼服果酒行贺折银为 2 两，设宴众叙动银为 1.2 两；参加会试中贡士归日，文会鼓乐礼服果酒行贺折银为 3 两，设宴众叙动银为 1.6 两。第 14—16 条分别是讲诰封建坊竖旗、会员父母（含妻）60 大寿和会员父母（含妻）丧礼，文会行贺吊唁动银标准。要求在保证行贺与款待热情隆重的前提下，尽可能节约开支。第 17 条规定会员家庭婚丧经济困难，补助不得超过 2 两，其他借贷一概不准。第 18 条规定科甲学子归日，司会（文会工作人员）要邀集会员迎接于村口文昌阁，本家要酒礼款待。第 19 条规定每年团拜聚餐的用银标准。第 22 条规定县太爷及其上级官员来村迎送招待标准无法预料，故须临时众议。第 23 条规定基本建设的开支临时众议。

（3）财务管理，包括第 24、26—28 条。第 24 条规定文会田租收入的

---

① 《休宁率东程氏宗谱》卷 4《明故处士公辅程公行状》，《明清徽商资料选编》黄山书社 1985 年版，第 88 页。

② 参见罗来平《解读〈潈川文会〉》，《合肥学院学报》2005 年第 3 期。

管理。第26—28条规定财务管理，要求司会人员每年派定四人，每年二月初一定期交接，移交时亏欠自行补上。管银匣钥匙（出纳）和管账的人（会计）要分开，开匣上账必须四人同时到场。徇私借贷或挪用，一经查出，不仅要退赔，而且还要罚银5两。

（4）调处纠纷，维护本村利益，主要是第25条。规定倘有人见利妄为、有辱斯文礼仪屡教不改，审理时罚银1两公用。倘有人侵犯村族利益，会员要起来据理力争，以维护村族的尊严和利益。退缩徇私情者罚银2两公用。如有不遵行者，鸣鼓攻之。

（三）定期集会，睦邻止争

"年年按节开文会，此会当吾第二轮。"明代《端午》一诗形象地说明文会是定期聚会的①。文会的定期集会活动也有睦邻止争、和谐地方的作用。康熙十三年（1674年）黟县训导黄本骐在《南屏叶氏文会序》中说："今年春，族中起文会，按季月一集，赡其供给，聚则言孝言慈，以余力攻举子业，分曹角艺，一以雅正为宗，期于言文行远。"② 各文会的会期不尽相同。例如歙县万历年间的友善会馆、岩镇南山文会每年聚会一次，"每岁三月二十日祭文帝于其中，即为课期"③；郡城文会"春秋择日讲学会议"，即每年聚会两次；歙县江村的聚星文社，"每岁按季六举"，即每年聚会六次；绩溪的云谷文会，"按月课士"，则是一月一次；婺源的疏英文会，"朔望会课"，即一月会课两次；江村的蟾扶文会"十日一举，行之无间寒暑"④，即每月聚会三次。⑤ 会员们相聚于文会，除了应付科举、讨论儒经，"阐明程朱之旨"⑥ 之外，还"言孝言慈，一以雅正为宗"。⑦

（四）互助互济，缓释矛盾

助贫助学、缓释矛盾，促进睦邻友善，是文会的重要活动与功能，这在前面多有述及。婺源县溪头村程氏"族中创立文会，（程世德）输租数

---

① 参见葛庆华《徽州文会初探》，《江淮论坛》1997年第4期。

② 嘉庆《黟县志》卷15《艺文》。

③ （清）佘华瑞：《岩镇志草·逸事》。

④ （清）江登云：《橙阳散志》卷11《艺文志下》。

⑤ （清）江登云：《橙阳散志》卷11《艺文志下》；嘉庆《绩溪县志》卷5《学校志·乡学》；光绪《婺源县志》卷33《人物志十·义行五》。

⑥ 民国《歙县志》卷10《人物志·士林》。

⑦ 民国《歙县志》卷15《艺文志》。

十称资助"①，同治年间黟县商人史世椿"勤俭好义，重建家祠，兴文会"②，休宁县率东程镶"选宗之贤，各出三白缗"③（每缗为一串铜钱，一千文），文会有一定的经费，因而有周恤贫困的能力。

明清文会预防纠纷的方式，除了以上四个方面外，还有其娱乐联谊形式。文会会所大都建的崇丽宏敞，环境优雅。会员们可在文会中集会宴饮、吟风弄月。建于清初的檀干园，为歙县许氏家族的文会馆，内有池亭花木及宋明清初的书法石刻，人们"时常宴集于此，题咏甚多"④。总之文会"以文会友，以友辅仁，里仁为美，可风四方"⑤，"自文会之建，风轨愈振"⑥，文会对地方社会的和谐产生了重大影响。

①　光绪《婺源县志》之《人物·义行》。
②　（清）谢永泰修：《（同治）黟县三志》卷7《人物·尚义传》。
③　王廷元编：《明清徽商资料选编》，黄山书社1985年版，第88页。
④　民国《歙县志》卷1《舆地志·古迹》。
⑤　（清）江登云：《橙阳散志》卷11《艺文》。
⑥　（清）凌应秋：《沙溪集略》卷7《艺文》。

第九章　乡间集会组织对社会纠纷的预防

　　乡间集会是乡间因经常性集会而形成的一种较为特殊的地缘社会组织形式，这种乡间集会预防社会纠纷的作用是广泛的、无处不在的，像乡饮酒、庙会、赛神会及其他年节的民俗集会，无不具有加强交流、增进友情、和谐社会的作用。乡间集会组织的各种作用，包括对民间纠纷的预防，主要是通过乡间集会实现的，所以我们这里考察乡间集会的重心是"集会"而非"组织"。现在具体反映乡间集会组织预防纠纷情况的文献记载比较缺乏，这里主要选择两个比较典型或具有代表性的乡间集会——重在敬人的"乡饮酒"和重在敬神（祭祀土地神）的"社会"——为例来进行以点带面的考察。

第一节　"乡饮酒"对纠纷的预防

　　"乡饮酒（礼）"是古代中国乡里社会定期召集乡州邻里之间或全村人聚会宴饮的教化活动，也是民间社会预防纠纷的又一重要机制。

一　明清"乡饮酒"集会及其仪式

（一）明代复兴的"乡饮酒（礼）"

　　乡饮酒在周代即有，中间废弛，明代官方倡导复兴。洪武五年（1372年）"诏礼部奏定乡饮礼仪，命有司与学官率士大夫之老者，行于学校，民间里社亦行之。十六年（1383年），诏颁《乡饮酒礼图式》于天下，每岁正月十五日、十月初一日行之。"①

　　周代的"乡"相当于五个州（每州2500户），是个高层的地方行政单位，当时"乡饮酒礼"分许多层次，主要是官方的乡大夫（主持乡政者）

---

　　① 《明史》卷56《志第32·礼十·乡饮酒礼》。

宴请贡于朝廷（周天子）的贤良之士、民间的乡人邻里之间的欢聚宴饮。明清时期的乡饮酒集会也有官方与民间之分。官方主持的乡饮酒集会地点设在各府、州、县儒学①之明伦堂，经费由官钱中开支，不允许向民间摊派。图9－1为光绪三十年（1904年）山东省青州府高苑县的乡饮执照，上面明确写着"乡饮酒礼每岁举行两次"。图9－2是清末广东佛山举行乡饮大宾礼的场景，此次乡饮酒60岁以上赴会者二千多人。图9－3是2010年11月佛山祖庙修缮竣工之后，佛山市人民政府主办"乡饮酒礼"的盛况。据说这是新中国成立后首次恢复举行"乡饮酒礼"，宴请的宾客范围从耆老贤达、海外侨寓延伸至劳动模范、美德之星、工商界精英人士、高层次人才，甚至还包括了外来务工人员和外籍人士，给这一传统礼仪赋予了新的内涵。关于民间的乡饮酒礼，文献记载稀少，但我们可以想见，作为传承数千年的古老礼仪集会活动，民间的乡饮酒必然只是官方乡饮酒的简约化或民间化，官方乡饮酒的情况也就是民间乡饮酒大致情况。

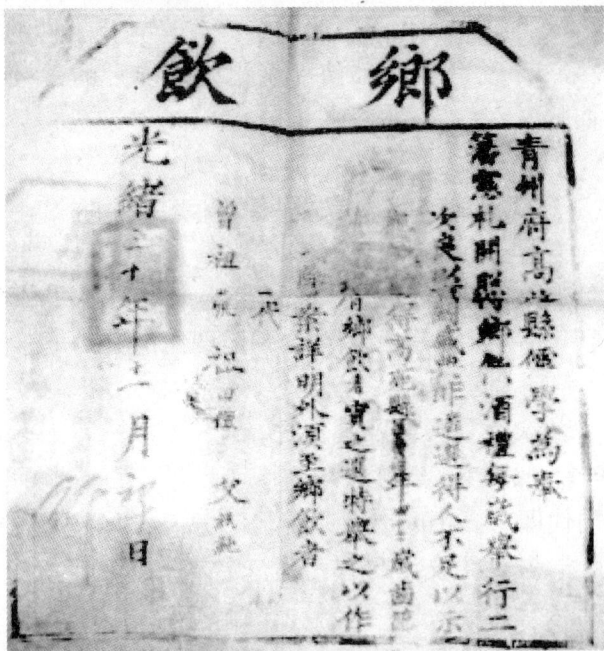

图9－1　光绪三十年山东青州府高苑县的乡饮执照

---

① 儒学是元明清在府厅、州县设立供生员（秀才）读书的学校兼地方文教管理机构（相当于现在的教育局）。

图 9－2　清末广东佛山举行乡饮酒礼

图 9－3　2010 年佛山祖庙修缮竣工之后举行乡饮酒礼

（二）"乡饮酒"的仪式

《大明律》第 201 条、《大清律例》第 182 条"乡饮酒礼"都规定："凡乡党序齿及乡饮酒礼，已有定式。违者笞五十。"

明清时期的乡饮酒集会每年正月和十月进行两次。每次集会的总程序大致是先祭祖祀神，然后欢聚畅饮。仪式庄重，不仅有仪文，还有音乐伴奏。

乡饮酒集会的座次安排严格遵照阴阳五行方位与长幼、尊卑关系进行。各种物品陈设更是有着明确的规定。行礼中，从迎宾、升堂、入席、落座到读律、宴饮、礼毕送客都有着十分详细的程序规定，以保证整个仪式的庄严、隆重。

饮食间有唱礼、演讲、唱读法令和批评乡民过恶行为等程序或节目①。其核心程序是：先由司正（监礼或主持人）讲话，内容大致是"敦崇礼教，举行乡饮，非为饮食。凡我长幼，各相劝勉。长幼有序，兄友弟恭。内睦宗族，外和乡里。"接下来"赞礼唱读律令，执事举律令案于堂之中。有过之人俱赴正席立听。"② 也就是执事（供使令的专职司仪）在庭堂中央举起律令案台，赞礼（宣唱仪节、带人行礼的司仪）高声朗读律令，有过之人离席走到主席台前肃立恭听。

明代中期惠安县乡里的"庆会"类似于上述乡饮酒礼。叶春及在《惠安政书·里社篇》"有庆则会"中有生动记载："正月元夕为岁始，腊月大傩为岁终，亦许会饮于社。教读制相戒之词，以无己太康之义。或令童生歌《七月》之词一阕，或习士相见礼，或行投壶礼，或行乡射礼，务在雍容揖逊，敦崇古雅，须用歌咏劝酬，使人观感。"③

二 内睦宗族，外和乡里

"乡饮酒礼"绝不是一种简单的餐饮宴请活动，其基本精神是"让"和"敬"，即通过行"乡饮酒礼"养成谦让和庄敬的人生态度。这种定期集会宴饮制度的基本功能是"内睦宗族，外和乡里"④，对预防与减少社会纠纷具有很好的效果，所谓"（乡）饮酒之义，君子可以相接，尊让洁敬之道行焉，是贵贱明、隆杀辨、和乐而不流、弟（悌）长而无遗、安燕而不乱。此五者，足以正身安国矣"。⑤ "乡饮酒之礼废，则长幼之序失，而

---

① 黄仁宇：《中国大历史》，生活·读书·新知三联书店 2002 年版，第 191—192 页。

② 《明史》卷 56《志第 32·礼十·乡饮酒礼》。

③ （明）叶春及：《惠安政书》，福建人民出版社 1987 年版，第 353 页。

④ 《明史·乡饮酒礼》。

⑤ 《通典》卷 73，《礼》卷 33。

争斗之狱繁矣"。① 乡饮酒礼的要害并不在饮酒，而是借酒为媒，宣讲圣谕和法令，举善罚恶，止争息讼，实现教化目的。"乡饮酒之礼，本以序长幼，别贤否，乃厚风俗之良法……长幼序坐，贤否异席，如此日久，岂不人皆向善避恶，风俗淳厚，各为太平之良民？"②

关于民间"乡饮酒"的活动规则及纠纷预防功能，范忠信教授有一段精辟的言论："中国古代有一个乡饮酒之礼，有时是由政府拨款给一个村一个宗族，一年五两银子或十两银子，要每个家族开乡饮酒大会，也就是全村男女老少在一块开个大型饮酒叙情会。这种喝酒，可不是一般的喝酒，是一种强化社会和谐的方式。怎么喝酒呢？喝酒的时候首先要排座次，怎么排呢？第一个原则是牙齿越少的越坐上位，头发越白的越坐上位，也就是年龄大、辈分高的坐上位。第二个原则是道德越高尚的越坐上位，道德越卑下的越坐下位。然后喝酒的时候由长老主持，要表彰本村本族本年度的好人好事，批评本村本族本年度的坏人坏事。这个工作做得很细致，是要张榜公布的。那些被点名批评的，也许比今天的'双规'还可怕。为什么呢？因为在一个封闭的社会里面，一个人一旦被贬低、被谴责，他在这个社会上永远比别人低一等，永远抬不起头来。好多纠纷就这样解决或预防了。这是社会纠纷解决机制里面的一种预防机制。"③

第二节　"社会"对纠纷的预防

这里的"社会"专指祭祀土地神的特别集会，它是中国全民参与的民间集会活动，为普通百姓提供了极好的社交机会。明代学者王稚登（1535—1612 年）在《吴社编》中记载，明代苏州一带，一般人家以"接会""看会"等形式参与。"接会"是指赛会队伍所经通衢广陌时，不论是阀阅高门，还是市井小户，都是"张玳筵，妆绣缎，饾饤千百，肴核寻丈"，迎接赛队伍。神像过门，士女罗拜。"看会"是指赛会队伍必经之地

---

① 《礼记·经解》。

② 刘海年、杨一凡主编：《中国珍稀法律典籍集成》乙编第 1 册，科学出版社 1994 年版，第635—636 页。

③ 范忠信：《健全的纠纷解决机制决定和谐社会——传统中国社会治理模式对我们的启示》，《北方法学》2007 年第 2 期。

的人家，提前发出请帖，邀请宾客或者亲戚到自己家中观看。①

关于祭祀土地神的"社会"，我们尚不见有具体调处纠纷的材料，但其预防纠纷、和谐乡里的功能是显而易见的，至少在两方面体现出来。

一 通过宣誓来教化和睦

明清时期"社会"的活动内容各地有异，但一般都有四大程序：祭祀、宴饮、宣誓、游行。"里社立坛祭五谷神而祈丰熟，祭毕，里人相与宴饮，并申抑强扶弱救贫之誓。"② 祭祀土谷神之后会饮仪式中，先令一人读"锄强扶弱"的誓词，其词曰："凡我同里之人，各遵守礼法，毋恃力凌弱，违者先共制之，然后经官。或贫无可赡，周给其家，三年不立，不使与会。其婚姻丧葬有乏，随力相助。如不从众，及犯奸盗、一切非为之人，并不许入会。"③ 这是标准的和谐社会教育。

二 通过祭祀、宴饮娱乐活动促进乡邻和睦

明清时期祭祀土地神之"社会""所以祈年谷、祓灾祲、洽党闾、乐太平而已"④。社日集会中"邻里乡党，疾病相问，有无相通。社日，或醵资聚饮，或执筒相招，雍雍睦睦，不亚古风"⑤。在江苏省江宁府六合县，"社日，自城市以及乡村，各酿金具酒醴，鸡豚以祀土神。祀毕，群亭祭余，乡邻欢聚。"⑥ 在四川省金堂县，乡民还在"社会"期间乘兴诚邀族人至家宴饮，"俗常以春正二月春酒往来。预于前数日，请尊长辈则亲往投书，请平行辈则以书简，召少者则以客目。及期，主人俟于门外。客至，揖以入。凡聚会皆乡人，则坐以齿，若有亲戚及师长，则别叙。其饮多家酿，其馔惟鱼、羊、鸡、豚之类，宾主酬酢，大有不醉无归之意。盖

---

① （明）王稚登撰：《订正吴社编一卷》，齐鲁书社1995年版；《吴社编》又载于（明）杨循吉等著，陈其弟点校《吴中小志丛刊》，广陵书社2004年版，第168—173页。

② 陈顾远：《中国法制史》，商务印书馆1959年版（初版于1934年），第175—176页。

③ 《皇明制书》卷2《洪武礼制·祭祀礼仪·里社》，明镇江府丹徒刻本。

④ （明）杨循吉等著，陈其弟点校：《吴中小志丛刊》，广陵书社2004年版，第169页。

⑤ 《川沙县志》，民国二十六年上海国光书局铅印本。转引自丁世良、赵放主编《中国地方志民俗资料汇编》（华东卷·上），书目文献出版社1995年版，第25页。

⑥ 《六合县志》，清光绪六年修十年刻本。转引自丁世良、赵放主编《中国地方志民俗资料汇编》（华东卷·上），书目文献出版社1995年版，第365页。

所以洽乡情，联梓谊也，固迥异于饮食征逐者。"① 明人王稌有咏社日活动的诗歌《社日醉书》："无柳无化桑柘树，不寒不暖社公春。四邻赛社相娱乐，分肉宁论均不均？旧典祈家令不违，里中散社低钱飞。草堂帘卷春风坐，检点寻巢燕子归。"② 一方面反映明代的民间社会仍保持着祈农传统，举行分社肉、散社纸钱仪式，祈祷上苍神灵保佑风调雨顺，发财有望，灾患不生，另一方面反映了百姓在辛劳之后，借"社会"悦神娱人，促进乡村和睦的文化追求。

---

① 《金堂县续志》，民国十年刻本。转引自丁世良、赵放主编《中国地方志民俗资料汇编》（西南卷·上），书目文献出版社 1991 年版，第 20 页。

② （明）王稌：《瞻斋集》，转引自陈宝良《明代社会生活史》，中国社会科学出版社 2004 年版，第 549 页。

第十章 传统地缘社会的纠纷预防机制

第四章至第九章考察了明清时期五种地缘社会组织①参与社会纠纷预防的情况，本章将归纳总结这一预防机制的具体内容。这里所谓纠纷预防机制是指特定主体在一定的理念指导下通过具体的方式有效预防或减少消极社会纠纷的发生，从而维护社会和谐、促进社会发展的纠纷预防范式，其基本要素包括预防纠纷的主体（什么组织或人在那里主导纠纷预防）、预防纠纷的理念和预防纠纷的方式。明清地缘社会的情况复杂，不同社会类型之间、同一类型在不同时期、不同地域的具体情况往往有较大差异，每种地缘组织在这些方面的具体内容都可能有不同。这里的归纳总结将暂时忽略差异、存异求同，从最大的共同点着眼来梳理明清地缘社会的纠纷预防机制。

第一节 预防纠纷的实际主体：地缘社会组织的领袖

人类活动的主体是人，地缘社会作为有组织的社会，其人事组织表现为"组织——领袖或代表——成员"三个层次。地缘社会组织预防纠纷的实际主体是这些组织的领袖或代表人物，他们是乡里组织中的里甲长、里老人、保甲长，乡约组织中的约长、约正、约副，同乡社会组织（同乡会馆）中的首事或董事，乡村结社组织中的会首或社长，乡间集会组织中的"首事"、"中人"和"公道人"等。

一　大多数地缘社会组织领袖的共同身份：乡绅
明清时期地缘社会组织的代表或领袖在总体上属于民间社会的精英，他们中的大多数都有一个共同的身份：乡绅。这里我们不能说地缘社会组

---

① 明清时期的地缘社会主要有乡里组织、乡约组织、乡村结社组织、乡间集会组织五种形式。里甲、保甲同属乡里组织。参见第三章第一节。

织的代表或领袖都是社会精英，因为这一群体在事实上是鱼龙混杂、良莠不齐的；也不能说他们都是乡绅，例如乡里组织中的里甲长是轮值的，保甲长则要求"俱选庶民，青衿、衙役勿使充任"①，但是他们中的大部分人或总体上是精英和乡绅，应该是没有问题的。"作为乡里社会的精英阶层，绅士的主要活动范围是乡里社会，其影响最大至深者也是乡里社会，因之，中国绅士本质上主要属于'乡里社会'角色，而不是'官场社会'角色。"② 这里的"乡里社会"应作"民间社会"或"非官场社会"理解。"（明清两代的）士绅（乡绅）越来越多地主宰了中国人的生活，以致一些社会学家称中国为士绅之国。"③

（一）乡绅的构成

"乡绅"即乡间的绅士，其名称在宋代已经出现④，明清文献中多用"缙绅"⑤，今人所谓"士绅"实际上大都指乡绅⑥。乡绅是在野并享有一定政治和经济特权的知识群体。

明清时期民间社会的人事结构大概可以分为平民和士绅两大群体。士绅阶层又可以分为官吏和乡绅（即地方绅士）两个小群体。⑦ 明清乡绅主要包括两类人⑧：第一类是做过官的人，所谓"居乡之士，在野之官"⑨，主要是致仕、卸任甚至坐废回乡的官员（其实已不再是官）。例如明代广东沙堤乡约的总主持人湛若水原任南京礼、吏两部尚书。第二类是可能要

---

① 黄强：《中国保甲实验新编》，正中书局1936年版，第137页。"青衿"在这里借指在科举考试获得功名（生员、秀才、举人、贡士等）的乡绅。虽有乡绅可以不出任保甲长，但事实上乡绅担任保甲长的情况比较普遍。参见第三章第一节。

② 赵秀玲：《中国乡里制度》，社会科学文献出版社2002年版，第239页。

③ ［美］费正清：《美国与中国》，张理京译，世界知识出版社2002年版，第32—38页。

④ ［日］重用德：《乡绅支配的成立与结构》，高明士等译，《日本学者研究中国史论著选译》第2卷，中华书局1993年版，第214页。

⑤ ［日］寺田隆信：《关于"乡绅"》，载《明清史国际学术讨论会论文集》，天津人民出版社1982年版，第113页。

⑥ 参见赵秀玲《中国乡里制度》，社会科学文献出版社2002年版，第239页。

⑦ 周容德：《中国社会的阶层与流动——一个社区中士绅身份的研究》，学林出版社2000年版，第55—59页。

⑧ 有关乡绅类型的详述，参见赵秀玲《中国乡里制度》，社会科学文献出版社2002年版，第239—250页。不过，该书的分类似乎是坚持多重标准，而且我们不同意把官场失意、暂居乡里的官僚也看作是乡绅，因为作为绅的前提是此人不是官。

⑨ 岑大利：《乡绅》，北京图书馆出版社1998年版，第1页。

做官的人，即具备入仕条件的准官员，包括府州县学的生员、国子监的监生，以及在乡试、会试中及第的举人和进士等。例如乾隆四十八年（1783年）在安徽省徽州府乡间主持调处田土纠纷的禀生胡见龙、监生胡可行、生员（秀才）汪景儒、胡群诏等一干人①。此外，乡绅有良绅与劣绅（恶霸）之别。

（二）地缘社会组织领袖与乡绅的关系

乡绅是明清时期大多数地缘社会组织代表或领袖的共同身份，"里正、乡约之类多来自地方乡绅，并非国家派任的官员"②。

1. 乡里组织中的乡绅

里甲长、里老人、保甲长等乡里组织领袖中有相当一部分是常居民间的乡绅。根据《教民榜文》《大清律例》的规定，里长、甲长是"轮年应役"③，乡绅轮值其中；里老人（耆老）由于必须是"本乡年高有德、众所推服"如"古乡三老"者，大多数应该是乡绅。保甲长的情况比较复杂。保甲法原本规定乡绅可以不充任保甲长，但实际上，保甲制度并不完全按照官方既定的设计来运行。一方面，"他们（乡绅）总是试图利用自己的权威地位掌握保甲组织的实际控制权"④；另一方面，地方官员也大多采取措施促使绅士集团管理保甲事务，不仅给予乡绅某些特权，而且放宽对保甲任职资格的限制，动员乡绅充任保甲长。万历年间巡抚许孚远指示选拔乡保首领时应"谋诸乡荐绅先生"，"首推士夫，及于耆老，及于举、监、生员，随地方人才多寡为率，短中求长"⑤。清代保甲逐渐取代里甲成为综合乡治组织以后，更多乡绅进入保甲长之列。

2. 乡约组织中的乡绅

明清时期的乡约领导者绝大部分都是乡绅。人们常说的官办乡约，实际上是官倡民办或官委民办的，并非真正的官办乡约，其主持者仍是乡绅。杨开道在《中国乡约制度》中说："乡约制度是由士人阶级的提倡，乡村人民的合作……乡约制度的起源，实在是一个破天荒的举动，人民居

---

① 参见王钰欣、周绍泉主编《徽州千年契约文书》清民国编卷 11，花山文艺出版社 1991 年版，第 404—405 页。

② 范愉：《纠纷解决的理论与实践》，清华大学出版社 2007 年版，第 600 页。

③ 《大清律例》第 83 条 "禁革主保里长"。

④ 万明：《晚明社会变迁：问题与研究》，商务印馆 2005 年版，第 275 页。

⑤ （明）许孚远：《敬和堂集》卷 8《公移·约保事宜》，齐鲁书社《四库全书存目丛书》本。

然能得士人阶级的指导，士人居然能做政治舞台的生活。"①（1）纯民间乡约都是乡绅举办。例如嘉靖时徽州歙县的岩镇乡约是由乡绅郑佐创办的，郑佐担任过南刑部主事。嘉靖年间广东增城县绥宁乡甘泉都的沙堤乡约是由乡绅湛若水、伍克刚等创建的。湛若水（1466—1560 年）系弘治十八年（1505 年）进士、著名理学家，历任翰林编修、南京国子监祭酒、南京礼、吏两部尚书、南京兵部尚书参赞机务。伍克刚是正德五年（1510年）举人，岳州府通判致仕。（2）官倡官督乡约的创办者或主持者大都是乡绅。例如康熙年间福建省泉州府安溪县乡约的创办者是乡绅李光地。李光地（1642—1718 年）是康熙朝重臣，先后任兵部左侍郎、右副都御史兼直隶巡抚、吏部尚书、文渊阁大学士，康熙五十四年（1715 年）以母丧未葬为由请假回乡后在家乡创办乡约，制定《同里公约》《丁酉还朝临行公约》等约规。② 有时地方官还直接举荐乡绅担任约正，万历年间章潢（1527—1608 年）所著《图书编》的乡约规条说："该州县即移文该学，共推请乡士大夫数位为约正，以倡率士民"③；同一时期安徽省徽州府歙县知县张涛访知潭渡乡绅黄时耀"言行足为一乡师表"，遂特举他为一邑乡约的约正④；清代知县王凤生在任时，"每一乡之中用印启，请公正绅士一人为乡耆，总司其事"⑤；清代至讲乡约运动兴起，更是"选举诚实堪信，素无过犯之绅士，充为约正，值月分讲"⑥。

　　3. 同乡社会组织中的乡绅

　　同乡会馆的会首或董事一般都是乡绅或儒商，因为"被推为会首的似乎必须具备了某种资格或地位才算有分。被推为会首的资格，除须为人'年高公正'而外，有的是对于会馆财务有相当的贡献或劳绩，有的是在同乡区域里面有代表某一个地方的资格，有的或是在当时有着荣显的头衔。"⑦ 明代崇祯年间进士、湖北麻城人刘侗在考究会馆来历时说："尝考

　　① 杨开道：《中国乡约制度》，民国山东乡村服务人员训练处刊本，第 35 页。
　　② （清）李光地：《榕村别集》卷 5。
　　③ （明）章潢：《图书编》，上海古籍出版社 1992 年版。转引自胡庆钧《从蓝田乡约到呈贡乡约》，《云南社会科学》2001 年第 3 期。
　　④ 《歙潭渡黄氏先德录》。转引自赵秀玲《中国乡里制度》，社会科学文献出版社 2002 年版，第 245 页。
　　⑤ （清）王凤生：《保甲事宜》，参见徐栋辑《保甲书》卷 1《成规上》。
　　⑥ （清）田文镜、李卫奉敕撰：《钦颁州县事宜》，载许乃普编《宦海指南五种》，第 6 页。
　　⑦ 窦季良：《同乡组织之研究》，正中书局 1943 年版，第 25 页。

会馆之设于都中，古未有也，始嘉、隆间，盖都中流寓十（倍）土著，游间雇士绅……用建会馆，士绅是主，凡入出都门者，籍有稽，游有业，困有归也。"① 这说明会馆一开始即由士绅主持。

4. 乡间结社集会组织中的乡绅

以文会为例。文会是文化档次较高的民间组织，其成员大多是知书达理的地方文人或士绅。万历年间徽州府歙县呈坎文会（求益轩文会）会规规定入会人员必须是进士、举人、贡生三种正途出身者，以及监生、生员、受封封君和武科功名获得者，当然他们都是致仕或退休回乡的。例如黟县江光裕"经理文会多年"；婺源县詹振瑚倡兴毓英文会，"经理弗懈"②。这些主持文会的管理人员或"会首"大都是乡绅。早年"毕业"于徽州府歙县呈坎文会，万历十年（1582 年）43 岁时，辞官返乡主持呈坎文会的罗应鹤，就曾担任右佥都御史（大约相当于今天的国家监察部副部长）和大理寺丞（相当于今天的司法部副部长）等职，深得明神宗宠信。

二　首领或乡绅在纠纷预防中的作用和表现

乡绅是介于官民之间的特殊阶层。一方面，乡绅和平民一样编甲纳粮（而且要以身作则带头缴纳），这时他们是民，不是官；另一方面，乡绅与"官"有密切联系，曾经为官或将要为官，享有许多特权，例如：（1）经济特权：乡绅不能免除赋税，但可免除丁税和徭役。（2）政治特权：退休乡绅基本上享受与现任地方官同等的政治待遇。（3）法律特权：乡绅若遭人打骂，对骂人者加重处罚；乡绅犯法不与民同罚，可以从轻处罚或法外用刑，而且地方官只能上报，不得自行处治。

一般来讲，良绅关注民间社会命运，热心公益事业，既为国分忧，又为民请命；劣绅则在民间横行霸道，无所不为，如行贿受贿、鱼肉乡里、匿田逃税、包揽词讼、把持官府等。③ 但就整体来说，乡绅在民间起正面的积极作用，这种作用主要在两个方面：（1）主导民间自治。例如出任民间组织的首领，在契约中担任保人，在民间纠纷中担任调处人，倡助乡民成立自治机构，带领乡民对抗蛮横的官府，组织百姓济困救灾，等等。

---

① （明）刘侗：《帝京景物略·稽山会馆唐大士像》。

② 同治《黟县三志》卷 7《人物志·尚义志》；光绪《婺源县志》卷 33《人物志十·义行五》。

③ 具体表现可参见赵秀玲《中国乡里制度》，社会科学文献出版社 2002 年版，第 265—271 页。

（2）充当官府在民间的代理人。乡绅在某种意义上是国家在民间的代理人，民间的土地管理、粮税征收等事务，官府如果不与他们互动，很难实施有效的行动。鉴于乡绅的非凡作用，明清官府非常尊重乡绅，"大率皆以待之优礼，使贤能之士，乐于自进，以勤厥职"。①

乡绅或地缘社会组织首领，一方面要代表地缘社会组织预防纠纷的发生，例如乡约在纠纷预防方面，一般是作为主约或约长的乡绅代表乡约组织定规约、讲乡约。他们讲约一般都突破圣谕，尽量扩大到有益民生的具体事情上，例如积谷说、施粥说、恤孤说、周寡说、扶病说、救溺婴说、劝惜谷说，等等。"士绅通过宣讲乡约，表达自己的见解，宣扬儒家的义理，强调乡村社会的'礼'，并表达对具体乡村事务的处理、看法，乡村一切都由'乡约'规范着，而乡约之绳紧紧地握在士绅们的手里。"② 另一方面，乡绅们还有许多自身优势有助于他们在纠纷预防中发挥特别重要的作用。

（1）利用通连官民关系的特殊地位，和谐官民关系。乡绅上与州县连通、下与百姓熟识，加上了解本地乡情，因而成为联系官民的重要中介和桥梁。费正清指出："他们（指乡绅）是平民大众与官方之间的缓冲阶层。……帝制政府仍然是个上层结构，并不直接进入村庄，因它是以士绅为基础的。当地士绅的许多公务形成了帝制官僚统治下的一个政坛，使官员能够以极大的流动性和表面上不依赖于地方根基的方式经常调动。实际上，皇帝任命的任何县官只有获得当地士绅的合作才能进行治理。"③ 乡绅的存在填补了官僚政府与民间社会之间的真空。有关研究表明，汉朝至清代中叶的2000年间，中国的人口增长了五倍，但州县地方政务机构的数量基本上没有增加，整个国家治理机构仍能有效运转，其主要原因就是民间存在着"代官治民"的乡绅。清代知县汪辉祖认为："官与民疏，士与民近，民之信官，不若信士。朝廷之法纪不能尽谕于民，而士易解析，谕之于士，使转谕于民，则道易明，而教易行。境有良士，所以辅官宣化也。且各乡树艺异宜，旱潦异势，淳漓异习。某乡有无地匪，某乡有无盗贼，吏役之言，不足为据，博采周谘，惟士是赖。"④ 明代万历年九年

① 闻钧天：《中国保甲制度》，商务印书馆1935年版，第265页。
② 季剑：《从乡约看近代士绅与近代社会》，《神州民俗》2007年第7期。
③ ［美］费正清：《美国与中国》，张里京译，世界知识出版社2002年版，第32—38页。
④ （清）汪辉祖：《学治臆说》卷上，《礼士》。

（1581 年）广东省广州府南海县知县周文卿执行"清丈法"①，以原额不足，每亩加派银二分，名为"定弓虚税"，民不堪命，集体上访、官民群体纠纷随时可能发生。致仕回乡的原户部尚书李侍问出面向官府建议将香山等新升沙田抵"定弓虚税"，"南海、佛山之民有田者，纷纷额手称庆"②。

（2）利用有钱有势的条件，仗义疏财，避免可能发生的财务纠纷。光绪年间《保定府志》中《列传十七·孝义》记载："齐如奎，蠡县人，监生。性端谨，以孝友称。乾隆五十八年嫡母兄桂林以积欠国课千余金，系狱。如奎鬻产，措五百金代为完纳。不以析居自吝。县令汪大枚感其义，助五百金，遂结其案。兄弟安居如故"；"卜中节，祁州人，禀生，乐善好义，称贷者概不责偿。亲友有争端必力为和解，乡里皆倚赖之。"③

（3）凭借有智有识、经验丰富、组织能力强或一技之长的条件投身地方公益事业、造福一方，促进地方和谐。明嘉靖年间祁门县历溪村乡绅王典曾是太医官，著有《医学碎金》《意庵医案》。当年皇子病笃，群医束手无策，王典受荐往治，治之立愈，授太医院官，直圣济殿事，加授登仕郎。告老返乡后，受赐营造王氏宗祠"合一堂"，造福一方。光绪年间陕西西安府某乡绅（生员）曾是水利专家，是年"戊戌淫雨，沣水涨溢"，他在家乡"度地形，募捐款，引水入渭，民田涸。复又佐地方官，治泥河、露宿河。干筑培修，浚沿河数十村。始得安业。"④ 光绪年间直隶省保定府清苑县乡绅王锡三曾是举人，"光绪三年，畿辅旱，大饥。（王）锡三作《救荒论》，约乡人兴水利，壅滗，溉田数千顷。工费皆己出"。⑤

---

① 清丈法即重新清量全国田地，再确定应交的赋税，并查处许多隐匿的土地。

② 罗一星：《明末佛山的社会矛盾与新兴士绅集团的全面整顿》，《广东社会科学》1992 年第5 期。

③ 李培祜等：《保定府志》光绪八年至十二年刻本。卷63 "列传十七·孝义"，分别见第104—105、132、139 页。监生即国子监肄业生，也可以捐纳而得，监生享受与生员（秀才）同等或更高一点的待遇；增生、禀生都是科举考试中院试合格后所获得的"学位"名称。参见陈会林《地缘社会解纷机制研究》第七章第一节中的"以乡绅为主体的社会精英"部分，中国政法大学出版社2009 年版。

④ 《陕西省通志稿》卷84，第10 页。转引自张仲礼《中国绅士》，上海译文出版社1991 年版，第54 页。

⑤ 《清苑县志》卷4，第67 页。转引自张仲礼《中国绅士》，上海译文出版社1991 年版，第56 页。

总之，由于乡绅自身的特点和优点，他们比一般百姓充当民间组织的领袖更有感召力和创造力，因而往往成为民间社会权力的实际操纵者。根岸佶指出："乡绅是经营宗族、行会等传统性自治生活民众的统率者即代表，在作为下意上达的导管的同时，又以官方代理的资格努力使下意上达，甚至进而协助其行政，担任'治安维持，民食确保，排难解纷，官民连络，善举劝业，移风易俗'等职务"。① 乡绅是明清时期地缘社会的主要领导者，是地缘社会预防纠纷的主要角色，这也反映地缘社会组织以"自治"达到"佐治"的意义。

第二节　预防纠纷的理念："和为贵"和"贵绝恶于未萌"

理念是社会集体观念系统中最深层次的、关于某种行为价值标准或终级目的的信念，是原则的原则。它经过持久的传承、积淀或凝练，最后成为一种社会的集体意识或观念，近似于康德所谓只可信仰不可认识的东西。预防纠纷的理念是社会中大多数人对预防纠纷的原因、目的、方式等问题的根本看法或信念，它具有某种"自然法"的功能，支配或决定着预防纠纷的根本动因和行为模式，正如马克斯·韦伯所讲："'理念'所创造的'世界观'常常以扳道工的身份规定着轨道，在这些轨道上，利益的动力驱动着行动。"② 明清地缘社会组织预防社会纠纷发生的理念主要有两点："和为贵"与"贵绝恶于未萌"。

一　"和为贵"：和谐重于维权

（一）"和为贵"简释

一如西方追求和信仰"正义"，中华民族有追求和信仰"和谐"的传统，所谓"礼之用，和为贵"③，"和为贵，权为次"，"天时不如地利，地利不如人和"④。国学大师季羡林讲："中国文化的精髓就是

---

① ［日］根岸佶：《中国社会に於ける指导层——耆老绅士の研究》，平和书房1947年版。转引自［日］重田德《乡绅支配的成立与结构》，高明士等译，载《日本学者研究中国史论著选译》第2卷，中华书局1993年版，第200页。

② ［德］马克斯·韦伯：《儒教与道教》，王容芬译，商务印书馆1995年版，第19—20页。

③ 《论语·学而》。

④ 《孟子·公孙丑下》。

'和谐'。'和谐'这一概念，这是我们中华民族送给世界的一个伟大礼物。①"

　　"和为贵"的意思是"和"为贵为善，"不和"为贱为恶，作为一种思想观念主要表现为"天人合一"的天道和谐观、"政通人和"的政治和谐观、"家和万事兴"的社会和谐观。社会和谐观主要包括"长幼有差"的家庭和谐观和"讲信修睦、亲仁善邻"的乡土和谐观。家庭和谐是乡土社会和谐的基础，乡土社会的和谐是实现更大范围的社会和谐乃至国家安定的重要前提，所以古人认为"亲仁善邻，国之宝也"②。"亲仁善邻"的乡土和谐观要求人们"心要平恕，毋得轻意忿争，事要含忍，毋得辄兴词讼，见善互相劝勉，有恶互相惩戒，务兴礼让之风，以成敦厚之俗"③，也就是追求一种"大道之行也，天下为公，选贤与能，讲信修睦。故人不独亲其亲，不独子其子，使老有所终，壮有所用，幼有所长，鳏、寡、孤、独、废、疾者，皆有所养"④的"大同"境界。

　　对中国传统的"和为贵"理念，西方人也有清醒的认识。英国人李约瑟说："古代中国人在整个自然界中寻求秩序与和谐，并将此视为一切人类关系的理想"⑤；西方人还知道"和为贵"的哲学基础是"天人合一"世界观。比较法学家法国人达维德认为，古代中国人之所以追求和谐，"是因为（他们相信）人与人之间的和谐与宇宙的和谐联系在一起"⑥；K. 茨威格特和 H. 克茨指出："孔子的教诲是人与神、天与地、森罗万象分别构成和谐的宇宙的有机部分，模范人物应该根据其在身份制社会中的地位，按照礼的规范正确行为，并以中庸和谦让的态度抑制自我利益，从而

---

　　① 卞毓方：《季羡林建议奥运开幕式将孔子"抬出来"》，《人民日报》（海外版）2007 年 7 月 28 日第 2 版。

　　② 《左传·隐公六年》。

　　③ 《王阳明全集》第 1 册，红旗出版社 1996 年版，第 154 页。

　　④ 《礼记·礼运·大同篇》。

　　⑤ ［英］李约瑟著，潘吉星主编：《李约瑟文集：李约瑟博士有关中国科学技术史的论文和演讲集》，陈养正等译，辽宁科学技术出版社 1986 年版，第 338 页。

　　⑥ David, Introduction to the "Different Conceptions of the Law", in: International Encyclopidea of comparation Law, 1975, p. 5, 转引自 ［日］大木雅夫《东西方的法观念比较》，华夏、战宪斌译，北京大学出版社 2004 年版，第 8 页。

最终维持世界之和谐。"①

（二）"和为贵"强调和谐重于维权

"和为贵"体现于纠纷预防问题上就是强调和谐重于维权。在纠纷问题上，虽说纠纷无不因权利冲突而起，纠纷发生的起因往往都是争权或维权，但明清地缘社会解纷首先强调的不是维权，而是人际和谐的重要性，认为和谐具有独立的价值，强调和谐关系的恢复，轻视当事人权利的维护。在纠纷发生之前就把纠纷本身看作是某种恶与罪的表现而加以预防，纠纷发生了之后，又主张"息事宁人"。

中国传统主流文化、明清帝国官方以及民间社会组织都把和睦视为"善"，把纠纷视为"恶"，把纠纷本身抽象地看作是破坏和谐的一种罪过或恶行，但这并不意味着纠纷当事人不能没有自己的维权要求，这里的"和谐"与"维权"并非绝对冲突或排斥，二者的关系似乎是"和谐第一，维权第二"的关系。法学家梅汝璈对中西进行比较之后指出：西方法学家们认为是一切法律秩序基础的"权利之争"，在古代中国的思想里根本不存在，"自中国人看来，对于原则的固执或对于权利的争执，它和肉体的殴斗是同样的下流、可耻。⋯⋯妥协、调和是莫上的德性，苛刻、固执是人类的劣行。"② 美国学者布迪（Derk Bodde）说："（这种）中国思维模式企图将看起来冲突的元素们（和谐与维权）加以混合，而进入一个统一的和谐之中。在中国哲学中充满着二元论的看法，但这两个二元的成分，往往被看成是相互补充，且相互需要，而不是相互对立、相互排斥的。"③

中国传统文化是一种义务本位文化，中国传统社会并不存在今天所说的法治状态下的整体维权观念或制度。正是在这个意义上大木雅夫才说"（古代）中国不知道'权利'一词，而且实际上也不知道义务一词"④。事实上中国古代法律一直没有清晰的、可以与近代民法中

① Zweiger/Kotz, Einfuhrung in die Rechtsvergleichung, Band. 1, S. 423f. 大木雅夫译《比较法概论（原论上）》，东京大学出版会 1974 年版，第 649 页。

② 梅汝璈：《中国旧制下的法治》，载梅小璈、范忠信选编《梅汝璈法学文集》，中国政法大学出版社 2007 年版，第 320 页。

③ Derk Bodde, "Harmony and Conflict in Chinese Philosophy", in: Arthur F. Wright（eds.）Studies in Chinese Thought,（Chicago: University of Chicago Press, 1953），p. 54.

④ ［日］大木雅夫：《东西方的法观念比较》，华夏、战宪斌译，北京大学出版社 2004 年版，第 96 页。

的权利概念相对应的内容。虽然唐宋以后国家法典直接规定民事权利的内容逐渐增多，但更多的权利不是被法律所正面确认，而是通过在立法上设定义务，特别是设定刑法上的禁止性义务来默认某种权利的存在。例如老百姓对田地的所有权、对房屋的产权①、对遗失物和埋藏物的所有权②等都是这样被确认的。中国古代更没有像古罗马那样通过授予某项诉权（或抗辩权）、可以向法院起诉请求保护（或对抗他人的起诉）来确认民事权利③。"权利被默认，而不是通过授予诉权，使之能明确得到司法强制力保护。这一特点鲜明地显示出司法强制力尽量用于维护统治及社会安定、而少涉及民间'细事'的立法宗旨。"但中国传统法律文化所有这些与西方和现代比较出来的缺憾，并不意味着中国传统民间社会完全没有权利的意识，更不意味着在具体的个案中当事人没有维权的思想和行动，事实上"中国民间从来就不缺乏财产权利的概念，也存在主张权利的强烈愿望，只是在长久以来的观念上，这种权利主要被认为要依靠自身（国家以外的个人与社会）的力量和手段去行使和维护，这种主张的提出方式主要并非诉诸法律。朝廷的法律希望民间民事权利的维护和行使能由权利人自行解决，不要过多地烦扰官府，民间的实际情况也正是这样，一般主要靠自己或亲族、乡党的力量来达到维护或行使权利的目的"④。滋贺秀三讲：在明清时期，"很难用我们在法与秩序方面一直持有的理解框架来加以把握。……把现有的说明组合起来，就只会成为'民间社会由权利性秩序所构成但却不存在保障权利的公共性制度'或'没有法而有权利'

---

① 《大明律》第99条、《大清律例》第93条"盗卖田宅"规定："凡盗卖、换易及冒认，若虚钱实契典买及侵占他人田宅者，田一亩、屋一间以下，笞五十，每田五亩屋三间，加一等，罪止杖八十，徒二年。"

② 《大明律》第170条、《大清律例》第151条"得遗失物"规定："凡得遗失之物，限五日内送官。官物还官，私物召人识认。于内一半给予得物人充赏，一半给还失物人。如三十日内无人识认者，全给。限外不送官者，官物坐赃论，私物减二等。其物一半入官，一半给主。（埋藏物）若于官私地内掘得埋藏之物者，并听收用。若有古器、钟鼎、符印异常之物，限三十日内送官。违者，杖八十，其物入官。"

③ 参见［意］彭梵得《罗马法教科书》，黄风译，中国政法大学出版社1992年版，第85—86页。

④ 郭健：《中国古代民事法律文化的基本特征概述》，载复旦大学法学院编《多维时空下的理论法学研究》，学林出版社2005年版，第255页。

这样一幅相当奇怪的图景。"① 总之，这种要通过义务来实现的、掩隐于法律之外的权利，在解纷的价值谱系中，居于"和谐"之下的次要地位。

二　"贵绝恶于未萌"：预防重于调处

（一）礼法文化的规范效应

中国传统的法律文化具有"礼—法"的结构与特征。从结构来讲，古代相当于今天法律的规范包括"礼"和"法"两部分。在规范层面，"礼"是以宗法血缘等级关系为基础的强制规范，体现着"先王仪范"似的行为模式、禁恶于未然的预防；"法"在李悝时代之前称"刑"，在商鞅变法之后称"律"，是立法者创制的以禁令或制裁为主要内容的强制规范，体现着现实法令或法律后果、禁恶于已然的制裁。"礼"最初以习惯法的形式存在，后来逐渐与"法"融合，这一过程大致在《唐律》中完成。

"礼"与"法"的关系除了上述"出礼入刑"②之类的并列分工关系之外，还有"礼"比"法"更重要的情形，这主要表现在两个方面：第一，是"经礼"在国家法律体系中处于类宪法的地位。《礼记·礼器》："经礼三百，曲礼三千。""经礼"规定宗法制、分封制、嫡长子继承制等国家根本制度，是"无字无书的宪法"（法学家陈顾远语）；"曲礼"是杂礼，是日常行为规范，是民法性规范。第二，礼主法（刑）辅。所谓"德礼为政教之本，刑罚为政教之用"③、"道（导）之以政，齐之以刑，民免

---

① ［日］滋贺秀三：《明清时期的民事审判与民间契约》，王亚新等译，法律出版社1998年版，第195页。

② 《后汉书》卷46《陈宠传》："礼之所去，刑之所取，失礼则入刑，相为表里者也。""出礼"即违礼、失礼。"出礼"行为如何"入刑"（罚不罚、如何罚），礼大多没有事先明确规定，而由司法官临事以断。礼在入律以前，大都不是与刑（法）明确对应地规定在一起，但也不例外，比方说《礼记·王制》规定："山川神祇有不举为不敬，不敬者君削以地；宗庙有不顺者为不孝，不孝者君绌以爵；变礼易乐者为不从，不从者君流；革制度衣服者为畔，畔者君讨。"这里是说：即使贵族有各种违礼行为，也将分别受到削地、夺爵、流放、讨伐等严厉处罚。译：不举行山川神祇礼拜的就是不敬，如有不敬的，要夺削那个国君的封地；宗庙祭祀有变乱昭穆辈分的就是不孝，如有不孝的，要贬降那个国君；改变礼俗音乐就是不从，如有不从的，放逐那个国君；变革关乎政治的制度、衣服样式的就是叛逆，如有叛逆的要讨伐那个国君。

③ 《唐律疏议》。

而无耻。道之以德，齐之以礼，有耻且格"。① "礼主刑辅"的规范效应之一就是"禁恶于未然"的预防重于"禁恶于已然"的制裁。《大戴礼记·礼察》云："礼者禁于将然之前，而法者禁于已然之后。是故法之用易见，而礼之所为生难知也。……贵绝恶于未萌，而起敬于微眇，使民日徙善远罪而不自知也。"又《礼记·经解》云："礼之教化也微，其止邪也于未形，使人日徙善远恶而不自知也，是以先王隆之也。《易》曰：'君子慎始。差若毫厘，缪以千里。'此之谓也。"② 这里讲，礼是对言行的正面指导或教化，可以将恶行消灭于未萌阶段；法是对言行的消极被动处罚或制裁功能，只能在事后对恶行进行惩罚。正面的教化效果往往是直接看不出来的，但它能在恶行发生之前就被制止，它使人每天在不知不觉中避恶向善。正人君子对事物的未萌问题都特别慎重，因为开始的毫厘之差，可能导致最后的千里之错！这都是在强调，对于恶行来说，事先的防患于未然比事后的处理或惩罚更重要。

（二）纠纷的预防重于纠纷的调处

如前所述，纠纷在信仰"和为贵"的中国古代是被视为"恶行"的。"礼主法（刑）辅"表现在纠纷问题上，就是强调预防重于调处。所谓一分预防胜于十二分治疗，《尚书·周官》中讲：只有"制治于未乱"才能"保邦于未危""庶政惟和，万国咸宁"。《唐律疏议》认为举善惩恶重在"惩其未犯，防其未然"。

明清地缘社会组织在对待纠纷问题上明显倚重纠纷预防。明朝南赣乡约"规约"规定：乡约组织的职责首先是劝民不争，"凡有危疑难处之事，皆须约长会同约之人与之裁处区画，必当于理济于事而后已"，也就是若有同约人遇到危难，约长集全约之力予以救助，以免诱发纠纷或激化矛盾。其次才是对已经发生的"斗殴不平之事""公论是非，晓谕解释"，

---

① 《论语·为政》。此处"政"即法令。朱熹注："政，谓法制禁令也。"这是说：用法令和刑罚来规范国民行为，只能使人民暂时免于犯罪，但不能使他们感到犯罪可耻，为恶之心不死，只要有机会，仍会心存侥幸以身试法；而如果用道德礼仪来引导国民，则能使人民有羞耻之心，而从内心归服，一心向善。这就是几百年后的王阳明所说的"破山中贼易，破心中贼难"。对此朱熹有一段精彩的评论："愚谓政者为治之具，刑者辅治之法，德、礼则所以出治之本，而德又礼之本也。此其相为终始，虽不可偏废，然政、刑能使民远罪而已，德、礼之效，则有以使民日迁善而不自知。故治民者不可徒恃其末，又当深探其本也。"（《四书集注·论语章句·为政第二》）

② 《礼记·经解》。

最后解决不了，再"率诸同约呈官诛殄"。①

第三节　预防纠纷的方式：教化、救助、维权的结合

对明清时期各类地缘社会组织预防纠纷的方式，最宏观的概括或最大的共性就是教化、救济与维权相结合，可谓精神、物质、规范三管齐下，其中教化是主导，救助是根本，维权是保障。

一　以教化为主导

这里的"教化"是通过教育和训练，使人们的思想符合既定社会规范的过程，酷似今天的"思想政治教育工作"，它为个人行为奠定思想基础，赋予个人行动的最初原动力。教化的理论基础是"内圣外王"的行为主义路径："格物（道德体悟）——致知——诚意——正心——修身——齐家——治国——平天下"和"破山中贼易，破心中贼难"的行为逻辑路径。中国古人看来，争事源于争心，正本必须清源，所以"人有争讼，必（先）谕以理，启其良心，俾悟而止"②。

教化表现于纠纷预防就是注重"和为贵"和"贵绝恶于未萌"等理念的教育化导，通过改变人的思想或灵魂，实现人际心灵上的和谐，进而达到外在行为的和睦相处。教化的成功与否与社会的和谐息息相关，所以官方与民间无不高度重视。康熙九年（1670年）康熙皇帝谕礼部曰："朕惟至治之日，不以法令为亟，而以教化为先。其时人心醇良，风俗朴厚，刑措不用，比户可封，长治久安，茂登上理。盖法令禁于一时，而教化维于可久，若徒恃法令，而教化不先，是舍本而务末也。"③ 明清地缘社会组织注重用通俗易懂的方式对乡民进行规范教育和息讼教育，促其良心自觉、自省、自责，从而免争或止讼。

预防纠纷的教化不仅有单独的环节或程序，而且也贯穿于纠纷的调处过程。后者即人们常说的训导式调处。明清地缘社会组织解纷中教化、训导的色彩异常浓厚，不仅要化解纠纷，而且要宣示和教化社会和谐意识。用顾卫东的话说，就是解纷不仅要做到使当事人心悦诚服，化干戈为玉

---

① 《王阳明全集》第1册，红旗出版社1996年版，第228—232页。

② （元）黄溍：《金华黄先生文集·叶府君碑》，《四部丛刊》本。

③ （清）章梫：《康熙政要》，中共中央党校出版社1994年版，第24页。

帛，化对抗为融洽，而且还要对外起到警示与教化作用，使"冲突主体放弃和改变藐视以至对抗社会统治秩序和法律制度的心理与态度，增强与社会的共容性，避免或减少冲突（至少是同类冲突）的重复出现。……这种效应还可以扩及到对其他社会成员（主体），因为解决冲突的过程同样对其他社会成员（主体）产生警示作用。这种效果不仅能够在一定程度上弥补冲突对社会所带来的消极影响，而且能够使社会秩序的原则和要求在社会中得到有效的贯彻。"①

这里我主要归纳明清地缘社会在纠纷预防过程中作为先导程序的教化方式，主要在四个方面：

（一）对"和为贵"与"讼害"的宣传

主要通过两种方式进行，一是自创碑刻、画廊、楹联诗文等方式，例如我们在重庆湖广会馆那里所看到的"二十四孝"图。二是宣讲包含"和为贵"与"讼害"内容的圣谕或法律。例如，康熙"圣谕十六条"中有六条是讲预防纠纷问题的："敦孝悌以重人伦""笃宗族以昭雍睦""和乡党以息争讼"，"讲法律以警愚顽""明礼让以厚风俗""训子弟以禁非为"。其中乡里组织和乡约组织在所用的宣讲材料中，对"和乡党以息争讼"条的宣讲内容（摘要）是："我今更把争讼的利害讲与你们听：一纸入了公门，定要分个胜负，你们惟恐输却，只得要去钻营，承行的礼物、皂快的东道，预先费下许多。倘然遇着官府不肖，还要借端诈害，或往来过客、地方乡绅讨情揽管，或歇家包头、衙蠹差役索钱应付。原被有意扯过两平，蚤已大家不能歇手，若一家赢了，一家输下，还要另行告起，下司衙门输了，更要到上司衙门去告，承问衙门招详过了，上司或要再驳，重新费起。每有一词经历几个衙门，一事挨守几个年头，不结不了，干证被害，牵连无数，陷在囹圄，受尽刑罚，一案结时，累穷的也不知几家，拖死的也不知几人，你们百姓就是有个铜山金穴也要费尽，就是铁铸的身躯也要磨光了，你道这样争讼利害不利害？"②

（二）普法教育：圣谕、律令和规约的宣教

如果《周礼》读法之制可信，那么中国很早就有普法教育的制度与实践。明清时期地方官员宣讲律令规范是法定义务，普通百姓宣讲法律也得到提倡和鼓励。这类宣讲的目的是要让百姓周知行为规范，向百姓灌输息

---

① 顾培东：《社会冲突与诉讼机制》，法律出版社 2004 年版，第 29 页。

② 周振鹤撰集，顾美华点校：《圣谕广训集解与研究》，上海书店出版社 2006 年版，第 24 页。

争守法意识，不可随意胡来，引发冲突。

1. 普法教育的法律依据

从明朝开始，中国的正式法律（基本法典）开始对普法教育进行专门规定。《大明律》"讲读律令"条规定："凡国家律令……百司官吏务要熟读，讲明律意，剖决事务。每遇年终，在内在外，各从上司官考校。若有不能讲解，不晓律意者，官罚，俸一月；吏，笞四十"；"百工技艺诸色人等，有能熟读讲解通晓律意者，若犯过失及因人连累致罪，不问轻重，并免一次。"也就是说，老百姓如果犯了过失罪或因牵连致罪，只要能熟读讲解、精通国家律令，即可免罚一次。《大清律例》也有相同的规定。朱元璋为普及贯彻《大诰》，明令"一切官民诸色人等，户户有此一本。若犯笞杖徒流罪名，（有者）每减一等，无者每加一等"；"敢有不敬而不得者，非吾治化之民，迁居化外，永不令归"。[①]清代康熙圣谕16条的第8条"讲法律以儆愚顽"是专讲法律宣传的条款；第2条"和乡党以息争讼"与第12条"息诬告以全善良"都涉及纠纷预防问题，其他各条与法律也有相当的关联。

2. 宣讲内容

明清地缘社会组织在民间宣讲的法令规范主要是四类：一是"圣谕"，也就是皇帝的指示或命令，虽不以法相称，但它是效力最高的法律。主要是明太祖朱元璋的《圣谕六言》（又称《教民六谕》）和清代康熙帝的"圣谕十六条"。二是"律令"，以基本法典为主，基本法典是皇帝命令专人制定、最后钦准颁布的国家正式法典，主要是《大明律》《大清律例》。三是特别法规，例如明朝的《大诰》。《大诰》的内容包括皇帝就重大案件之判决批示、皇帝钦定特别刑事规定、对大臣和百姓的特别训导告诫等。四是民间规约，例如乡里组织的乡规民约、乡约组织的规约、同乡会馆的章程、乡村结社组织的会规等。

3. 宣教措施

明清地缘社会组织普法宣教的措施主要有乡里组织的专人定期巡回宣教与申明亭"板榜"宣传、保甲组织的劝禁教化、乡约组织定期集会讲读"圣谕"和"律令"、同乡会馆碑刻、楹联诗文对乡谊信义的宣扬，等等。这里特别值得注意的是乡里组织的定期、专人集中宣讲。明初里甲组织的

---

①　杨一凡：《明大诰研究》，江苏人民出版社 1988 年版，第 125—127 页。

宣教活动非常典型："每乡每里，各置木铎①一个。于本里内选年老或残疾不能生理之人，或瞽目者，令小儿牵引，持铎循行本里。……俱令直言叫唤，使众闻知，劝其为善，毋犯刑宪。其词曰：'孝顺父母，尊敬长上，和睦乡里，教训子孙，各安生理，毋作非为。'如此者，每月六次。"②

（三）集会

集会可以使人们互通信息、加深感情、友睦亲善。明清时期所有地缘社会组织都有定期或不定期的集会。例如，乡里组织每年正月和十月主持的两次"乡饮酒"；乡约定期在乡约所组织集会（一般是一月中的朔望两日集会）；至于乡间集会组织更是以集会为基本活动内容。定期集会是乡约组织从事教化活动的重要形式，这种集会有肃穆庄严的仪式，主要议程有：（1）宣讲乡约、圣谕和法律。（2）举行燕（宴）礼③，即全体约众大会餐。（3）分置"善簿""恶簿""和薄"等，以记载约民之善端、恶行及邻里关系情况，以导民向善，以和为贵。（4）解决纠纷，所谓"讼者平之，相揖而退"。④

（四）举善纠恶

乡约组织定期集会中一般都有一个"举善纠恶"的重要议程。在维权意识不强的传统思维中，"和"具有独立的善价值，"争"具有独立的恶价值，举善纠恶本身就是表彰息讼、制裁争讼的行为。明清时期乡约组织举善纠恶的情况，文献有大量载述。清代《东莞县志》记载："讲毕，于此乡内有善者众推之，有过者直月纠之，约正询其状，众无异词，乃命直

---

① 一种木舌铜身的摇铃。古代施行政教、传布命令时用以振鸣惊众。《周礼·天官·小宰》："正岁，帅治官之属而观治象之法，巡以木铎曰：'不用法者，国有常刑。'"意思是说，每到年初掌刑罚的小宰率天官（大宰）属下的官员去观看大宰（即冢宰，"百官之长"，相当于后来的宰相）悬挂的治法，并摇着木铎巡行天官各官府，警告说，"如果不依法行事，国家有既定的刑罚来处罚"。又《周礼·天官·宫正》："（宫正）春秋以木铎修火禁"。意思是说，掌王宫戒令、纠禁的宫正春秋两季摇着木铎提醒宫中注意火烛。《教民榜文》第十九条自注："木铎式。以铜为之，中悬木舌。"顾炎武："金铎所以令军中，木铎所以令国中，此先王仁义之用也。一器之微而刚柔别焉，其可以识治民之道也欤？"（顾炎武著，黄汝成集释：《日知录集释》，上海古籍出版社2006年版，第275页）

② 刘海年、杨一凡主编：《中国珍稀法律典籍集成》乙编第1册，科学出版社1994年版，第638页。

③ 明清时期乡里组织举行的"乡饮酒礼"与乡约组织定期集会举行的"燕（宴）礼"，在两种组织并存的地方往往是重合的，如明代中期惠安县就是这样（参见叶春及《惠安政书·乡约篇》），但也有各自举行、互不相干的情形。

④ （明）叶春及：《惠安政书》，福建人民出版社1987年版，第341—342页。

月分列书之，直月遂读记善籍一遍，其记过籍呈约正及耆老里长默视一遍，皆付直月收之。事毕众揖而退，岁终则考校其善过，汇册报于县官，设为劝惩之法，有能改过者一体奖励，使之鼓舞不倦。"① 黄六鸿在《福惠全书·教养部》中说："每讲读毕，约讲与在事人及首领绅衿长老各举某人行某孝行，某弟作某善事，拯救某人患难，周恤某人贫苦，或妇人女子某为节，某为烈，俱要实迹，公同开载劝善簿内"，"如某人行某忤逆不孝，某人行某悖乱不悌，作某恶事，欺凌某人，强占某人财物，及奸宄不法事，俱要实迹，公开开载纠恶簿内。"②

　　"举善纠恶"即公开表扬好人好事、批评坏人坏事。传统观念没有独立的维权意识，相反把和睦视为"善"，把争讼视为"恶"，把纠纷本身抽象地看作是对和谐的破坏，是一种恶甚至一种罪过，在这个意义上，举善纠恶本身就是预防纠纷的重要措施。明清地缘社会中的举善纠恶活动主要有三种方式：一是集会中以专门的"举善纠恶"程序进行现场表彰或批评。以乡里组织举行的乡饮酒礼、乡约组织的定期集会最有代表性。集会中"那些被点名批评的，也许比今天的'双规'还可怕。为什么呢？因为在一个封闭的社会里面，一个人一旦被贬低、被谴责，他在这个社会上永远比别人低一等，永远抬不起头来。好多纠纷就这样解决或预防了。这是社会纠纷解决机制里面的一种预防机制。"③ 二是在申明亭和旌善亭中进行榜示，这对预防纠纷也有奇效，"民有善恶书之于旌善、申明二亭以示劝惩，这种制度化和经常化的公示形式，使'理亏'者的非法成本在代代相传中增加到无法计量的程度，起到了很好的预防和教化功能，而功能有效发挥的背后，则是全民参与的大众民主和集体评议机制在起着关键性作用。这种庞大'影子法官'的存在具有极大的警示功能，很好地抑制了人们的讼争冲动，也在一定程度上促使发生利害冲突的当事人尽量寻求纠纷的自我协商解决，以免公之于众后乡村生活成本的加大和道德优势的流失。"④ 三是在乡民的门牌和户口本上注明行为表现。主要见之于乡里组织对民户的管理，是明清官方组织，民间参与和配合的特别教化措施，对预

---

① 宣统《东莞县志》卷 25《经政略四》《典礼下·礼仪内宣讲篇》。

② （清）黄六鸿：《福惠全书》卷 25 "教养部"。

③ 范忠信：《健全的纠纷解决机制决定和谐社会》，《北方法学》2007 年第 2 期。

④ 倪洪涛：《"申明亭"与司法大众化》，北大法律信息网，http://article.chinalawinfo.com/article/jrtj/article_ display. asp? ArticleID = 43830。

防纠纷的发生也有很好的效果。

二　以救助为根本

众所周知，贫穷容易激化矛盾，诱发冲突。《管子》中说："仓廪实则知礼节，衣食足则知荣辱"[1]；孔孟讲："贫而无怨难，富而无骄易"[2]，"小人穷斯滥"[3]；"夫民之为道也，有恒产者有恒心，无恒产者无恒心。苟无恒心，放辟邪侈，无不为已。"[4] 总之一个人如果没有必要的物质生活保障，就难有稳定、向善的"恒心"，从而可能心动神摇，无所不为，引发纠纷。所以明清时期各类地缘社会组织特别注意通过组织老百姓互助互济——保障老百姓有"恒产"和基本生活的安全——来预防"穷"极生乱。

明初特别民事诉讼法《教民榜文》第25条规定："乡里人民，贫富不等，婚姻、死丧、吉凶等事，谁家无之？今后本里人户，凡遇此等，互相赒给。且如某家子弟婚姻，某家贫窭，一时难办，一里人户，每户或出钞一贯，人户一百，便是百贯；每户五贯，便是五百贯。如此资助，岂不成就？日后某家婚姻，亦依此法轮流赒给。又如某家，或父或母死丧在地，各家或出钞若干，或出米若干资助，本家或棺椁，或僧道修设善缘等事，皆可了济。日后某家倘有此事，亦如前法，互相赒给，虽是贫家些小钱米，亦可措办。如此，则众轻易举，行之日久，乡里自然亲爱。"[5] 乡里组织、乡约组织、同乡会馆都有组织乡民互助互济的专门职能和措施。义仓（设于市镇）和社仓（设于乡村）是明清乡里盛行的救助性借贷形式，康熙年间社仓的办法是：奖劝民间自行输纳本钱；乡民每年四月上旬依例支贷，十月上旬收获后归还。按谷收息，石收一斗。其中七升归仓，三升作为仓库修建开支以及社仓负责人和杂役工食的费用。荒歉年份，谷息或减或免。如果无人借贷，而积谷量多，可在夏秋之际减价平粜，秋收后按市价及时籴买归还。乡里公推正副社长管理借贷事务，三年一换。明嘉靖年间歙县岩镇乡约的宗旨就是"庶患难相恤

---

① 《管子·牧民》。

② 《论语·宪问》。

③ 《论语·卫灵公》。

④ 《孟子·滕文公上》。

⑤ 刘海年、杨一凡主编：《中国珍稀法律典籍集成》乙编第1册，科学出版社1994年版，第635—645页。

之义复敦，而仁厚相成之俗益振"。① 同乡会馆从某种意义上说就是异地同乡社会的救济组织，救济活动的内容主要有提供住宿、扶危济困、举办义学（相当于今天的打工子弟学校）、助办丧葬等。乡村结社组织中更有专门的经济救助性会社。

三　以维权为保障

这里的"维权"是指通过特定的手段或方式使人民的正当权益得到适当的实现与保障。中国传统社会并不存在今天所说的法治状态下的整体维权观念与制度，但维权的思想与行为在具体个案中却是存在的。纠纷无不因权利之争而起，在这个意义上，没有维权就没有纠纷预防，维权是预防纠纷的重要保障。纠纷发生的原因除了纠纷解决机制不健全的原因外，一个更根本的原因是人们的权利边界不明。在权利界限不明的条件下，人们势必将自己的利益放大，纠纷由此而生。所以事先把可能发生纠纷的权利义务明确地通过规约或章程和契约规定下来，使得民众在生活中知道自己的权限，在权利冲突时有理可讲，这是预防纠纷发生的重要方面。法规和契约的这一功能在两千多年前被我们的先人精当地概括为"定分止争"。商鞅说："一兔走，百人逐之，非以兔可分以为百也，由名分之未定也。夫卖兔者满市，而盗不敢取，由名分已定也。故名分未定，尧、舜、禹、汤且皆如鹜焉而逐之；名分已定，贫盗不取。"② 这里的"分"就是权属规定。"国有律例，民有私约"，也因此成为中国传统社会的游戏规则。这里提到的规约或章程与契约是有区别的，大致的区别是，规约或章程具有较大的普适性，契约调整的对象限于较小的范围甚至针对个案。

（一）订立规约或章程

订立规约或章程实际上就是制定民间法，这是"有法可依、有章可循"的前提。近代刑部官员、学者陈宗蕃③说："吾国治乡之法，一业有

---

① 《雍正（休宁）茗洲吴氏家典》卷 1 "家规"。

② 《商君书·开塞》。

③ 陈宗蕃（1879—1954 年）原名同善，后改宗蕃，字舜仲，后改莼衷，福建闽侯人。光绪间进士，任刑部额外主事，后官费留学日本，宣统二年（1910 年）回国在邮传部任职。1917 年任国务院参事。1935—1937 年任北平市参议员。1938 年后从事讲学著述。中华人民共和国成立后，曾受聘为中央文史馆馆员。

一业之规约，一族有一族之规约，一乡有一乡之规约，在外之会馆，亦其一也。规约明则事无不举，规约不明则事无由行。"① 日本学者寺田浩明也讲："乡里的民众汇集在一起，就乡村的日常生活相互约定立下一些具体的规则或罚则，同时通过这种行动达到共有某种规范的状态。"② 这里的规约或章程是指在特定地缘地域范围内的组织或人群共同商议制定的自我管理、自我服务、自我约束的民间规则，有成文的，也有不成文的。乡里组织、乡约组织、同乡会馆、乡村结社组织都订有规约或章程。乡里组织的"乡规民约"、乡约组织的"规约"、同乡会馆的"章程"、乡间结社组织的"盟约"、乡村集会组织的"会规"等，都是其具体形式。

乡里组织不仅要服从现成的官方法令，而且还自订大量的乡规民约。例如，万历十四年（1586年）徽州府祁门十二都王诠卿等人在山地内栽养的杉松竹木屡被盗砍，乡民向里长汪任道反映之后，递年里长赵正、赵□惟、赵守儒组织里邻为盟，议立禁约，规定：自今以后山上杉松竹木，毋许肆意盗砍。如本庄盗砍者，外人有能拿报，定行重谢，盗砍者见一罚十，并责令置酒封山。如外人盗砍者，听庄人拿报，亦见一罚十，置酒封山。同业之人亦不许私砍，违者处罚如前。有互相容隐者，访出鸣众，与盗砍之人同论，强抗约不服罚者，通众鸣官理治，决不轻恕。③ 文会的会规是乡间结社组织规章的代表，文会的会规名目有"章程""会约"（例如紫阳书院）、"规条"（例如颖滨书院和聚星文社）、"会例"（例如南山文会）等。据佘华瑞《岩镇志草》记载，南山文会会例规定："凡本籍新文学，入会则用彩旗鼓吹前导至南山亭，祝史执香作乐迎于道左。"④ 反映了文人结社、集会热烈而浓重，在古代徽州受到宗族和社会的高度重视。歙县雄村的"文会条约"碑刻、呈坎村的文会名册至今尚存。⑤ 乡间集会组织也有约定俗成的习惯法。

①　（清）李景铭：《闽中会馆志》卷首《陈宗蕃序》。

②　[日]寺田浩明：《明清时期法秩序中"约"的性质》，载滋贺秀三等《明清时期的民事审判与民间契约》，王亚新等译，法律出版社1998年版，第148页。

③　《王诠卿等立禁伐文约》，载王钰欣、周绍泉主编《徽州千年契约文书》宋元明编卷3，花山文艺出版社1991年版，第162页。

④　（清）佘华瑞：《岩镇志草·逸事》。

⑤　参见《徽州古村"文会"》，安徽绩溪旅游网，http://www. jixiyouyou. com/xgxx/JKG1E4DF4DGB550I7F87. html2008年1月29日。

　（二）促订契约

　这里的"契约"泛指证明某种约定存在、记载权利义务关系的协议文书。这种契约具有法律约束力或社会舆论、道德规范监督力。订立契约可能是调处纠纷的结果（此时的契约是调解协议书），也可能是纠纷发生之前当事人双方明确权利义务、预防纠纷发生的手段。这里显然是指后者。按照明清法律规定，田宅买卖、土地租佃、融资借贷等民间交易往来都必须订立契约①。比方说田宅买卖，《大明律》和《大清律例》规定了两项法定程序：一是订立契约，加盖官印并交纳契税（当事人自写的契约文书称"白契"，交纳契税、加盖大红官印后称为"红契"）；二是"过割"赋税，即将土地的赋税负担过户到买方。② 田地租佃自宋代即要求"明立要契，俟收成，依契约分，无致争讼官司"③。民间借贷不仅要求订立契约，而且对借贷利率进行了限制，即"每月取利，并不得过三分（3%）"。④虽然有法律要求，但实践中仍会出现问题，这就是：交易人是否真的都会依法签订契约？即使签订，是否都能签订合乎要求的契约？且不说在远非法治时代的明清时期，就是在人称法治社会的今天，做好这些恐怕也是很难的。这时第三方的干预就有了必要。地缘社会组织参与或促订契约成其预防或减少纠纷的最现实、最有效方式之一。岸本美绪指出："在旧中国，私法上的关系并不由国家法律加以规定调整，而听任民间自由地形成这种关系。……私法性的关系通过民间个别缔结的大量契约自发地形成和发展；并显示出相当复杂的面貌。"⑤ 契约属于维护社会"法秩序"的实体

---

　　① 参见范忠信、陈景良主编《中国法制史》，北京大学出版社 2007 年版，第 420—421 页。明清时期证明某种约定存在、记载权利义务关系的文书，民间广泛使用的称呼是"约""合同""契"或"契据"等。它们之间或许有所区别，比方说"契"往往多用于不动产买卖，"约"有单向义务性的"禁约"之本义，而"合同"则可以包含契约，但当时似乎并不存在具有明确外延的定义，而且确实与今天我们所说的"合同""契约文书"有很多共通之处。我们这里统称为"契约"，与英文"CON-TRACT"相一致。有关明清时期"约""契"等性质与内容的分析，可参见寺田浩明的《明清时期法秩序中"约"的性质》；岸本美绪《明清契约文书》，载〔日〕滋贺秀三等《明清时期的民事审判与民间契约》，法律出版社 1998 年版。

　　② 《大明律》和《大清律例》的"典买田宅"条。

　　③ 《宋会要·食货》63。

　　④ 《大明律》和《大清律例》"违禁取利"条。

　　⑤ 〔日〕岸本美绪：《明清契约文书》，载滋贺秀三等《明清时期的民事审判与民间契约》，王亚新等译，法律出版社 1998 年版，第 307—308 页。

部分，支撑着大部分日常生活或日常社会关系，"中国法中契约和法律本身同等重要，它构成了法秩序另一个不可或缺的侧面。"① 有学者甚至因此说传统中国是一个契约社会，"就横向的社会关系建构与社会秩序维系来说，契约乃是关键和基础。如果'律'（法律）是通过国家权力来组织社会与落实契约条款的外部规范的话，那么'约'（契约）则是处于国家权力之外的社会运用自身的力量（基于诚信原则）来组织社会与维系社会运作的技术；所谓'官从政法，民从私约'就很好地概括了法律与契约之间的关系。……总体上讲，传统中国社会具有'复合结构'的特征：就纵向来看，乃是身份社会；而从横向来看，则是契约社会。"②

明清时期的里老人、里甲长、保甲长、约正们，或作为批准人，或作为中人、证人、保人，促成了大量契约的订立，每订一份契约就可能避免一场纠纷。陈学文在《明代契约文书考释选辑》中辑录有则明代契约"套语"（范本）③，现移录如下：（1）买田契："某里某人，为因无银用度，情愿将自己受分田一段，几址该几何，载米若干。东西至某人田，南北至某处。托中引就某宅，三面言议，实值时价若干两，其人即日交足，其田听从买主掌管，召佃收租。至造册之日，除割收户当差，不得刁蹬勒贴赎回等情。其田的系已分物业，与叔伯兄弟无干，亦不曾典挂外人财物不明等事。如有此情，卖主承当，不干买主之事，所买所卖皆是二家情愿，不得反悔。今欲有凭，立契存照。"（2）承佃批式："某里某人，为无田耕种，今就某宅佃田若干亩，递年约纳租谷若干石，早六冬四理还，依凭本宅量秤，不敢少欠。如若少欠，即另召佃，不敢执占，今恐无凭，立承佃为照。"（3）佃田文约："某里某人，置有晚田，某坐落某里地名某处，原系若干亩，年该苗米若干桶，乡原有四至分明，今凭某人作保，引进某人，出赔价细丝银若干，当日交收足讫明白，自给历头之后，且佃人自用前去掌业，小心耕作，亦不得卖弄界至移位换段之类。如遇冬成，备办着一色好谷，挑送本主仓所交纳，不致拖欠，过限年月佃种不愿耕作，将田退还业主，接取前银两相交付，不致留难。今给历头一扇，付与执照。"（4）雇工帖："立雇工人某，今因家无生理，情愿将己身雇与某人名下一年杂工使唤，当议工价白银若干整，其银

---

① ［日］寺田浩明：《明清时期法秩序中"约"的性质》，载［日］滋贺秀三等《明清时期的民事审判与民间契约》，王亚新等译，法律出版社 1998 年版，第 141 页。

② 参见徐忠明《传统中国乡民的法律意识与诉讼心态》，《中国法学》2006 年第 6 期。

③ 陈学文：《明代契约文书考释选辑》，《明史论丛》1997 年第 10 期。

陆续支用。自雇之后，不许东西躲闪，务要尽心做活，恐有不测祸患，皆系天命，与家主无干，如或误工，照日除算工银。今恐无凭，立此雇工文约为照。"（5）离婚书（一般离婚协议书）："某里某人，先年娶妻某氏，因家贫反目，妇有二志，已告明亲长。今凭媒说合，情愿再出与某为妻。平（本）日纹（收）银若干，并无债弄强逼奸娶等情。某择日成婚，并无异说，立离婚书，手印为照。"（6）服书式（寡妇再嫁协议书）："主婚房长某人，有弟侄某人近故，弟媳妇自愿守志，奈家贫日食无措，兼以弟侄棺裳银两无可计划理还。凭媒某人氏议配某人为婚，本日受到聘银若干两，分还棺衾及买地砌完葬某人外，即听从某宅，择吉过门成婚，此系两愿，再无言说。今欲有凭，故立婚书存照。"

以上是明清地缘社会组织通过预防纠纷的主要方式，这种预防的效果如何？据说明代的《南赣乡约》推行以后，瑞金县"近被正教，甄陶稍识，礼度趋正，休风日有渐矣。习欲之交，存乎其人也"①，大庚县"俗尚朴淳，事简有怡，为先贤过化之邦，有中州清淑之气"②，赣县"人心大约淳正，急公输纳，守礼畏法……子弟有游惰争讼者，父兄闻而严惩之，乡党见而耻辱之"③，盖与乡约的教化作用有直接关系。乾隆进士、甘肃兰州府知府龚景瀚在《请设立乡官乡铎议》中说：有乡约、保甲之设，"劝农则野无惰民，催科则里无逋赋；兴文教则有睦姻任恤之风，饬武备则有伍两卒旅之众；户口清而奸宄无所容，田畴清而争讼无自起；兴利则利无不兴，革弊则弊无不革。"④ 而嘉庆时湖南布政使叶佩荪在说保甲的作用时讲："凡户婚田土，词讼事件，不待证佐，已可悉其大半"⑤。

综上所述，明清地缘社会的纠纷预防机制内容主要有：预防纠纷的实际主体是地缘社会组织的领袖，乡绅是他们中大多数人的共同身份；他们预防纠纷的理念是"和为贵"和"贵绝恶于未萌"，"和为贵"即强调和谐重于维权，"贵绝恶于未萌"即强调预防重于调处；预防纠纷的方式主要是教化、救助、维权的结合，其中教化是主导、救助是根本、维权是保障。

---

① （清）赵勋：《嘉靖瑞金县志》卷1，《风俗》，第6页。天一阁本。

② （清）黄鸣珂：《南安府志》卷2，《疆域附土俗》，第28页。同治戊辰重刊本。

③ （清）黄德溥：《赣县志》卷8，《风俗》，第1页。同治十一年刻本。

④ 一凡藏书馆文献编委会编：《古代乡约及乡治法律文献十种》（第2册），黑龙江人民出版社2005年版，第273页。

⑤ 同上书，第46页。

结　论

　　社会纠纷是一种客观的社会现象。从社会总体而言，纠纷虽然难免，但它是可以预防或被减少的；从社会个体而言，纠纷更是可以预防或被消除的。在以农耕文明、宗法社会、熟人社会、中央集权、君主专制等前近代形态表现出来的古代中国，公平意识淡漠，维权意识不发达，奉行重让非争、息事宁人的人生哲学，当时在主观上强调刚性预防纠纷有其合理性和必要性。在追求民主法治的今天，中国如果仍将刚性预防纠纷作为社会治理目标与司法理念，则是有问题的，是同现代法治要求有冲突的。因为现代法制特别是民商法律制度是以权利为本位的。从社会个体来讲，公民的权利恰恰是可能要通过发生和解决纠纷来实现的，对纠纷的预防很可能就是对维权途径的阻灭。现代社会预防的不应该是所有的纠纷，而应该是消极的社会纠纷，特别是违法行为和犯罪行为。

　　在民主法治社会，我们不能完全排斥预防纠纷。一方面，纠纷有积极与消极之分，那些无助于维权，反而扰乱社会秩序的消极纠纷还是要预防甚至要尽可能杜绝的。另一方面，任何纠纷的解决都是需要成本的，单从这方面来看，和谐社会中的纠纷少总比纠纷多要好。总之，现代社会需要的是对纠纷的弹性预防而不是刚性预防，亦即有选择地预防消极纠纷，而非绝对地预防全部纠纷。在民间社会预防纠纷方面，明清地缘社会为我们提供了传统方面的思路和经验。

一　传统社会的组织形式与纠纷预防机制

　　明清两代是中国传统社会组织最为发达的时期。在五大形式"社会"（地缘社会、血缘社会、业缘社会、信缘社会、江湖社会）中，地缘社会最能与今天民间社会对接贯通。明清地缘社会的组织形式主要有乡里组织（包括里甲、保甲等）、乡约组织、同乡会馆、乡间结社组织、乡间集会组织五种。它们预防纠纷的共同机制是：预防纠纷的实际主体主要是代表这些组织的里老人、里长、保长、约正、会馆首事、会首或"社长""中人""公道人"等,乡绅是他们中大多数人的共同身份;他们预防纠纷的理念是"和为贵"和"贵绝恶于未萌"。"和为贵"是中国传统文化的核心意识之一,在纠纷问题上强调的是和谐重于维权;"贵绝恶于未萌"是中国传统礼法文化规范功能的体现,它强调是预防重于调处。预防纠纷的方式主要是教化、救助、维权的结合,其中教化是主导、救助是根本、维权是保障。中华民族不仅有追求社会和谐的特殊传统[①],而且有实现这种和谐的智慧或手段,地缘社会的纠纷预防机制就是这种智慧或手段的重要组成部分!

二　民间社会预防纠纷是社会自治的反映

本书讨论社会问题是以国家与社会二元并立的预设为前提的[②],明清地缘社会是民间社会,其积极有效地参与民间纠纷的预防,是当时"社会自治"的典型反映。这种社会自治是地缘社会组织根据国家法律实行的自我治理,属于内向度的管理性社会自治。它不同于同期西方的"城市自治"和近代宪政中的"地方自治",它反映的是中国传统民间社会"没有民主政治,但有社会民主"的现实[③]。中国传统民间社会的自治是一种有限自治,也就是国家权力有所渗透的自治,当然,国家权力对不同地缘社会组织的渗透程度是不同的,一般来讲,对于乡里组织、乡约组织,国家干预较多,这里的权力运作方式属于马克斯·韦伯所说的"社会基层动员型"控制模式,国家权力一直贯彻到社会底层的末梢,使法律的统一与实施落实到每一个基层组织当中去。而对于同乡社会组织、乡间结社组织、

---

① ［英］李约瑟说:"古代中国人在整个自然界中寻求秩序与和谐,并将此视为一切人类关系的理想。"(李约瑟著,潘吉星主编:《李约瑟文集:李约瑟博士有关中国科学技术史的论文和演讲集》,陈养正等译,辽宁科学技术出版社1986年版,第338页)与西方相比尤其如此,因为"古代的西方和东方都崇尚和谐,然而彼此有别。西方所崇尚的主要是艺术上的和谐,对政治上、社会上乃至世界上的和谐殊少关注;东方的中国所崇尚的和谐则如气之充盈于天地之间,几乎无所不在"。(张正明:《和谐境界浅说》,载湖北省炎黄文化研究会编《传统文化与和谐社会》,香港天马出版有限公司2005年版,第10页)

② 也有学者不完全赞同传统中国有这种二元对立的结构,例如黄宗智认为明清时期"在国家与社会之间存在着一个第三空间",此即"第三领域"。我们认为"第三领域"实际上仍是基于国家与社会二元对立的预设。

③ 费孝通:《乡土中国 生育制度》,北京大学出版社1998年版,第65页。

乡间集会组织，国家干预较少，体制外的色彩更加明显。

明清地缘社会的预防纠纷活动，也证明了社会自治为一切文明国家所有。长期以来，很多中国人都认为传统中国有国家无"社会"，有专制无"自治"，这其实是一个重大误解。明清时期地缘社会的纠纷预防机制表明，即使是在国家专制主义中央集权走向极致的封建社会晚期，中国的政治生态环境也没有禁绝民间社会组织或集团的存在，这时的中国有"社会"有"自治"。尽管相对于浓重的封建专制来说，"自治"的因素比较淡弱（主要是内向度的自治），但它毕竟存在，"专制"与"自治"共存共舞，"其内在的合理性仍不容忽视。集权形成了'天网恢恢，疏而不漏'的有效控制，使国家法在理论上可以荫及每一个庶民，以防止地方权力的恶性膨胀；而自治又有效地避免了官僚统治尾大不掉的高成本低效率，维持了乡土社会的自然秩序。毫无疑问，承认这种内在的合理性并不是为了粉饰封建统治、将其理想化，而是为了从中探索对我们今天可能有益的启迪。"① 传统中国不仅有社会自治，而且社会自治的区域级别比今天中国大陆"社会自治"的区域级别还高，古代达到乡镇一级，而今天只到村落和社区一级。

明清地缘社会的预防纠纷活动，表明在和谐社会建设中，民间治理是可以与国家治理并列的另一个层次或方面。在今天，代表国家的政法机关在预防社会纠纷方面有自己的优势，比方说，法律知识较之民间社会团体要丰富，依法办事的观念较之民间社会组织要强，其职能处于整个社会的中枢地位，等等。但是，这并不能取代民间组织（今天主要是村委会、社区居委会、专业协会行会组织等）的作用。这里便引出一个需要另行专门研究的重要话题：村民自治中的有"治"无"自"——官方干预太多、控制太严——可能是导致某些社会纠纷产生或恶化的主因之一。②

三　传统纠纷预防机制是健全现代纠纷预警机制的宝贵资源

明清地缘社会预防纠纷的方式主要是教化、救助、维权相结合。教化旨在改变乡民的思想，树立"和为贵"和"贵绝恶于未萌"的理念，主要活动内容有对"和为贵"与"讼害"的宣传、对圣谕律令和规约的宣教、集会、举善纠恶等；救助是对发生困难的乡民直接予以扶助，或者组

① 范愉：《纠纷解决的理论与实践》，清华大学出版社 2007 年版，第 602 页。
② 牛铭实：《从封建、郡县到自治：中国地方制度的演变》，《开放时代》2005 年第 2 期。

织民众自救或者相互帮助，解困赈灾，共渡难关，实际上是传统民间的"社会保障"制度，主要活动内容有临时的互相赒给、设立义仓（设于市镇）和社仓（设于乡村）、组建经济救助性会社等；维权主要是通过设范立制来规定行为标准、明晰乡民各自的权利，主要活动内容是订立规约或章程（也就是制定民间法），在经济交流活动中帮助或促成当事人订立契约等。三种基本方式中，教化是主导、救助是根本、维权是保障，三者共同构成一个有机的纠纷预防系统，由此成为纠纷预防的古老经验。

在今天和谐社会建设中，各地都在致力于以"调防结合、预防为主"为核心的纠纷预防预警机制建设。这种纠纷预防预警机制从广义上讲，除了信息情报网络、信息报送制度、定期排查制度等内容之外，还应该包括法律教育、落实社会保障制度、要求和引导当事人依法行为，特别是在充分沟通协商的基础上签订合同等这些传统纠纷预防方式的现代版本，而且后者应该成为现代纠纷预防预警机制的重要乃至核心内容。

四　转换中利用传统纠纷预防机制的必要性与可行性

明清时期地缘社会纠纷预防机制所赖以存续的社会土壤或者说语境与现实无疑是有差异的，这种差异至少在两方面体现出来：一是小农经济社会与工商市场经济社会的差异。过去的社会以小农自然经济为物质基础，而现代社会主要以工商市场经济为物质基础。二是乡土情理社会与法治社会的差异。过去的社会具有乡土情理性，而现代社会追求法治。三是熟人社会与生人社会的差异。过去的社会主要是熟人社会，而现代社会主要是生人社会。总之，明清地缘社会纠纷预防机制是与小农经济社会、乡土情理社会、熟人社会相适应的，而今天建设和谐社会的现实语境是工商市场经济社会、追求法治的社会和人际关系以生人为主的社会。历史与现实语境的深刻差异，决定了传统与现代纠纷预防机制内在运作机理的异质性，我们在利用传统纠纷预防机制时必须对某些因素进行转换，这些转换因素主要在三个方面：

（一）预防纠纷理念的更新：从"和为贵"到"法治"

这里的法治理念主要是指依靠法律来规定和维护权利，从而预防纠纷发生的思想意识。明清地缘社会预防纠纷所遵从的理念主要是以和睦第一、维权第二的"和为贵"，其时民间社会的习惯意识、地缘意识远胜于国家意识；民众对于国家法的遵从亦远不如对社会生成法的依靠。现代社会是法治社会，法律是社会控制的主要手段，这时预防纠纷固然离不开和谐追求的教化，但依据法律界定和保障公民的权利与义务，要求公民严格遵守法律，是现代社会预防或减少纠纷的主要手段。

（二）地缘社会形态：从"五大组织"到"两大委员会"

根据其形成的主要机缘①不同，传统的民间社会形式大致有五大类：血缘社会（宗族、宗亲会等）、地缘社会、业缘社会（产业社会、商业社会、学术社会、行会等）、信缘社会（政治社团、宗教社会等）、江湖社会（帮会、会党、部分秘密社会或黑社会等）。地缘社会是以地理因素为主要机缘而形成的社会，其具体组织形式在明清时期有乡里组织、乡约组织、同乡会馆、乡间结社组织、乡间集会组织五种。这些组织演化到今天，总体上呈萎缩状态。乡里组织中勉强具有民间自治性的是农村的村民委员会或集镇的社区委员会；原生态的乡约组织早期退出历史舞台，类似乡约的农协或农会也因其曾有过的巨大"反抗力量"而不复存在；同乡会馆演化为同乡会；乡间结社、集会组织基本上不存在②。在这种情形之下，纠纷预防、和谐社会的建设，可依靠的地缘组织目前只能是农村的村民委员会和城镇社区的居民委员会。

（三）预防纠纷的主导者：从"乡绅"到"民主选举的党员村干部"

明清时期的地缘社会中有一个非常重要的乡绅阶层，这个阶层由将要做官的读书人和做官完毕退休的人所构成。待任官职的"生员""禀生""监生"等具有"功名"（科考身份）的读书人在任官之前大都在原地待命，而官员退休③之时，官方要举行欢送仪式，敲锣打鼓，送归老家，官员主动请辞则直接称为"告老还乡"，总之退休官员大都会衣锦还乡、荣归故里。④ 明清地缘社会组织在纠纷预防过程中，这个乡绅阶层作为民间

---

① 形成社会的机缘往往是复合的，即有多根联结纽带。例如费孝通讲："在稳定的社会中，地缘不过是血缘的投影，不分离的。……世代间人口的繁殖，像一个根上长出的树苗，在地域上靠近在一伙。地域上的靠近可以说是血缘上亲疏的一种反映，区位是社会化了的空间。……血缘和地缘的合一是社区的原始状态。"（费孝通：《乡土中国 生育制度》，北京大学出版社1998年版，第70页）在这里，血缘纽带与地缘纽带就是重合在一起的。但每一具体社会，其主要纽带只有一根，我们对社会的分类就是以这根主要纽带为依据的。

② 现在中国有工会、妇联、学联、工商联等代表利益群体的全国性社团，但人数最多的农民没有全国性团体。

③ 古代官员退休称"致仕"，字面意思是去当官、走仕途，而实际意思是"把官职还给君王"。

④ 谢荣：《中国古代退休制度》，《领导文萃》2009年第1期。

社会精英发挥了主导作用。明末清初颜茂猷说："乡绅，国之望也，家居而为善，可以感郡县，可以风州里，可以培后进，其为功化比士人百倍。故能亲贤扬善，主持风俗，其上也；即不然，而正身率物，恬静自守，其次也。"① 美国学者费正清甚至把明清帝国直接说成是乡绅之国，他说："（明清两代的）士绅（乡绅）越来越多地主宰了中国人的生活，以致一些社会学家称中国为士绅之国。"② 乡绅主导民间社会自治是传统社会自治的主要形式，它成功地将民间所固有的自治因素融入到社会的权力体系中，实现了国家与民间管理资源的有效整合。

随着中国科举制度的废除和新中国建立后对地主阶级的改造和阶级压迫的取缔，乡绅制度在今天的中国实际上已不复存在。今天的中国所呈现出的"城—乡"二元社会结构与明清时期并无本质不同，但民间精英却呈现出从"乡村"向"城市"单向流动的机制，这主要是因为今天的教育制度和公务员制度已不可能生成过去那样的乡绅阶层。一方面，中国的教育制度使民间精英通过读书升学、毕业就业而制度性地流向城市。虽然现在不乏大学生回乡创业的事迹，但这并不意味着人才的制度性回流。虽然现在有"中国青年志愿者行动"③ 等把社会精英（以大学生为主体的"青年志愿者"）输往乡村，组织动员青年志愿者到农村从事基础教育、医疗卫生、农业科技推广、扶贫等工作，但这些活动具有志愿性、临时性、运动性、扶助性，活动本身就没有打算让这些社会精英在乡村安居乐业。比方说，"中国青年志愿者行动"中的"扶贫接力计划"提供每期半年至两年的服务；文化、科技、卫生"三下乡"活动主要是在寒暑假进行；"服务西部计划"每人每期1—2年，服务期满后自主择业和流动就业。另一方面，今天的公务员既无官员退休返乡的制度安排，更无官员退休大量返乡定居参与民间事务的事实。

在没有现代"乡绅"的前提下，中国民间特别是乡间主导纠纷预防的使命由什么人来担当？根据赵旭东博士的考察和研究，当代乡村精英主要

---

①　（明）颜茂猷：《官鉴》。参见陈宏谋《从政遗规》卷上。

②　[美] 费正清：《美国与中国》，世界知识出版社 2002 年版，第 32—38 页。

③　"中国青年志愿者行动"是中国青年志愿者协会组织的全国青年志愿从事社会公益事业与社会保障事业的公益活动。中国青年志愿者协会成立于 1994 年 12 月 5 日，是中国共产主义青年团中央指导下的准官方社会组织，联合国国际志愿服务协调委员会（CCIVS）联席会员组织，奉行"奉献、友爱、互助、进步"的准则，誓词中有"我承诺：尽己所能，不计报酬，帮助他人，服务社会"。

有三类人：一是掌管村务的村干部即政治精英，他们通过国家的科层体制"上联政府，下联民众"获得权威；二是乡村企业家即经济精英，他们通过赞助乡村公益事业获得权威；三是民间信仰中的权威即"神意精英"，他们借助与村庙中神明的直接沟通而获得特殊权威。① 其实在这三种精英之外，还存在着知识精英和道德精英，前者通过自身的知识和技能参与乡村事务的管理获得权威；后者通过自身践行美德而获得权威，二者有时各有其人，有时是重合的。② 上面五者各为其人或者数种身份集于一身都是可能的，其中不乏中共党员。笔者以为，这些人都是当代中国乡村纠纷预防的主导者，其中通过民主程序选举的"党员村干部"重要之极，就像李可博士在《征地与乡村民主运动》一文中提到的某地龙令镇银秀村的张尚银——张是退伍军人，社会阅历丰富，人际关系广泛，既是村干部又是中共党员——他在预防当地征地拆迁纠纷中发挥了关键作用。③ "民主选举"意味着他们获得广泛的社会支持，"党员身份"表明他们得到官方的信任。总之，"党员村干部"理应在和谐社会建设和新农村建设中具体发挥"三个代表"——代表中国先进生产力的发展要求、代表中国先进文化的前进方向、代表中国最广大人民的根本利益——的作用！这是他们的责任，也是社会的期待！

① 参见赵旭东《权力与公正——乡土社会的纠纷解决与权威多元》，天津古籍出版社2003年版，第299页。

② 李可：《征地与乡村民主运动》，《华中法律评论》（第2辑第1卷），华中科技大学出版社2008年版。

③ 同上。

附　录

一　《教民榜文》

材料来源：刘海年、杨一凡主编：《中国珍稀法律典籍集成》乙编第1册，科学出版社1994年版，第635—645页。

材料说明：《教民榜文》是洪武三十一年（1397年）四月明太祖为预防和处理民间细微争纷，减少民间词讼，特命户部制定和颁行的专门法律，集中体现了朱元璋精心设计的一套乡村治理制度，在明朝法律体系乃至整个中华法系中都占有特殊的地位。

教民榜文

户部为教民事。洪武三十一年三月十九日，本部尚书郁新等同文武百官于奉天门早朝钦奉圣旨：自古人君代天理物，建立百司，分理庶务，以安生民。当时贤人君子，惟恐不为君用。及为君用，无不尽心竭力，效其勤劳，显父母，荣妻子，立美名于天地间。岂有坏法之为？所以，官称其职，民安其生。朕自混一四海，立纲陈纪，法古建官，内设六部、都察院，外设布政司、按察司、府、州、县。名虽与前代不同，治体则一。奈何所任之官多出民间，一时贤否难知。儒非真儒，吏皆猾吏，往往贪赃坏法，倒持仁义，殃害良善，致令民间词讼，皆赴京来，如是连年不已。今出令昭示天下，民间户婚、田土、斗殴相争一切小事，须要经由本里老人、里甲断决。若系奸、盗、诈伪、人命重事，方许赴官陈告。是令出后，官吏敢有紊乱者，处以极刑。民人敢有紊乱者，家迁化外。前已条例昭示，尔户部再行申明：

第一条　民间户婚、田士、斗打、相争一切小事，不许辄便告官，务要经由本管里甲、老人理断。若不经由者，不问虚实，先将告人杖断六十，仍发回里甲、老人理断。

第二条　老人、里甲与邻里人民，住居相接，田土相邻，平日是非善恶，无不知晓。凡民有陈诉者，即须会议，从公剖断。许用竹篦荆条，量情决打。若不能决断，致令百姓赴官紊烦者，其里甲、老人亦各仗六十；年七十以上者不打，依律罚赎，仍着落果断。若里甲、老人循情作弊、颠倒是非者，依出入人罪论。老人、里甲合理词讼：户婚、田土、斗殴、争占、失火、窃盗、买卖、骂詈、钱债、赌博、擅食田园瓜果等、私宰耕牛、弃毁器物稼穑等、畜产咬杀人、卑幼私擅用财、亵渎神明、子孙违犯教令、师巫邪术、六畜践食禾稼等、均分水利。

　　第三条　凡老人、里甲剖决民讼，许于各里申明亭议决。其老人，须令本里众人，推举平日公直、人所敬服者，或三名、五名、十名，报名在官，令其剖决。若事干别里，须会该里老人、里甲公同剖决。其坐次，先老人，次里长，次甲首，论齿序坐。如里长年长于老人者，坐于老人之上。如此剖判，民讼抑，长幼有序，老者自然尊贵。

　　第四条　老人理词讼，不问曾朝觐、未曾朝觐，但年五十之上，平日在乡有德行、有见识、众所敬服者，俱令剖决事务，辨别是非。有年虽高大，见识短浅，不能辨别是非者，亦置老人之列，但不剖决事务。

　　第五条　本里老人，遇有难决事务，或子弟亲戚有犯相干，须会东西南北四邻里分，或三里五里众老人、里甲剖决。如此，则有见识多者，是非自然明白。

　　第六条　老人、里甲剖决词讼，本以便益官府，其不才官吏，敢有生事罗织者，罪之。

　　第七条　老人有犯罪责，许众老人、里甲公同会议，审察所犯真实，轻者就便剖决，再不许与众老人同列理讼。若有犯重者，亦须会审明白，具由送所在有司，解送京来，不许有司擅自拿问。若有司擅自拿问者，许老人具由来奏，罪及有司。

　　第八条　老人中有等不行正事，倚法为奸，不依众人公论，搅扰坏事者，许众老人拿赴京来。

　　第九条　老人毋得指以断决为由，挟制里甲，把持官府，不当本等差役。违者，家迁化外。

　　第十条　乡里中，凡有奸、盗、诈伪、人命重事，许赴本管官司陈告。其官吏明知此等不系老人、里甲理断，一概推调不理者，治以重罪。若里甲、老人合理之事，顽民故违号令，径直告官，其当该官吏不即挟断，发与断理，因而稽留作弊，诈取财物者，亦治以重罪。

第十一条　奸、盗、诈伪、人命重事，前例已令有司决断。今后民间除犯十恶、强盗及杀人老人不理外，其有犯奸、盗、诈伪、人命，非十恶、非强盗杀人者，本乡本里内自能含忍省事，不愿告官系累受苦，被告伏状，亦免致身遭刑祸，止于老人处决断者，听其所以。老人不许推调不理。若里、老人等，已行剖断发落，其刁顽之徒，事不干己，生事诉告搅扰，有司官吏生事罗织，以图贿赂者，俱治以罪。

第十二条　民间词讼，已经老人、里甲处置停当，其顽民不服，辗转告官，捏词诬陷者，正身处以极刑，家迁化外。其官吏人等不察所以，一概受理，因而贪赃作弊者，一体罪之。

第十三条　老人、里甲剖决民讼，毋得置立牢狱。不问男子妇人犯事，不许拘禁。昼则会问，晚则放回；事若未了，次日再来听问。敢有监禁生事者，治以重罪。

第十四条　里甲、老人，凡本管人民有事，自来陈告，方许办理。若民些小词讼，本人自能含忍不愿告诉，若里甲、老人风闻寻趁，勾引生事者，杖六十；有赃者，以赃论。

第十五条　民间一里之中，若有强劫、盗贼、逃军、逃囚及生事恶人，一人不能缉捕，里甲、老人即须会集多人擒拿赴官。违者，以罪罪之。

第十六条　老人、里甲不但与民果决是非，务要劝民为善。其本乡本里人民，务要见丁着业。凡有出入，互相周知。大诰内已有条款，务要申明遵守。违者，论罪。

第十七条　本乡本里有孝子顺孙、义夫节妇，及但有一善可称者，里、老人等以其所善实迹，一闻朝廷，一申上司，转闻于朝。若里、老人等已奏，有司不奏者，罪及有司。此等善者，每遇监察御史及按察司分巡到来，里、老人等亦要报知，以凭核实入奏。

第十八条　本乡本里，但有无籍泼皮，平日刁顽，为非作歹，不受教训，动辄把持挟制，此非良善之民，众老人严加惩治。如是仍前不改，拿送有司解赴京来。若有司循情脱放不解者，许老人奏闻。

第十九条　每乡每里，各置木铎一个。于本里内选年老或残疾不能生理之人，或瞽目者，令小儿牵引，持铎循行本里。如本里内无此等之人，于别里内选取。俱令直言叫唤，使众闻知，劝其为善，毋犯刑宪。其词曰："孝顺父母，尊敬长上，和睦乡里，教训子孙，各安生理，毋作非为。"如此者，每月六次。其持铎之人，秋成之时，本乡本里内众人随其多寡，资助粮食。如乡村人民住居四散弯远，每一甲内置木铎一个，易为传晓。

第二十条　乡里有等顽民，平日因被老人责罚，怀挟私恨，以告状为由，朦胧将老人排捏妄告者，事发，顽民以重罪。

第二十一条　本里内递年有犯法官吏人等，或工役，或充军逃回者，有别处逃来者，老人须要家至户到，叮咛告诫里内人民，毋得隐藏，将此等军囚送赴官司起解，免致连年勾扰，邻里亲戚受害。设若隐藏在乡，事发，必然被其连累。

第二十二条　朝廷设官分职，本为安民。除授之际，不知贤否；到任行事，方见善恶。果能公勤廉洁，为民造福者，或被人诬陷，许里老人等遵依大诰内多人奏保，以凭辩理。如有贪赃害民者，亦许照依先降牌内事例，再三劝谏。如果不从，指陈实际，绑缚赴京，以除民害。凡保奏者，须要众皆称善。绑缚者，须要众知其恶。务在多人，方见公论。若止三五人、十数人称其善恶，人情偏向，朝廷难以准信。若见官长正直，设计引诱贪赃，或以赃物排陷，妄行绑缚，及有不才官员，因是平日与其交通贿赂，却称为善，妄来保奏，如此颠倒是非，乱政坏法，得罪深重，岂能保其身家！

第二十三条　两浙、江西等处，人民好词讼者多，虽细微事务，不能含忍，径直赴京告状。设若法司得人，审理明白，随即发落，往来亦要盘缠。如法司囚人数多，一时发落不及，或审理不明，淹禁月久，死者亦广；其干连之人，无罪而死者不少。详其所以，皆由平日不能互相劝诫，不忍小忿，动辄径由官府，以致身亡家破。如此者，连年不已，曾无警省。今后，老人须要将本里人民恳切告诫。凡有户婚、田土、斗殴相争等项细微事务，互相含忍。设若被人凌辱太甚，情理难容，亦须赴老人处告诉，量事轻重，剖断责罚，亦得伸其抑郁，免致官府系累。若顽民不遵榜谕，不听老人告诫，辄赴官府告状，或径赴京越诉，许老人擒拿问罪。

第二十四条　河南、山东农民中，有等懒惰、不肯勤务农业，以致衣食不给，朝廷已尝差人督促耕种。今出号令：此后只是各该里分老人劝督。每村置鼓一面，凡遇农种时月，五更摇鼓，众人闻鼓下田，该管老人点闸。若有懒惰不下田者，许老人责决。务要严切督促，见丁着业，毋容惰夫游食。若是老人不肯劝督，农人穷窘为非，犯法到官，本乡老人有罪。

第二十五条　乡里人民，贫富不等，婚姻、死丧、吉凶等事，谁家无之？今后本里人户，凡遇此等，互相赒给。且如某家子弟婚姻，某家贫窘，一时难办，一里人户，每户或出钞一贯，人户一百，便是百贯；每户五贯，便是五百贯。如此资助，岂不成就？日后某家婚姻，亦依此法轮流赒给。又如某家，或父或母死丧在地，各家或出钞若干，或出米若干资助，本家或棺椁，或僧道修设善缘等事，皆可了济。日后某家倘有此事，亦如前法，互相赒给，虽是贫家些小钱米，亦可措办。如此，则众轻易举，行之日久，乡里自然亲爱。

第二十六条　民间子弟七八岁者，或十一、二岁者，此时欲心未动，良心未丧，早令讲读三编大诰。诚以先人之言为主，使知避凶趋吉，日后皆成贤人君子，为良善之民，免贻父母忧虑，亦且不犯刑宪，永保身家。

第二十七条　乡饮酒之礼，本以序长幼，别贤否，乃厚风俗之良法，已令民间遵行。今再申明，务要依颁降法式行之。长幼序坐，贤否异席，如此日久，岂不人皆向善避恶，风俗淳厚，各为太平之良民。

第二十八条　鬼神之道，阴阳表里，人虽无见，冥冥之中，鬼神监察，作善作恶，皆有报应。曩者已令乡村各祭本乡土谷之神及无祀鬼神。今再申明民间，岁时依法祭祀，使福善祸淫，民知戒惧，不敢为恶。如此，则善良日增，顽恶日消，岂不有补于世道？

第二十九条　如今天下太平，百姓除本分纳粮当差之外，别无差遣。各宜用心生理，以足衣食。每户务要照依号令，如法栽种桑株枣柿棉花。每岁养蚕，所得丝绵，可供衣服；枣柿丰年可以卖钞使用，遇俭年可当粮食。此事有益尔民，里甲、老人如常提督点视。敢有违者，家迁化外。

第三十条　民间或有某水可以灌溉田苗，某水为害可以提防，某河壅塞可以疏通，其当里老人会集踏看，丈量见数，计较合用人工，并如何修筑，如何疏通，定夺计策，画图贴记，赴京来奏，以凭为民兴利除害。

第三十一条　自古民人纳粮当差，本以永安。近年以来，有司不才，官吏不能教民为善，惟务贪赃。于纳粮当差之际，往往接受宽限钱钞，放富差贫。致令愚民仿效，合纳粮不肯依期送纳，虚卖实收；本分差役，不肯趋事赴工。今后民人凡遇纳粮当差，不许买求官府，该纳税粮，依期送纳；本等差役，即便应当。若本等税粮已纳，差役已当，其官吏、粮里人等，重行科敛差使者，许受害之家，会集多人绑缚赴京，治以重罪。

第三十二条　元朝，天下乡村人家子弟读书者多。洪武初年，命各处乡村设立社学，教训子弟，使为良善。其不才有司、里甲人等，倚此作弊，将有丁子弟，本有暇读书，却受财卖放，不令入学；无丁子弟无暇读书，却逼令入学，致以民人受害，所以革去社学。今后民间子弟，许令有德之人，不拘所在，亦不拘子弟名数，每年十月初开学，至腊月终罢。如丁多有暇之家，常读常教者，听。其有司官吏、里甲人等，敢有干预搅扰者，治以重罪。

第三十三条　父母生身之恩至大，其鞠育劬劳，详载大诰。今再申明：民间有祖父母、父母在堂者，当随家贫富奉养无缺。已亡者，依时祭祀，展其孝敬。为父母者，教训子弟；为子弟者，孝敬伯叔；为妻者，劝夫为善。如此，和睦宗族，不犯刑宪；父母妻子，朝夕相守。岂不安享太平？

祝文式：

维洪武某年、岁次、某甲子、某月、某朔、某日，孝孙某同阖眷属告于高曾祖考妣之灵曰：昔者祖宗相继，鞠育子孙，怀抱提携，劬劳万状。每逢四时交代，随其寒暖，增减衣服，撙节饮食。或忧近于水火，或恐伤于蚊虫，或惧罹于疾病，百计调护，惟恐不安。此心悬悬，未尝暂息。使子孙成立，至有今日者，皆祖宗劬劳之恩也。虽欲报之，莫知所以为报。兹者节届春夏秋冬，天气将温凉热寒，追感昔时，不胜永慕，谨备酒肴羹饭，率阖门眷属以献。尚享！

第三十四条　各处教官训导，递年作表诽谤，大逆不臣。事发，杭州等学训导景德辉等若干，俱已伏诛。今后天下教官人等，务要依先圣先贤格言，教诲后进，使之成材，以备任用。敢有不依圣贤格言，妄主异议，蛊惑后生，乖其良心者，诛其本身，全家迁发化外。

第三十五条　乡里人民，住居相近，田土相邻，父祖以来，非亲即识。其年老者，有是父祖辈行，有是伯叔辈行，有是兄辈行者，虽不是亲，也是同乡，朝夕相见，与亲一般。年幼子弟，皆须敬让。敢有轻薄不循教诲者，许里甲、老人量情责罚。若年长者不以礼导后生，倚恃年老生事罗织者，亦治以罪。务要邻里和睦，长幼相爱。如此，则日久自无争讼，岂不优游田里，安享太平！

第三十六条　乡里人民，或有生理不前，家道消乏，因遇非灾横祸，缺少用度，不得已要将父祖所置田地产业变卖者，许其明立文契，从便出卖。里邻亲属合该画字，不许把持刁蹬，揹索财物酒食。违者，治罪。

第三十七条 各处卫所军士，专在御侮防奸，保安黎庶。递年以来，有因征进在逃，有在卫逃亡，及有为事充军逃故者，各该卫所往往差人勾丁补役，捉拿正身。其良善里甲、老人不敢隐佔，即时勾发。有等无知之徒，罔知利害，互相隐蔽，买嘱有司，却做无勾户绝等项虚捏回申，及至再行差人挨究，却又有丁。如此作弊，获罪者亦多。今后老人、里甲凡遇勾军，即便发遣，免致官府往复差人勾扰，连累乡里不得安业。若有名姓差讹，冒名勾取者，许于老人、里甲处陈告。其老人、里甲即与体审穷究，将应合当军人的确姓名连人解送，免致赴京陈告，辗转照勘，紊烦官府。其应合当军人，恃顽不行赴卫，欺瞒官府，捏词妄告者，许老人指实呈解有司问罪。如是老人不理，亦治以罪。

第三十八条 民间词讼，已令自下而上陈告，越诉者有罪。所司官吏往往不遵施行，致令越诉者多。今后敢有仍前不遵者，以违制论的决。

第三十九条 榜文内坐去事理，皆系教民孝悌忠信礼义廉耻等事。所在官吏、老人、里甲人等，当体朝廷教民之意，各宜趋善避恶，保守身家，常川遵守奉行，毋视虚文，务在实效。违此令进，各照所犯，罪之。

第四十条 直隶府、州、县，从监察御史；在外布政司、府、州、县，从各道按察司，常加申明。务要依榜文内事理，永远遵守。敢有视为泛常，不行申明者，治之以罪。

第四十一条 凡理讼老人有事闻奏，凭此赴京，不须文引。所在关隘去处，毋得阻挡。余人不许。如有假作老人名目，赍此赴京言事者，治以重罪。

钦此。本部今将圣旨事意，备云刊印，昭布天下，仰钦遵施行。

洪武三十一年四月。

二 《乡规民约》明朝"体类"六则

材料来源：《新刻天下四民便览三台万用正宗》卷十七《民用门·乡约体类》。该书题为"三台馆山人仰止余象斗纂，书林双峰堂文台余氏刊"（即余象斗纂集，余文台刊印），刊印时间是明朝万历己亥（二十七年/1599 年），共 43 卷，分上下二层刻印，是明朝日用类书中最具权威性的一部。日本东京大学和蓬左文库收藏。

材料说明：这里迻录的是明朝日用类书《万用正宗》（双峰堂版）

"民用门·乡约体类"中的六则乡规民约文本模板。这里的"约"即"公约","乡约"即"乡规民约","体类"即各类乡规民约的体式模板。

1.《乡约》（乡规民约）

夫国以民为本，本固则邦宁；民以食为天，食足则信孚。此农事至重，实王政之首务也。切照本乡居民稠密，别无经营，惟资耕种，以充岁计，是以既殚东作，庶有以望西成，兹当禾苗盛长之时，不许纵放牛马践伤，鹅鸭啄食，各家务宜牢固关闸。爰自某月某日会众议约，以后倘有无籍者，不依条约，照例惩罚，如有抗拒不遵，定行呈首官府，众共攻之，以一科十，纵律无正条，其情可恶，必敬必戒，故论（谕）。

2.《禁六畜作践禾苗约》

夫国以民为本，本固则邦国咸宁；民以食为天，天顺则人民均富。理固然也。切照本境僻处遐陬，民居稠密，不务工艺以营生，罕作经商而觅利。惟藉播谷以给赡家之衣食，种植以供上国之税粮，日用巨细所需分毫悉赖斯。方春之时，载耕泽泽，则王伯侯亚而竭力于耕播也，可谓劳矣。至于当夏之际，且温且渗，其鹿绵绵，则强以候旅而心勤于耕耨也。厥惟艰哉！诚以耕播耘耨之勤劳，预望仓廪丰实之饶，使八口之家无啼饿哭寒之苦，一乡之内有创含哺鼓腹之乐。嗟夫俗有淳漓，民有纯驳，知稼穑之艰难者固多，徇一己之私欲者亦有。或纵牛羊践踏，或放鹅豕蹂食。若不设禁，诚为有害。夫既往者不可追，而未来者尤可救。早晚禾苗之吐秀，乃感天意而垂荣；牛羊鹅豕之践（食），实由人心而不谨。是则忧之，良可惜哉！爰会乡众金谋，严立禁约束，仰周知《苗约》。以某月日为始，各家人等务令遵守，畜养禾苗、牲口，俱要谨慎，严固关拦，毋得故意纵放践食。巡视遇见，登时戮死，不必赔偿，亦无争竞。倘有无籍之徒、恃强之辈出首言争，即投申明亭，止从公断，治罚依乡例。庶使人知所警物，遂其生殖见。由苗而秀，芃芃然于东吁之内；由秀而实，栗栗然（于）西陌之中。惟愿五谷丰登，共享太平之盛世；四民乐业，同于至治之雍熙。谨示。

3.《禁田园山泽约》

古者田圃山泽，俱有属禁。所以樽节。爰养之道收天地自然之利。今兹青苗蔽野，绿荫连山，一等不良之徒，辄肆狗鼠之行，以致生者熄、成者耗，而厚生之道荒矣。是用会集一方，宰猪置酒，歃血预盟，从新禁蓄，日加巡逻之功，月有交牌之会。凡我同盟之人，皆在所禁之中，令有条例戢于后，故示。

4.《禁盗鸡犬约》

夫犬司夜而鸡所以司晨者也。物虽出于至微，实则所关甚大。岂可以泛乎视哉？且孟轲有云："鸡鸣犬吠相闻，而达乎四境"，则鸡犬大有所关。矧二南之风，直文戒暴之言，则曰无使尨也；吠又有贤妃告戒之辞，则曰鸡既鸣矣。是鸡可以关风化之盛矣。是物也，爱养之宜用，照顾之当厚。惟之为用，则鸡之祭祀者，此也；宴宾者亦此也。犬之御暴者，此也；正奸者亦此也。然吾家所养，尔家亦然；尔心所爱，吾心亦然。奈何有一等无知之徒、侥幸之辈，不思物各付各物之心，惟之利己损人之计，贪图口体之奉，纵故嗜欲之心，或掩藏以变鬻军民，或屠戮以恩市妻子。所肆非轻，为害不浅。缘自今日为始，会众禁约：如有仍前浪荡贪饕之辈，不思人家蓄养之劳，忍心害理不仁，孰甚焉？许同约之人究察。或捉获赃证，送亭问理。轻则随情发落，照例责罚；重则送官，惩治问罪。如此，则人心有所警畏，物性得以安全。人人有士君子之行，此屋有可封之俗矣。凡我同盟，各宜鉴诸。故示。

5.《禁盗田园果菜蔬约》

某保为禁约事。切照本保民居四散，业在田园，故于东作方兴之时，雨露澹濡之际，其于蔬果等物四时靡不种我（栽）于中，预备急济日食方全。方今蔬菜成熟，不亦禁戒。因离家遥远，巡顾不周，却被连（邻）近居民多有鼠窃狗偷之辈，辄起贪心，擅入田园采取蔬菜，以为己有，甚于强徒扰掠乡村，人人无不受害。然此惟图一时之小利，以顺口腹之所欲，损物害理不仁孰甚。理合给约通禁，各宜洗心涤虑，中间再有仍前偷盗不悛者，方许害之人缉遇擒拿赴亭，从公审治，仍罚某物若干，入于本境某处充会，以禁其余，的不虎（虚）示。

6.《禁盗笋竹约》

某境为禁约事。户有竹林一所，坐落某处。水竹成林，今当春笋发生之际，因离家遥远，以致巡视不常，却被邻近居民鼠窃狗偷之辈，纵令男妇人等，窥觇觊觎，辄起贪心，或三五成群，或八九为党，迳入林中，擅自尽掘。惟肆一己之私欲，图充一时之口腹，损人害物不仁孰甚？本欲告究惩治，缘无指实姓名，姑得含容隐忍。岂期奋起凶顽，原其所犯情由，实与"擅取田园瓜果"之律同科，又何异哉？今给告明，仰各洗心涤虑。

如有稔恶不悛，仍前盗取，许令诸人察缉捉获，甘赏银两，以酬其功。仍将盗犯人复捉，（禀）明里老，着令充会，以警后来。如此使人心知所忌惮，而（使）物性得遂共生。成为此。故约。

三　《巴县廉里一甲清正地方会簿》

资料来源：四川大学历史系、四川省档案馆主编：《清代乾嘉道巴县档案选编》（下册），四川大学出版社 1996 年版，第 276—278 页。

材料说明：《巴县廉里一甲清正地方会簿》在《清代乾嘉道巴县档案选编》中的全名为《嘉庆十年巴县廉里一甲清正地方会簿》。"巴县廉里一甲"表明巴县当时的乡里组织形式还是里甲与保甲同存并重的。一般来讲，明清时期乡里组织中，里甲（差役兼自治组织）与保甲（治安联防组织）同存并重的格局，在清代康雍时期结束，此后保甲职能扩大，兼行里甲职责，成为综合性的乡治组织。但从巴县档案来看，重庆府保甲综合化的进程似乎慢于中东部地区。"清正会"大致相当于今天的"村民事务基金会"，《清正地方会簿》即"清正会章程"，章程内容分为三部分：序言、条规（共 17 条）、首次捐款姓名及金额。主要内容包括四个方面：清正会的任务、清正会的组织、清正会会员的入会条件及义务与权利、清正会会银（基金）的来源与使用。

设议清正会序

窃值今之世，处会之时，朝廷重道崇儒，轻徭薄赋，而我士庶无不共乐升平也。然稂莠不除，则嘉禾不植。今之啯匪四窜，贼风日长，与夫流鄙恶人，无地不有。其为害于地方也，岂浅鲜哉？我等生同此方，当协心防范，以为保全身家之许。此清正会之设，实有不可缓者也。盖捐输会择人掌放生息，则取用得便。一遇前项不法之徒，兴讼禀送，来往可无缺费之虞。捐输勿替，储积裕如，将见力能干事者，莫不踊跃争先也。地方之转祸为福，其在即兹乎。原（愿）我同人，各量自家，共为捐凑，而勿吝焉。所有掌放会银及是否应用，议各条规，开列于后：

一、议掌放会银之人，加一五起息，遇事取用，随要随支，不得迟误。

二、啯匪入境，捉拿送官，来往均用会银。

三、遇捕获窃贼送官，来往均用会银。

四、遇有案之贼抢控事主，会内人等务须出名公禀。在事主之有力者，会内帮费一半；其无力者，一切用费会内全认。

五、遇恶人估赊估借及平空生方诈搕人之财物，稍有不遂行凶殴等事，地方出名公禀。来往均用会银。

六、恶人引诱良家子弟捆赌，如该子弟原系赌钱之人，不必过问。倘系良民捆赌属实，地方出名公禀。会内给公禀人等用费。

七、遇业卖流鄙，向买主蚤索加偿，实在无可挽转者，听从买主禀官究治。作证之人去来盘费，于会内取用。

八、凡大小事件不经地邻理说，辄行具控，且一事而呈几署者，会内人等务须秉公罚处。倘其不遵，即用会内之银作费禀□。

九、遇境内开设腰店之家，访有窝留咽匪者，会内人等即当联络围捕，将店家一并擒送，不得徇情。一切盘费均于会内取用。

十、差役来乡办案，不到原被之家，希图占扎场市，以便串同店主浮报口案，派分原被二家，不准开销。如有店主逼索，会内艾银作费禀究。

十一、婚姻田土钱债等事，凭众理说不遵，听其禀官无阻，但须自出用费，不得觊觎会内之银。

十二、物不经主均谓之盗。凡属柴薪竹木不向主人说明辄行砍伐者，一经捕获，即以贼盗论。

十三、遇事禀公，各于附近议派，不得拘定会内为首之人。

十四、会内人等所招佃户，务须不时各自稽查，严加约束。倘其不守正业，在外图赖非为滋事，抑或有犯盗贼，俱惟招主是问。

十五、未在会之人，凡属有事，会内之人不得过问。其来从会者勿禁。

十六、已经入会之人，凡属父兄子弟及佃户雇工人等屈抑，均属一体相关，不得以未从会者论。

十七、值年管事之人，凡遇乡间有事，须秉公理处；倘有私徇，查出公罚。再，有事禀官，去来盘费，务须据实报账；倘有浮冒，除不准开销外，仍行罚处。

从本年八月十五日起公议管事首人：龚宗祥、余大光、文辅光、蒋在荣

以上四名，众议管理地方事务，并督率乡勇捕捉贼匪，其盘费均于会内取用。

余大光 银二两 收

晏朝逊 银一两 收

岑玉臣 银二两

晏朝秀 银一两

何廷宣 银一两

晏朝魁 银一两 收

罗凤章

罗相卿

马华先 银一两 收

晏子章 银一两 收

余怀义 银一两 收

四 《巴县团首牌甲条例》

资料来源：四川大学历史系、四川省档案馆主编：《清代乾嘉道巴县档案选编》（下册），四川大学出版社 1996 年版，第 279—281 页。

材料说明：《巴县团首牌甲条例》在《清代乾嘉道巴县档案选编》中的全名为《嘉庆十八年三月二十九日巴县团首牌甲条例》。从此条例看，巴县当时还是里甲与保甲同存并重的。一般来讲，明清时期乡里组织中，里甲（差役兼自治组织）与保甲（治安联防组织）同重并存的格局在清代康雍时期结束，此后保甲职能扩大，兼行里甲职责，成为综合性的乡治组织。但从巴县档案来看，重庆府保甲的综合化进程似乎慢于中东部地区。嘉庆十八年（1812 年）的巴县《团首牌甲条例》，包括序言、条规（共 23 条）、附则三部分，主要内容有：保甲组织的使命与居民的行为总则、保甲的组织方式、甲内特设的治安机构设施、各甲重点防范打击的不法之徒、甲民都有的释教化不法之徒遵纪守法、弃恶从善的义务，等等。

为团练牌甲严拿匪类，以靖地方，以安民生事。

照得本县到川十有余年，历篆数任，深知川省地方五方杂处，匪徒最易溷迹。至渝城则更系水陆冲衢，商贾云集，奸盗邪淫无所不备。若稽查稍疏，则商民受害非浅。且每多外来匪棍，或假装生意买卖之人，来此脱骗客货，滚败人口；或传习西洋邪教；或勾串本地痞棍凭空诬索，动即逞凶滋事；更或号称大五小五帽顶，携带禁刀窜赴各乡场，见有货摊什物，即行估夺；或潜匿僻地菁林，遇有孤单行旅，即行劫抢；或沿场绺窃掉包；又有多则数十为群，少则三五为偶，携带撬刀夹剪，专于拨门挖洞，或偷窃银钱货物，或搜取器俱耕牛。其余私铸、私宰、窝赌、窝娼，种种积弊，言之令人切齿。至于沿江一带，更易藏匿，防范尤不可不严，除签差严密查拿外，诚恐不肖差役虚应故事，不肯认真出力，自应仍借民力协同严拿。本县调任兹土，整顿意坚，务期地方日臻宁谧。爰遵历奉大宪檄饬编联保甲之法，详立科条，开列于后。孟子云守望相助，保甲之法即孟夫子遗意。彼为此守，此为彼望，联众心而协于一。彼为此守，仍是家自为守；此为彼望，仍是人自为望。齐众力而归于专，意美法良，莫此为最。但恐奉行不力，或致难见实效，合亟出示晓谕。为此恺切晓谕城乡各团保牌甲，及粮户绅民铺户人等一体知悉。尔等务各同心协力，认真遵行，务使盗风寝息，商民安业，切勿视为具文，虚应故事，勤始怠终，致负本县除盗安良、整馈地方之至意。凛遵！毋违！特示

科条开列于后[①]：

一、十家联为一牌，设一牌头。其牌兴必须素无过犯，才过九家者，方可充当。如牌中有犯前项为匪等情，务须互相稽查首报，倘敢徇隐，一家有犯，九家连坐。其有不安生业，游手好闲，不愿人牌者，定非安静良民，许该牌头据实禀究。

二、十牌联为一甲，或五六牌为一甲，每甲设立团首一二名。其团首不拘绅士粮户，务须选择品行端方，为人公道，素为一方敬服者，公举承充，督率牌头查拿前项为匪各情弊。甲内各牌头、居民，皆应听其约束。如果认真办理，勤慎公正，始终不怠，本县定从优加礼貌或给匾额，或禀请上宪赏给匾额优奖。

三、各甲中如有素不安分或犯过窃案，各甲自均不肯编连，然听其散处，毫元管束，更属不妥。该团保等务将此等户口，附列于各团簿之末，作为畸零户。该团众等，仍不时留心察看，如其果能自新，安分守法，三年不犯前恶，即收入团内，准作良民。倘仍有犯，许该团保等随时禀究。

四、各场市镇，每场设立桄锣并木架一座，高脚牌一面，其牌上书写"严拿匪徒"四字。制造上方下圆青岗木棍四根，上写"专打匪徒"四字，插立木架之上，以壮威势。各家仍再制青岗木棍一二根，以备捕贼防

---

① 以下序号为转录时所加，原文均为"一"。

身。如藏有违禁之鸟枪竹铳，仍应照例呈缴，不准擅用。倘遇匪徒入境，刻即鸣锣击梆。各牌头一闻锣声，即率牌众，各持木棍齐集，协力擒拿，务须全数弋获解县。本县随到随审，绝不使尔等在城久候，且必尽法处治，毋虑报复。倘匪徒敢于持杖拒捕，许尔等照例格杀勿论。第不许就拘擅杀，自取罪戾，亦不许私拷私释，查出并究。如能擒获大伙匪徒多名，按计名数分别奖赏。倘有闻锣不到，协拿不力者，许团首乡保等公同指名禀究。

五、除贼宜先除窝，窝家最为民害，本县久闻巴邑各乡场市集，均有窝户。且闻有身家饶足之户，亦窝留分肥者。赃入窝室，获贼不能得赃，以致犯供狡展，案悬难结，实堪痛恨。除本县自行密查外，该团首乡保牌头邻佑招主，务各留心稽查，遇有窝贼之户，无论伙同偷窃，坐地分赃，立即指名首告，以凭严拿，尽法究办。倘该团保等容隐不报，一经本县查出，或经别人告发，定行一并从重惩究。但不许挟嫌诬妄，自蹈罪惩。

六、城乡流神痞棍，俗呼为滚刀皮，近日又呼为斗方法。成群结党，或欺骗朴弱，或讹诈乡愚，或受雇帮人打架，或意图诈索，藉称商店名目，纠众妄拿私盗，持械阻斗，致酿人命，种种凶恶，大为民害。该团众等如遇前项棍徒，刻即鸣锣捆拿解县，以凭尽法惩办。设或畏其凶横，亦刻即赴县密禀，以凭拿究。倘敢徇隐，并究不贷。

七、甲内越礼犯份，酗酒打降，以及强横滋事者，该团众等务须委曲开导，使其改悔。倘竟不知改悔，许该团首立即指名禀究。

八、设立水卡处所，应一体编入团内。遇夜各水卡靠有船只，该团保等务须协同坐卡差役，不动声色，严密稽查。如有形迹可疑船只即应认真盘诘，押解送县。如当堂审系真贼，定分别重赏。倘敢懈忽，致有抢劫等事，定将稽查不力之团保及坐卡差役一并重惩。并谕令过往船只，早靠码头及场市人多之地，不许独自停泊山溪野涧。倘敢不遵，许该团保卡差扭送船户，送县重惩。

九、兴贩人口，大干严例。查渝城二江汇合，此种恶贩更多，向有媒滚子，高脚骡子及吹吹等项名目。该团众等，务须严查甲内，如有此等兴贩情事，刻即具禀。倘敢徇隐，并得贿纵放，一经发觉，定将该团首乡保等一并严究。

十、西洋邪教，现奉新例严禁。该团众须加意严查，如甲内再有从习西洋邪教，及匪徒新自倡立邪教之事，即行赴县密禀，以凭查拿。毋得徇隐，致干重究。

十一、年壮乞丐，成群结党。日则强讨估索，乘间窃取，或窥探路径；夜则穿窬肆窃。种种骚扰，其害匪细。该团内如有年壮乞丐，刻即驱逐出境，不得任其存留。如敢逞凶不遵，协拿送县究治。如实系老幼残废，不能力作者，仍听讨乞度活，亦不得恃强估讨，如违究处。

十二、贼匪乞丐，多系潜匿岩洞古墓，及并无住持破庙之中。该团首等，务令各地主刻即设法封闭，使比辈无地栖身。倘地主不遵，许该团首约保禀究。

十三、各场及本城俱要修整栅栏。其各场每逢场期，轮流派人梭织巡查。除遇有流匪到场，照前鸣锣协拿外，如遇有绺窃、掉包、打串筒等匪，随时拿获送究。夜晚常川轮流派人值更巡查，违者许该团首禀究。

十四、各乡场每甲于总路隘口设立堆卡，各牌派人昼夜轮流巡查防守。如遇夜间窃贼，一闻声喊，各牌众务各齐集协力追捕，以期即时就获，送官究治。倘巡防不力，任意他往，以致贼匪兔脱，许团首牌头禀究。

十五、坐卡勿派年老患病及鳏寡孤独之人，其有力之家及有子者不存免派之例。或有子年幼即着雇人代替，如无雇者，仍予宽免。

十六、各场及本城内外歇店均给发循环号簿，登记往来，仍责成坊长约客，每夜留心挨查。如有歇住匪人失于盘结，及任听差役唤到人证久押店申坐食，不即投审，或滥食酒肉，多费钱文者。均惟店户坊长等是问。

十七、各场既设栅栏，定更后即应关锁，钥匙即交更夫巡查经管。如居民有疾病生产等事急需延医请人，务须执灯行走，并篙实请告明经管钥匙之人，方准开栅。如不执灯夜行，以非奸即盗论，许巡查人等拿交团首场头送县究治。

十八、各乡腰店，责成乡保招主稽查。如有容留匪人，该乡保招主立即鸣锣拿送究办，并将开设腰店之人一并解送惩治，但各腰店人少势孤，倘或流匪众多，强宿估站，该腰店如能暗地通知团众，齐集协拿，该腰店主免究。倘该腰店主既已通信，而团首等不即齐众前往协拿者，许腰店主禀官，定将团保等治罪。

十九、私宰耕牛，有害农业。盗贼倚宰户以灭迹，宰户通盗贼以觅利。是宰牛之家，实为窝盗之窟，不再不严行查禁。如遇私宰耕牛者，许该团首等刻即协拿，连牛肉一并解县严究。

二十、窝娼窝赌，最为民害。不惟废时失业，荡产倾家，且每多因此肇衅酿命，亟宜严行查禁，团甲内如有窝娼窝赌之户，该团首等务即指名具禀，以凭拿究。

二十一、田园稻谷杂粮蔬菜，民间赖以资生。查巴邑四乡恶俗，每有妇女幼童，三五成群，藉以捡柴为名，凡遇稻穗、杂粮、蔬菜、竹木，无不乘间偷窃。或经事主撞遇，反行撒泼逞凶，装伤骗赖；更或砌情妄控，殊为地方之害。各该妇女幼童之父兄夫男，务各严加禁约。自示之后，倘敢纵容不遵，有仍蹈前辙者，定拿各该妇女幼童之父兄夫男，一体治罪。

二十二、刻字刷印工资，并印簿纸张，俱由本县捐廉给发，丝毫不累阊间。至该团首将牌甲居民，按照十户一连，如户口有相离窎远者，或即八九户亦可。均须设立牌头一名，编联齐全，造具草簿送县，以凭发房。另造两本，钤印过硃，以一本存县备查，以一本给团首领回。且系随送随发，不令守候，更不许房书人等藉端延扯，需索钱文，该团首等亦不得藉端派累干究。

二十三、编连团保，原为洗除盗贼、娼赌、凶恶棍徒，绥靖地方而设。各团首等务须洁己奉公，认真实心办理。如果地方宁静，定当从优奖赏。其余田土、婚姻、债账口角，及一切寻常事件，均勿干预。更不得受贿徇庇，仗恃人众，藉事生端，或任意勒索，妄拿扰累，反为民害。如一有犯，定行严究。各宜凛遵自爱。毋违！干咎！

以上各条，该团首约保牌头以及团内铺户人等，务须一体同心协力，认真办理，务使盗息民安，风归醇厚，是则本县之所深望也。各宜凛遵。毋违！特示

五　《金山县保甲章程》

资料来源：《古代乡约及乡治法律文献十种》（第三册），黑龙江人民出版社2005年版，第541—561页。原文为原版影印，现在加以断句标点，并加各条序号。

材料说明：《金山县保甲章程》是清代后期江苏省金山县（今属上海）县令为推行保甲法而编订的地方法规，内容较为完善，形式比较规范，较之其他保甲章程更具代表性和典型性，是历来保甲法规中最成熟且能付诸实施的一个。

金山县正堂蒋为出示晓谕事：照得保甲之法，仿自周官，乃比闾族党之遗制，原为弭盗安良、惩奸摘匪，整顿地方第一要务，每以奉行不力，民间又视为具文，以致迄无成效，本县来宰斯邑，首重安民。特禀请宪派委干员奉行，实力逐细编查，务期甲不遗户，户不遗丁，方为慎重。爰将条款详列于后：

第一条　先发草册，清查户口。一曰民户册，编绅士军民；一曰铺户册，编店铺各厂；一曰方外册，编寺院庵观。将县辖各户姓名、年岁以及男丁、女口、婢仆、工人，并作何生理、有无粮业，逐一查明填注册内。所有名数不得凭空虚报，其名亦不得以别号混填。

第二条　牌长、甲长、保正，各名目近多有以鄙贱为不屑当者，今易其名曰牌董、甲董，特示优重。以十户为一牌，牌内择公正一人为牌董，以十牌为一甲，甲内择公正一人为甲董，以十甲为一保，保内择公正一人为保董。其零星之户数，在三户以内，则附于末牌之末，四户以上，则与末牌均分，作为两牌。甲亦如之。倘有三五为村独居为庄者，或与近处合牌，或就数村数庄自立牌董，编为一甲。随地编造，弗事拘泥，并勿遗漏。

第三条　牌内有作奸犯科、窝留娼赌、素不安分之徒，准各户举明禀报。不得以牌众不愿与之同牌，漏不编入。彼反置身牌外，恃无稽查，肆无忌惮，惟该户上准盖"自新"二字红戳，以示区别。如能改过安分两年以后，不再加盖。

第四条　编定牌甲之后，如十户之内有一户作奸犯法，九户即据实禀报，立即讯办，与九户无涉。倘敢徇情隐匿，一经发现，九户则照例连坐。

第五条　每户给门牌一张，书明姓名、年岁，户内丁口若干，如有父兄、叔伯，均以家长出名注册，不得以卑幼子弟率行填写。倘与原册不符，即行更正，并注明作何生理及有无粮业字样，该门牌用木板粘贴，悬挂大门，毋使风雨损坏。视为具文，致干究责。

第六条　牌内如有搬去迁来，并添丁病故各情，统限十日内告甲董、保董。于牌尾另贴纸条，详细注明。俟月终由甲董分别将搬去（者）门牌缴销。迁来者，禀请补给，毋稍遗漏，致滋朦混。

第七条　外来种地及买卖贸易佣工之人，一体编入牌甲，并于册内门牌内注明原籍某省、某府、某州县人，不得隐漏。

第八条　客寓、饭铺、烟馆、主伙，虽经一律编入，其过客良莠混杂，叙散无常，稽查尤不可（疏）忽。除烟馆饭铺谕令不准留客宿夜外，如有私留匪类，一经查出，即将该店封锁入官，照例惩办。每处客寓，今特给颁发印簿两本，名曰"循环簿"。限令按日寓各几人、姓名籍贯、来自何方、往向何处或何公干生理，有无携带刀械什物，尽数登记。即于当晚将印簿交于甲董或保董处，以凭抽查，其簿循去环来，逐日不得间断，限一个月由甲董送县查核。倘不实心办理，率将空白册籍混行填写搪塞了事，日后本县亲查，一有不符之处，惟该店主是问，从严责究。

第九条　保甲各户内如系举贡生监，则书举人某贡生、某文生、某武生。某如系职官，则书现任原任某某职衔，以示区别。

第十条　各户内如有本县衙门、书役、勇丁诸色人等，并上司衙门书役、兵丁，本邑营守、书办、兵丁，学署书办、门斗、捕衙，巡检书办、差役，一切在官人役人等，均于册中何项生理之下详细填载。

第十一条　保甲册分为两份，一份存署备查，另一份存保董，该保董好为收贮。随时增删、陆续添注，另贴纸条，不准乱涂乱改。定为春秋二季，本县再请委员按户重查留存。董保之册，尽行倒换。以昭郑重，该保董自当仰礼此心，认真办理，毋得视为具文，玩忽了事。如能实心办事，自当禀明上宪量为奖劝，以示鼓励。

第十二条　禁抢媚恶习。人生不幸作女子。身世上难言，惟媚妇事他家，多有团圆之乐。该妇已成离别之悲，踽踽凉凉、凄凄楚楚为邻里者，自当善体其情，格外矜恤，近有地痞棍徒，三五成群，暮夜强抢，窝留转辗逼卖得钱。不知大千例禁罪定斩绞，嗣后牌中遇有此等棍徒，许该牌董甲董赴县密禀，以便拘拿审问确实，即将该屋封锁入官，照律治罪，决不宽容。倘贿纵徇庇，一经访知，并提究责。

第十三条　禁拔人勒赎。劫人之财，犹谓之盗，而况拔人，查定例捉人勒赎，重刑斩绞，轻亦流徒，凡牌甲之中遇有此等恶棍，是与杀人伤人均属要犯，诚恐地保等住居稍远，不能一时擒拿，一经脱逃，该邻佑牌甲，干连非细，平素见有面生可疑之人，即应盘诘禀报，使外匪不得匿迹，见有强横不法好勇斗殴，即当好言劝戒，及至酿成事端，罪有应得。大家顾不得情面，只得协力拿住，捆缚送官，免得自家干系，如敢徇纵，一体查究。

第十四条　禁赌害。本朝赌禁甚严，凡职官有犯赌者，必当吏议。而民间或有赌博之事，着地方官严申诰诫，逮案重惩，法令可谓严明。无如愚民无知，执迷不悟，往往枭匪之徒成群结党，盖草为棚，支板为桌，而乡愚为其所诱，或粜米以上市肆，或携钱以输官租，一掷倾囊，空空两手，其遇懦都，即经赌负，思无面目以见父老，因此轻生者有之，若桀黠不驯之徒，则即丧巨资，必致流为匪类，或拔人以勒赎，或叙盗以劫赃，一经拿捕，身遭五等之刑，殊可悯也。如牌甲中遇有聚赌抽头党羽匪徒者，即应密禀以便拘拿重办。倘贿纵徇隐，一律提究严惩。

第十五条　禁烟害。鸦片之流毒甚矣哉，国朝道咸年间，大臣林文忠等禁之綦严，厥后海禁大开，遍染中土，其始吸食者以为应酬之物，积久而有瘾，难除富有力者沉迷烟窟，颠倒辰昏，贫无赖者典卖衣衫，饥寒交迫，甚则妻子有不及顾，事业悉属抛荒，面目犁黑，形容枯槁，或迫而为匪类，岂不大可哀乎？外洋尚有禁例，中国视若常餐，按户抽捐，官无可禁，牌甲中如有少年子弟喜食鸦片，伏祈耆老随时劝导，使勿犯其荼毒，则广积阴功，莫此为甚。

第十六条　禁斗殴。同里共井之人，有什么仇？即或一言相激，一事忿争，只须忍耐三分，便为从容悔悟。若彼此相持，各图取胜，刀棍木石，举手相加，哪管致命部位，横行殴打，一经失手，酿成命案，遂至从监问罪，引颈受刑，父母妻子不能相顾，斩绞拟抵，身首异处。到了那时，悔之不及。保中年老之人，须当时时提醒劝戒，使少年子弟弗逞血气之强，免遭一生之祸。

第十七条　禁争讼。告状最是废时失业的事。小民相亲相敬，当以礼让为先，一涉争讼，匍匐公堂，破了情面，伤了和气，而且上衙守候，耽误工夫，化销盘费。无论官事输赢，即便赢了，自己有见不到的去处，临时还受多少烦恼。损人不利己，何苦如此作为？嗣后牌甲中凡有户婚、田土、口角微嫌，可邀牌董、甲董及乡耆邻佑平心理论，再设有过不去的事。实在难以理料，再入官告状，你的理也占十分了。《朱子家训》云："居家戒争讼，讼则终凶。"不可不猛省的。至于教唆词讼，大干法纪，如有播弄乡愚，滋生事端，致令讹控不休者，一律访拿究办。

第十八条　禁图产争继。无子立嗣，应继爱继，由近及远，只要尊卑伦次不失，均准立继。即或独子承继，两门彼此情愿亦可立继。况无子之人，全靠继子相依为命，若应继之人或先有嫌隙，或素所憎恶，强为立继，何能安嗣父母之心？故定例于亲族内择贤择爱，听其自便。如族中觊觊财产、勒令承继告状者，官为惩治。可见立继全在无子之自主，不能以应继为词，混争混告的。嗣后牌甲中凡有立继的事，总要照穆相当，听凭族长亲长公议，按着家谱议继，不怕人家不依，即或告到当官，也逃不过应继爱继，两层争继的全无益处。

第十九条 禁赛会演戏。民间春祈秋报，原所不禁，无如一经赛会演戏，会首人等按门勒派，逐户催收，竟如年例一搬。每演戏一台，游人动至数百，男女混杂，昼夜喧哗，每至诱人赌博，公然设局酗酒打架，无所不为。附近人家，亲来客往，典当揭债，要图一时体面，此等风气实所不解。嗣后牌甲之中，一切寻常赛会演戏，概行禁止，如在祈报之，例必须照章举行者，该会首传知地保赴县呈明批准之后，再行起会，届期稽查不严，以致会场中滋生事端，惟该地保会首人等是问，所有夜会夜戏永远禁止，如违重究。至于跑马、玩彩、打拳、卖技、弹唱滛之类，一概驱逐出境，不许存留滋事，致干咎戾。

第二十条 禁私宰耕牛。牛本耕田车水，农民最宜爱重。近有不法棍徒，贪利妄为，任意宰割，实属大干例禁，推原弊窦，良由偷窃，贼赃从此销毁，方能凭泯然无迹。嗣后如有私宰之人，许牌中邻佑公同出首，治以私宰之罪，并究其通贼盗，从重问，拟倘有徇庇，一并责究。

第二十一条 禁习邪教。设教之人，居心阴恶，始则传徒入会，继则诓骗钱财，尔民被其煽惑，遂至男女不分，良莠混杂。势必日聚日多，酿成谋逆大案，首从各犯，斩决凌迟，妻女子孙，概行缘坐，地邻牌甲，一并株连。律法森严，何可尝试？民之入其教者，原图求福消灾，殊不知获福全无，招祸立至。试看历来邪教无案不破。即如京师庚子之变，拳匪一案，斩杀无数，这听邪教的榜样，尔民务须加以防范，勿为匪徒煽惑。在牌甲中更当不时稽查，多方开导，务使尽为良民。至外来雇工，奸良莫辨，若不查明来历，混行留用，日后事发，即使辨明不知情由，已罹失察之咎，何若稍多工价，专用本地认识之人，可知底细，而免后患。

第二十二条 劝敦孝友。父母之恩，昊天罔极，千言万语都说不尽，总要把生身之恩时刻放在心中，如衣食等物，必择美好以奉父母，自甘淡泊不私享用。如父母使令教戒，小心遵奉不敢违拗。生养死葬情愿独力担任，不推诿兄弟，致有缺失耽误。如鳏父寡母，起居衣食加倍体贴，以博欢心，不使愁苦。自己更要谨身节用，立志成人，不为非作歹，贻父母羞，始可算为人子。至兄弟，本手足一般，年幼时同眠同食，何等亲热，后来年纪长大，或因钱产小事，或因妻子挑唆，动相争闹，致伤和气，一到事有缓急，彼此不相顾及，此等之人，父母见之伤心，旁人见之笑话。诗云："同气连枝各自荣，区区言语莫伤情。一回相见一回老，能得几时为弟兄。"务须常常记忆，俾一门豫顺和气致祥体记。所谓兄弟睦，家之肥，诚哉是言。牌甲中必有读书明理之人，能叙几个好朋友，每逢朔望，宣讲乡约，劝导愚蒙，致比户尽孝友可风，合里皆祥和，自召勉之望之。

第二十三条　劝全节操。妇人夫亡之后，如能青年守节，白首完贞，许牌甲中各董或亲族呈明说请。旌表设或无可依靠，不能孀守，情愿改嫁者，亦例所不禁，今则俗多恶习，非母家强行夺志，即夫家逼令抬身，或图得聘礼，或冀分家财，甚至夫家行聘母家，控争母家受财，夫家揭告，从中有不肖棍徒，怂动煽惑，得分肥润，遂致所得财礼尽归乌有，殊不知，此种银钱不能成家养命，为翁姑者何忍将自己儿媳甘为他人子妇，为父母者何忍亲生骨月，令其改节失身。嗣后牌保中自当力除积习，痛改颓风，如果本妇不能守节，自愿改适者，方许母家择配夫家，受财主婚，听其他嫁。倘本妇矢志抚孤，甘心守节夫家，母家以及亲族邻里，悉当格处照顾，时加赒恤，使其完名全节，百世流芳。乡里亦增光耀，若竟怙恶不悛，抢孀逼嫁，不特律法难容，即天理照彰亦难逃诛罚，凛之戒之。

第二十四条　劝设蒙养学堂。国家新政，凡生员贡生举人进士，均由学堂出身，与科举并重，京师有大学堂，省会有高等学堂，府厅有中学堂，州县有小学堂，乡镇均应多设蒙学堂，三年卒业，由次递升府县学堂，每岁总理教习员数，并学生入学及卒业人数，于年终散学后，详报该管省分之官立高等学堂，转咨京师大学堂以资考核，蒙学堂亦如之。此虽节取欧美日本列邦之法，实即吾中国古盛时家塾党庠术序国学之遗制。牌甲中不乏绅富之户，或十户设一学堂，或数十户设一学堂，延请吕端教习，招集童蒙学生，俾孩提皆知爱敬，成人悉就范围。凡作歹为非者均由父兄之教不先子弟之率不谨所以定例若子弟不肖必科其罪，于父兄即此意也。若童而习之，所见所闻无非方正仪型、圣贤义理，潜移默化，又何有放僻邪侈之人乎？万望保甲绅富竭力捐赀栽培后进，上则仰体夫君后，下必食报于儿孙。即如吾湖蔡氏捐产建学获中状元三人。有诗云："日对彤廷策万言，传胪高唱帝临轩。君恩独破臣家渥，十二年中尔状元。"此明验也。吾愿汝女效之。

第二十五条　劝谨盖藏。本年来米谷丰登，尔民饱食暖衣，无虞匮乏。人无远虑必有近忧，试思粒米如珠之日何等艰苦。如果积有作粮，便不受此大困。现在乘此丰收，便当广为积蓄，除完纳钱粮酌粜外，即有婚嫁等事务，从节省为主，不可浪费钱财。若演戏酬神一切不急之务，不应轻粜粮食。语云"常将有日思无日，莫到无时想有时"。虽系俚语，即是箴言。牌甲中是宜分设义仓，公举殷实之户经手收管。如能源源捐输，俾成盛举，本县定以捐数多寡给予花红匾额，如捐数至巨，再禀请上宪从优奖励。以去年之襄义举，钱铭江、黄继曾为法，藩宪给以"泽溥桑梓之额"门闾，颇有荣施。

第二十六条 劝警守望。盗贼水火，事未可料。尔民同村共井，无非亲族里邻，十家中或置办一锣或两锣，如遇一家有事，将锣一鸣，合里之人互相声援，协力救护。邻村有警，一闻锣声，即可前往帮捕。共存急难之心，方合睦邻之谊。倘因事不干己，袖手旁观，设或日后自己有事，里人尽皆漠视，岂非受累无穷？至于擒捕盗贼，切不可因持有器械乱殴乱砍，致罹擅杀之罪，拿获之后，即当捆缚送县，禀候讯究。照例定拟该牌甲各有稽查之责，如见有言语各别、形迹诡秘之人，当加意盘诘。如系匪犯，立拿禀究，若系过往流民，立时驱逐出境，切不可容留徇隐，致滋贻害。

以上各条，本县认真编查，系保卫闾阎起见，又附劝禁条款，均切近紧要事势而论，并非虚设。保中士民耆老，伏望随时讲解，俾鸮音悉格，雀角无争，敦本保身，勉为良善，弦歌雅化，仁让休风，复见今日。本县职司民牧，休戚相关，待尔们如家人父子一般，总要大家做个好人，免得自取悔祸。你们须当仰体本县这番意思，切勿视为烦文，无关痛痒。勉之慎之。至委员船只、薪水，书差夫役工食以及门牌清册，一切纸笔刷印费用，均由本县捐廉给发，不取民间分文，并于门牌上各盖红戳。倘有书役藉端勒索，化名科敛，准尔民赴堂喊禀。本县立予提问，决不略有拖累。尔民亦不得稍有阻挠，致负本县绥靖地方之至意。合行出示晓谕，为此仰合邑诸色人等知悉，其各凛遵毋违，切切特示！

六 《南赣乡约》

材料来源：《王阳明全集》第4册，红旗出版社1996年版，第228—232页。

材料说明：正德十五年（1520年）王阳明巡抚南赣时，倡行乡约，亲撰《南赣乡约》。《南赣乡约》因此又称《阳明先生乡约法》。此乡约既是南赣（"南赣"是江西布政司南安府和赣州府的合称）地区乡约的具体创办方案，又是南赣乡约之规约的蓝本，全文包括谕民文告（序言）和具体规条（正文）两大部分。

咨尔民，昔人有言："蓬生麻中，不扶而直；白沙在泥，不染而黑。"民俗之善恶，岂不由于积习使然哉！往者新民盖常弃其宗族，畔其乡里，四出而为暴，岂独其性之异、其人之罪哉？亦由我有司治之无道，教之无方。尔父老子弟所以训诲戒饬于家庭者不早，熏陶渐染于里者无素，诱掖奖劝之不行，连属叶和之无具，又或愤怨相激，狡伪相残，故遂使之靡然日流于恶，则我有司与尔父老子弟皆宜分受其责。呜呼！往者不可及，来者犹可追。故今特为乡约，以协和尔民，自今凡尔同约之民，皆宜孝尔父母，敬尔兄长，教训尔子孙，和顺尔乡里，死丧相助，患难相恤，善相劝勉，恶相告戒，息讼罢争，讲信修睦，务为良善之民，共成仁厚之俗。呜呼！人虽至愚，责人则明；虽有聪明，责己则昏。尔等父老子弟毋念新民之旧恶而不与其善，彼一念而善，即善人矣；毋自恃为良民而不修其身，尔一念而恶，即恶人矣；人之善恶，由于一念之间，尔等慎思吾言，毋忽！

一、同约中推年高有德为众所敬服者一人为约长，二人为约副，又推公直果断者四人为约正，通达明察者四人为约史，精健廉干者四人为知约，礼仪习熟者二人为约赞。置文簿三扇：其一扇备写同约姓名，及日逐出入所为，知约司之；其二扇一书彰善，一书纠过，约长司之。

二、同约之人每一会，人出银三分，送知约，具饮食，毋大奢，取免饥渴而已。

三、会期以月之望，若有疾病事故不及赴者，许先期遣人告知约；无故不赴者，以过恶书，仍罚银一两公用。

四、立约所于道里均平之处，择寺观宽大者为之。一彰善者，其辞显而决，纠过者，其辞隐而婉；亦忠厚之道也。如有人不弟，毋直曰不弟，但云闻某于事兄敬长之礼，颇有未尽；某未敢以为信，姑案之以俟；凡纠过恶皆例此。若有难改之恶，且勿纠，使无所容，或激而遂肆其恶矣。约长副等，须先期阴与之言，使当自首，众共诱掖奖劝之，以兴其善念，姑使书之，使其可改；若不能改，然后纠而书之；又不能改，然后白之官；

又不能改，同约之人执送之官，明正其罪；势不能执，戮力协谋官府请兵灭之。

五、通约之人，凡有危疑难处之事，皆须约长会同约之人与之裁处区画，必当于理济于事而后已；不得坐视推托，陷入于恶，罪坐约长约正诸人。

六、寄庄人户，多于纳粮当差之时躲回原籍，往往负累同甲；今后约长等劝令及期完纳应承，如蹈前弊，告官惩治，削去寄庄。

七、本地大户，异境客商，放债收息，合依常例，毋得磊算；或有贫难不能偿者，亦宜以理量宽；有等不仁之徒，辄便捉锁磊取，挟写田地，致令穷民无告，去而为之盗。今后有此告，诸约长等与之明白，偿不及数者，劝令宽舍；取已过数者，力与追还；如或恃强不听，率同约之人鸣之官司。

八、亲族乡邻，往往有因小忿投贼复仇，残害良善，酿成大患；今后一应斗殴不平之事，鸣之约长等公论是非；或约长闻之，即与晓谕解释；敢有仍前妄为者，率诸同约呈官诛殄。

九、军民人等若有阳为良善，阴通贼情，贩买牛马，走传消息，归利一己，殃及万民者，约长等率同约诸人指实劝戒，不悛，呈官究治。

十、吏书、义民、总甲、里老、百长、弓兵、机快人等若揽差下乡，索求赍发者，约长率同呈官追究。

十一、各寨居民，昔被新民之害，诚不忍言；但今既许其自新，所占田产，已令退还，毋得再怀前仇，致扰地方，约长等常宜晓谕，令各守本分，有不听者，呈官治罪。

十二、投招新民，因尔一念之善，贷尔之罪；当痛自克责，改过自新，勤耕勤织，平买平卖，思同良民，无以前日名目，甘心下流，自取灭绝；约长等各宜时时提撕晓谕，如蹈前非者，呈官征治。

十三、男女长成，各宜及时嫁娶；往往女家责聘礼不充，男家责嫁妆不丰，遂致愆期；约长等其各省谕诸人，自今其称家之有无，随时婚嫁。

十四、父母丧葬，衣衾棺椁，但尽诚孝，称家有无而行；此外或大作佛事，或盛设宴乐，倾家费财，俱于死者无益；约长等其各省谕约内之人，一遵礼制；有仍蹈前非者，即与纠恶簿内书以不孝。

十五、当会前一日，知约预于约所洒扫张具于堂，设告谕牌及香案南向。当会日，同约毕至，约赞鸣鼓三，众皆诣香案前序立，北面跪听约正读告谕毕；约长合众扬言曰："自今以后，凡我同约之人，祗奉戒谕，齐心合德，同归于善；若有二三其心，阳善阴恶者，神明诛殛。"众皆曰："若有二三其心，阳善阴恶者，神明诛殛。"皆再拜，兴，以次出会所，分东西立，约正读乡约毕，大声曰："凡我同盟，务遵乡约。"众皆曰："是。"乃东西交拜。兴，各以次就位，少者各酌酒于长者三行，知约起，设彰善位于堂上，南向置笔砚，陈彰善簿；约赞鸣鼓三，众皆起，约赞唱："请举善！"众曰："是在约史。"约史出就彰善位，扬言曰："某有某善，某能改某过，请书之，以为同约劝。"约正遍质于众曰："如何？"众曰："约史举甚当！"约正乃揖善者进彰善位，东西立，约史复谓众曰："某所举止是，请各举所知！"众有所知即举，无则曰："约史所举是矣！"约长副正皆出就彰善位，约史书簿毕，约长举杯扬言曰："某能为某善，某能改某过，是能修其身也；某能使某族人为某善，改某过，是能齐其家也；使人人若此，风俗焉有不厚？凡我同约，当取以为法！"遂属于其善者；善者亦酌酒酬约长曰："此岂足为善，乃劳长者过奖，某诚惶怍，敢不益加砥砺，期无负长者之教。"皆饮毕，再拜会约长，约长答拜，兴，各就位，知约撤彰善之席，酒复三行，知约起，设纠过位于阶下，北向置笔砚，陈纠过簿；约赞鸣鼓三，众皆起，约赞唱："请纠过！"众曰："是在约史。"约史就纠过位，扬言曰："闻某有某过，未敢以为然，姑书之，以俟后图，如何？"约正遍质于众曰："如何？"众皆曰："约史必有见。"约正乃揖过者出就纠过位，北向立，约史复遍谓众曰："某所闻止是，请各言所闻！"众有闻即言，无则曰："约史所闻是矣！"于是约长副正皆出纠过位，东西立，约史书簿毕，约长谓过者曰："虽然姑无行罚，惟速改！"过者跪请曰："某敢不服罪！"自起酌酒跪而饮曰："敢不速改，重为长者忧！"约正、副、史皆曰："某等不能早劝谕，使子陷于此，亦安得无罪！"皆酌自罚。过者复跪而请曰："某既知罪，长者又自以为罚，某敢不即就戮，若许其得以自改，则请长者无饮，某之幸也！"趋后酌酒自罚。约正副咸曰："子能勇于受责如此，是能迁于善也，某等亦可免于罪矣！"乃释爵。过者再拜，约长揖之，兴，各就位，知约撤纠过席，酒复二行，遂饭。饭毕，约赞起，鸣鼓三，唱："申戒！"众起，约正中堂立，扬言曰："呜呼！凡我同约之人，明听申戒，人孰无善，亦孰无恶；为善虽人不知，积之既久，自然善积而不可掩；为恶若不知改，积之既久，必至恶积而不可赦。今有善而为人所彰，固可喜；苟遂以为善而自恃，将日入于恶矣！有恶而为人所纠，固可愧；苟能悔其恶而自改，将日进于善矣！然则今日之善者，未可自恃以为善；而今日之恶者，亦岂遂终于恶哉？凡我同约之人，盍共勉之！"众重曰："敢不勉。"乃出席，以次东西序立，交拜，兴，遂退。

七　《六谕集解》（节选）

材料来源：周振鹤撰集，顾美华点校：《圣谕广训集解与研究》，上海书店出版社 2006 年版，第 501—505 页。

材料说明：满清政权立国之初，因袭明初太祖"教民六谕"，颁行六谕："孝顺父母，恭敬长上，和睦乡里，教训子孙，各安生理，勿作非为。"要求全国各地的乡约组织每月初一、十五集中宣讲两次。下面的材料是当时官方颁行的宣讲材料文本，每"谕"分为解说和歌诗两部分。各地的乡约组织就是参考这些宣讲材料进行讲解的。这里仅节录"和睦乡里"和"勿作非为"两谕的宣讲词。

和睦乡里

圣谕又言"和睦乡里"。凡乡村、城市同里同街，田地相连、房屋相近，都是乡里，古人说："千金买田，万金买邻。"可见邻里极是要紧的。而今的人往往只因小事便伤和气，或因骂猫骂狗，或因借物借衣，或因争房争地，或因闲是闲非，或因小儿顽耍相嚷，两家起了忿心，有厮打的，有告状的，有官法责治的，有忘身破家的，有打死人命带了长板问了抵偿的，那时悔也悔不及了。又有几等人，或撒酒行凶、打街骂巷，或引诱人家子弟赌博、宿娼，或教唆人家词讼，或拆散人家婚姻，这都是昧了良心就中取利的。又有一等买房置地之人，或短了价钱，或与了低银，或准了利息，或减了粮石，希图便宜业主、套哄成交，转眼就要告状，看你住着这房、种着这地怎么得个安稳，怎么得个久长？又有骗了人家财物、借了人家资本，反而成仇，这等人也不曾见富了几家。你细思量，不如和睦最好。人家祖父以来相处，年长的就如父兄一般，年幼的就如子弟一般，四时八节俱要往来，有强暴的宽容他，有酒醉的回避他，有嘉庆的拜贺他，有疾病的问候他，有死丧的祭吊他，有患难的扶持他，有官词的劝解他，有孤儿寡妇、老病残疾之人周济他，倘有鸡犬相犯、小儿相争，我只赔个不是，自然两家和好，何用厮打告状，惹气费钱？做秀才中了科甲，捷报一到，阖城都喜，中了的不去害他，这就是城中的和气。至于贫穷之人安分守礼，也不要忌嫉人家，也不要触犯人家，我的父母、妻子粗茶薄饭，欢然聚首，全没有一点祸患，这就是我一家的和气。孔子云："老者安之，朋友信之，少者怀之。"这就是满怀的和气。孟子云："天时不如地利，地利不如人和。"这就是满天下的和气。总要一个"忍"字，我不骂人、打人、告人，人要骂我、打我、告我，自有旁人说他不是，官长断他无理，鬼神察他昧心，不曾饶了一个。读《大清律》一款：凡共殴致死，下手者绞，元谋者杖一百、流三千里，余人俱杖。你看一个殴打人命，干连了多少人命？不如一忍，各保身家，还有多少阴德留与子孙。大小人等各遵圣谕。

歌诗：我劝吾民睦乡里，自古人情重桑梓。仁人四海为一家，何乃比邻分彼此？有酒开壶共斟酌，有田并力同耕耔。东家有粟宜相周，西家有势勿轻使。见人争讼莫挑唆，闻人患难犹自己。邻里和时外侮消，百姓亲睦自此始。亲睦比屋皆可封，我劝吾民睦乡里。

勿作非为

圣谕终言"勿作非为"。何谓勿作非为？凡做非理非分、不公不法的事，便是作非为，如不孝顺父母、不尊敬长上、不和睦乡里、不教训子孙、不各安生理，这都是作非为。又如谋反大逆、响马强盗、杀人放火、谋害人命、斗殴伤人、图赖诈骗、服毒自缢、拐带人口、挑戏良家、教唆词讼、结交窝访、捏造飞言、出入公衙硬告硬证、说事过钱、包揽上粮、侵占田地、违禁取利、行使假银、开张赌博、撒泼行凶、打街买巷、宰杀耕牛、秽污神庙、毁谤忠良、欺压良善，凡一切不仁不义、欺人害人的事，件件是作非为。世上哪一个人没有良心，哪一个人不知天理？若作歹事、害好人，自己心上明知不是，或因见财动念，或因见色迷心，或因被人引诱，或因主意偶差，一旦昧了天理，犯了王法，受刑问罪，丧命倾家，父母牵连，妻子离散，乡党耻笑，子子孙孙也改不得恶名。就是一两人逃过王法，天地鬼神也不曾饶过，或刑魁折损，或水火恶疾，或生下败类子孙坏了门风，或生下强梁子孙惹了奇祸，祖父家资如火上浇油一时俱尽，天道报应，毫厘不爽。又有一种人，明欺寡妇孤儿钱财易骗，俗言谓之"凿软木头"，全不顾后来的报应，有古诗一首云："昔日曹瞒相汉时，欺人寡妇与孤儿。谁知四十余年后，寡妇孤儿又被欺。"听了这一首诗，可不警醒？又有一种人，不务士、农、工、商的本业，或饮酒弈棋，或浪游宿娼，廉耻行止都丧去了。做这样事何益？古来义士贤人，就是饿死也有一个好名，也有几句好话留传后世，岂可浮生浮死，只吃了几碗饭、几杯酒便了却一世的事？真是可怜！古语云："宁可一日没钱使，不可一日坏行止。"又云："平生不作亏心事，半夜敲门心不惊。"又云："宁人负我，毋我负人。"又云："屈死休告状，饿死休做贼。"这才是勿作非为。总之，能知非便是能改过，不为恶便是为善，不为小人便是为君子，四书五经不过是这一个道理。孔子云"君子居易以俟命"，这是不作非为的样子；"小人行险以徼倖"，这是作非为的样子，可见人只要安命。孔子又云："益者三友，损者三友。友直、友谅、友多闻，益矣；友便辟、友善柔、友便佞，损矣。"可见人只要交好朋友。《小儿语》云："要做好人，须寻好友。引醛若酸，那得甜酒？"这话何等明白！一切邪说妖术尤不可听，早完官粮，富的富过，穷的穷过，官长并不寻你，何等受用！试读《大清律》云：凡斗殴杀人，不论手足、金刃、他物并绞，故杀者斩。凡强盗得财者不分首、从、窝主并斩。造妖言、妖书者斩。师巫邪术，为首者绞，从者杖一百、流三千里，里长不首者笞四十。这都是作非为的大罪，其余都是有罪的。大小人等各遵圣谕。

歌诗：我劝吾民毋非为，非为由来是祸基。一念稍错万事裂，一朝不忍终身危。淫赌窃劫势必至，健讼纷争与诈欺。白昼难逃三尺法，暗中尤有鬼神知。力穷势败网罗人，此际堪怜悔恨迟。莫道机谋能解脱，奸雄消得几多时？及早觉迷犹尚可，我劝吾民毋非为。

八　《圣谕广训》（节选）

材料来源：周振鹤撰集，顾美华点校：《圣谕广训集解与研究》，上海书店出版社2006年版，第25—30，74—80，85—90页。

材料说明：为了对人民进行普法教育和预防纠纷，清圣祖玄烨在康熙九年（1670年）颁布"圣谕十六条"："敦孝悌以重人伦，笃宗族以昭雍睦，和乡党以息争讼，重农桑以足衣食，尚节俭以惜财用，隆学校以端士习，黜异端以崇正学，讲法律以儆愚顽，明礼让以厚风俗，务本业以定民志，训子弟以禁非为，息诬告以全良善，诫窝逃以免株连，完钱粮以省催科，联保甲以弭盗贼，解仇忿以重身命。"清世宗胤禛在雍正二年（1724年）对圣谕十六条逐条推衍申论，成《圣谕广训》一万余言，抒为训诰，传示天下。下面的材料是当时全国通行的宣讲词，每谕分为"合律"（对每谕内容和要求的浅白说明）、"读律"（讲解该条所对应的大清律条内容）、"讲约诗"三部分。各地的乡约组织就是参考这些宣讲材料进行有关讲解。这里仅节录"和乡党以息争讼"、"讲法律以儆愚顽"、"明礼让以厚风俗"三谕宣讲词。

和乡党以息争讼（第三条）

合律

如今讲第三条了，你们听着：为什么要和乡党？你们百姓，自父兄、宗族之外，住在一坊便是同坊的人，住在一镇便是同镇的人，其中多有母族外家、姨亲中表，或系父执，或系师友，出门时常相见，朝夕都要遇着，一块儿离不开，一脚儿屣不去，所以叫做"乡党"。那乡党中人，也有富贵的、贫贱的，或胜我的，或不如我的，或与我平等的。若在乡党中，总然恃不得势利，用不得刁钻，加不得凌虐，逞不得豪强，讨不得便宜，破不得面孔，所以古人说得好："乡党尚齿。"自七八十岁下至年幼之人俱要序齿，便是贵贱贤愚，不容分别。如今百姓们住在一处，有家业的把贫贱来欺凌，没生计的把富贵来妒恨，你不肯让我，我偏要压你，或侵占田地、强图方圆，或谋占妻女、盘债准折，或纵放牛马、践踏禾稼，或酗肆勇力、欺侮善良，日日生出事端，家家不肯忍耐，一边讼师、地棍挑唆撺掇，没浪兴波，小事变大，以致上下公庭，倾家荡产，拖累不休，全不像同乡共井之人。你们百姓在家不觉，若是远出他乡，偶然遇了一个同处的人，听见了他的声音便有许多欢喜，坐在一处相亲相爱，就如骨肉一般，为何在家中反不肯和睦乡党，以致弄出许多争讼来？

我今与你们说和乡党的好处，譬如乡党之中，平日从无口面，谁人肯去搬斗他？平日一团和气，谁人还去恼怪他？平日下些谦虚，谁人还去凌驾他？平日每事忍耐，谁人还去摆布他？大抵同在一块的人，赛强赌胜便要相争，各不服输便要告状。若邻里相睦、乡党无嫌，一人相争，几人来劝，一家有事，几家来解，背地商量调处，定然教他息闹。大凡争讼之时，旁人或出好言劝谕，就是一天的怒气、天大的官事，也都冰消瓦解了，若使是因风放火、撺哄下石，致令争讼起来，便有许多利害。我今更把争讼的利害讲与你们听：一纸入了公门，定要分个胜负，你们惟恐输却，只得要去钻营，承行的礼物、皂快的东道，预先费下许多，倘然遇着官府不肖，还要借端诈害，或往来过客、地方乡绅讨情揽管，或歇家包头、衙蠹差役索钱过付，原被有意扯过两平，蚤已大家不能歇手，若一家赢了，一家输了，还要另行告起，下司衙门输了，更要到上司衙门去告，承问衙门招详过了，上司或要再驳，重新费起。每有一词经历几个衙门，一事捱过几个年头，不结不了，干证被害，牵连无数，就是有铜山金穴也要费尽，就是铁铸的身躯也要磨光了，你道这样争讼利害不利害？

当今皇上教你息讼的方法莫如是和乡党。那乡党中有高年的人要恭敬他，有德行的人要尊崇他，有富贵的人也须谦让，有穷困的人更要哀怜。就是乡党中或有了短行的事，不可传说；乡党中或有闺门的丑，不可播扬；乡党中或有口舌小嫌，便该与他消释；乡党中偶有为非作歹，不妨向他劝化。乡党中有了公事，也要大家帮扶；乡党中有了火、盗，也要大家救护。我更劝你们有家业的人，莫尽恃了丰衣足食、势大力强欺压乡党，须要谦谨小心，知饱知足，宽和平顺，凡事三思。即如遇着年岁灾荒，乡党之中同桑共梓，不可坐视，也要捐些财物、赈些米粥。你们自想，佃户不逃则自己田地不致抛荒，邻佑协和则卫护有人，何忧盗贼？不独冥冥上苍暗加福祐，即人人称颂也是见得便宜，这岂不是保富厚的道理么？至下等负贩手艺的人，生来本是贫贱，也因各人命里带来，须要安分守己，莫怨己贫，莫嗔他富，这便是安贫贱的道理。世间好人到底不致吃亏，公道定然不可泯灭。如今你百姓们听了上谕尽力遵行，自占许多好处，地方少许多厮闹，朝廷省许多事体，官府上下也省许多案牍牵缠。此是皇上要你们无讼，所以孝悌、宗族之后，第三条就把息讼根由说你们听，你们回去，乡党之间切须实实遵行。

读律

你们要思乡党皆我生于斯、长于斯，父兄耆老朝出暮见，灯火相照、守望相助，何等亲热；无事则杯酒往来，有事则共相救护，同心协力，何等雍容和蔼。如或恃其势力、逞其刁诈，或妄兴讼端，或听从主唆，轻于犯法，不惜身家，皆不识法律所致。试读律例：在外刁徒，身背黄袱头插黄旗，口称奏诉，直入公门，挟制官吏者，所在官司就拿送问，若系干己事情及有冤枉者照常发落，不系干己事情，别无冤枉并追究主使之人一体问罪，属军卫者俱发边卫充军，属有司者俱发边远为民。又凡投匿名文书告言人罪者绞。其事皆起于不能和睦乡党，以致争讼不休，小事变大，轻怨变仇，拖累公庭，倾家荡产，后悔无及，虽干己事情得照常发落，而胥吏之礼、皂快之费、往来盘缠、歇保饭食备受需索，若恃刁妄渎，非充军则死罪，语云："败家之道非一，而好讼者必败。"岂不信乎？若守身保家之子欲息讼端，莫如和乡党，一时相争大家来劝，一家有事大家和解，一腔怒气既息，天大官事也无，圣谕"和乡党"愿尔等思之。

讲约诗

乡党从来要取和，莫因闲事起干戈。寻常口角宜相劝，些小钱财直几何？徒买讼师矜胜负，却将家业暗消磨。请看虞芮争田日，一到周疆不愧么？

讲法律以儆愚顽（第八条）

合律

如今讲第八条了，你们听着：你们百姓可晓得，朝廷设下一部《大清律》却是为何？止恐你百姓们行险作孽、为非作歹，犯出一件事来，定要问断一个罪名，又怕问刑衙门及地方有司轻重出入，不加详审，所以朝廷预先费几许苦心，加许多参酌，准人情、合天理，定下这个法律。虽然律上有笞、杖、徒、流、绞、斩、凌迟许多条款，森严可畏，殊不知正是朝廷立心忠厚，要你百姓们见了害怕，不敢去为歹人、兴恶念，事事警醒，做个良善百姓，所以特谕"讲法律以儆愚顽"。但那一部《大清律》讲来也教你们听不得许多，我今止把上谕各条的律略说与你们听，你们仔细听着。

即如皇上教你们"敦孝悌以重人伦"，你们若不敦孝弟，就犯了律上所载：凡子孙殴祖父母、父母者皆斩，杀者皆凌迟处死。咒诅祖父母、父母者以谋杀已行论斩。骂祖父母、父母者绞。告祖父母、父母者，虽得实，亦杖一百、徒三年。祖父母、父母在，子孙别立户籍、分异财产者杖一百。违犯教令及奉养有缺者杖一百。骂己之亲兄姊者杖一百。殴兄姊者杖一百九十、徒二年半，伤者杖一百、徒三年，折伤以上者杖一百、流三千里，刃伤及折肢，若瞎其一目者绞，死者皆斩。种种不孝不悌的罪，甚是利害。你们自思，不孝不悌可是使得的么？

皇上教你们"笃宗族以昭雍睦"，你们若不笃宗族，就犯律上所载：骂缌麻兄笞五十，殴缌麻兄杖一百；骂小功兄杖六十，大功兄杖七十；殴小功兄杖六十、徒一年，大功兄杖七十、徒一年半。凡同姓亲属相殴，虽五服已尽而尊卑名分犹存者，尊长减凡斗一等，卑幼加一等。种种不睦的罪，开载甚明。你们自思，不睦宗族可是使得的么？

皇上教你们"和乡党以息争讼"，你们若不和乡党，就犯了律上所载：乡党尚齿，违者笞五十的罪了。你们自思，不和乡党可是使得的么？

皇上要你们"重农桑以足衣食"，你们若不重农桑，就犯了律上所载；荒芜田地及应种植桑麻之类而不种者，俱以十分为率，一分笞二十，每一分加一等的罪了。你们自思，不重农桑可是使得的么？

皇上要你们"尚节俭以惜财用"，你们若不节俭，就犯了律上所载：官民服舍、车服、器物之类各有等第，若违式僭用，有官者杖一百，无官者笞五十。又，条例细开、军民人等若常服僭用锦绮纻丝、绫罗彩绣，器物用戗金、描金，酒器纯用金银，及大红销金帐幔、被褥，妇女僭用金绣闪色衣服、金宝首饰、钏镯珍珠、缘缀衣履、补子缨络等物，俱问以应得之罪，服饰、器用等物并追入官的罪了。你们自思，不节俭可是使得的么？

皇上要"隆学校以端士习"，你们士子若习尚不端，就犯了律上所载：撒泼嗜酒、挟制师长、不守学规、挟妓赌博、出入官府、起灭词讼、说事过钱等项问发为民的罪了。你们自思，士习不端可是使得的么？

皇上要"黜异端以崇正学"，你们若习了异端，就犯了律上所载：左道乱正，煽惑人民，为首者绞，为从者各杖一百、流三千里的罪了。你们自思，异端可是习得的么？

皇上要"明礼让以厚风俗"，你们若不遵礼让，就犯了律上所载：无礼骂人者笞一十，互相骂者各笞一十。男女婚姻依礼聘嫁，违者分别笞、杖。凡将妻妾受财典雇与人为妻妾者杖八十，知而典娶者各与同罪，并离异。纵令妻女于寺观神庙烧香者笞四十，罪坐夫男，无夫男者罪坐本妇。居丧嫁娶者杖一百，释服从吉参预筵宴者杖八十。惑于风水，托故停枢在家，经年暴露不葬者杖八十。修斋设醮，若男女混杂、饮酒食肉者，家长杖八十的罪了。你们自思，不明礼让可是使得的么？

皇上教你们"务本业以定民志"，你们士庶不务本业，如士子不守教条，就犯了学政例内黜革的罪了；农人荒芜田地，就犯了分别加笞的罪了；工人私铸伪造，就犯了分别徒、绞的罪了；商贾违禁下海，就犯了通贼论斩定例内的罪了。你们自思，不务本业可是使得的么？

皇上教你们"训子弟以禁非为"，你们若不训子弟，致令为非，就犯了律上所载：一家共犯，罪坐家长的罪了；如谋反大逆，就犯了祖父、父兄皆斩的罪了。你们自思，不训子弟可是使得的么？

皇上教你们"息诬告以全良善"，你们若不息诬告，就犯了律例所载：凡诬告人笞罪者加所诬罪二等，流、徒、杖罪加所诬罪三等。若所诬徒罪人已役、流罪人已配，虽经改正，发回验日于犯人名下追征用过路费给还，经卖田宅着落犯人备价取赎，因而致死随行有服亲属一人者绞，至死罪所诬之人已决者反坐以死，未决者又照定例问发充军。若诬告人谋反、逆叛，即问斩罪，遇赦不宥的罪了。你们自思，诬告可是使得的么？

皇上要你们"诫窝逃以免株连"，你们若窝了逃人，就犯了《督捕则例》所载：凡窝隐逃人，窝主责四十板，并妻子、家产、人口一并流徙尚阳堡，房地人官，两邻枷号一个月、各责四十板，十家长、地方各枷号两个月、各责四十板的罪了。你们自思，不诫窝逃可是使得的么？

皇上要你们"完钱粮以省催科"，你们若不完钱粮，就犯了律上所载：人户所纳税粮，以十分为率，一分不足者杖六十，每一分加一等。其势豪大恃顽不纳本户秋粮，五十石以上问罪监追，完日发附近充军的罪了。你们自思，不完钱粮可是使得的么？

皇上教你们"联保甲以弭盗贼"，你们若不联保甲，以致地方勾引容留无籍之徒，就犯了律上所载：凡有勾引来历不明之人容留住宿，虽无共谋为盗情状，当以窝藏强窃例问发充军。其大户人家佃仆结构为盗，随即送官追问，若大户知情故纵，除真犯死罪外，其余徒、流、杖罪，属军卫者发边卫、属有司者发附近各充军的罪了。你们自思，不联保甲可是使得的么？

皇上教你们"解仇忿以重身命"，你们若不解仇忿，伤人身命，就犯了律上所载：谋杀、故杀抵命不赦的罪了。你们自思，不解仇忿可是使得的么？

这些律例，总是皇上为你百姓们或有犯法，刑讯之下惟恐枉滥，参酌较定，颁行天下，教内外大小衙门遵守奉行。又怕你们百姓懵懂无知，没人讲究，不知其中大义，犯怎样的法即受怎样的罪，特令细细讲与你们听。那律上共载有四百五十九条，或有开载不尽，若断罪无正条者，援引他律比附，应加、应减定拟罪名，推情置法，原无遗漏。你百姓们就是极愚极顽，听了今日这些法律，难道胸中绝无一点惧怕么？你们百姓试听到皇上圣谕把法律讲来儆戒你们，这是不要你们犯法的意思，仔细思量便该省悟。所以今日本院不惜哓哓，与你们苦说一番，你们回家好生猛省，尽力凛戒，无负开讲一番，才与你们实实有益。

读律

今日摘出律条备载圣谕之下，尔等若能讲读，愚者知法之所在，心地开明不为所惑，便是智人；顽者知法之难犯，悚惕畏惧不蹈法网，便为良民。且律上劝人读律之意何等殷勤，如律载：百工技艺诸色人等有能熟读诸解通晓律意者，若犯过失及因人连累致罪，不问轻重并免一次，其事干谋反逆叛者不用此律。要识得倦倦劝勉之意，总是要你们识得律例，仔细思量，条条通晓，自无愚顽犯法之事矣。

讲约诗

虞廷弼教任皋陶，刑欲无刑仰圣朝。已命有司勤讲读，更烦上宪细分标。罪先不孝三千属，谕首敦伦十六条。若是愚顽知儆戒，自然福至祸能消。

明礼让以厚风俗（第九条）

合律

如今讲第九条了，你们听着：前边这一条说过了"讲法律"，如何这一条又说到"明礼让"？不知上谕"讲法律"是恐怕你们百姓做歹人，这一条上谕"明礼让"是全要你百姓们做个好人。那个礼是圣贤设立的，内而家庭、宗族，外而亲戚、朋友，一举一动俱有个礼，人人肯在礼上行，这个风俗就好了。你们百姓自父母生下来，父、师教训，那个不知遇人有礼、谦让为本？只为渐染恶习，心粗气硬，事事要讨便宜，都把"礼让"二字算做一件古板的事丢开一边，率意妄行，风俗嚣薄了。

如今把礼让的话说你们听：假如父子、兄弟、夫妇至亲骨肉之间，为何又说设个礼？只为父母爱子的心肠胜了，那儿子未免恃了父母的欢爱，翻要倨傲放肆起来，圣人预先防他的未然，设下礼来要他跪拜、要他尊敬、要他尽养尽葬，差了一些便叫做"不孝"，就不是礼让了。兄弟是比肩的人，一父所生，雁行下去，圣人虑他没个长幼，设下礼来，兄先弟后、兄尊弟卑，差了一些便叫做"不逊"，就不是礼让了。夫妇之伦最易亵狎，圣人设下礼来，问名、纳币、亲迎、庙见，兼要相尊相敬、和睦唱随，少了一些便叫做"不敬"，就不是礼让了。总之，吉、凶、宾、祭，事事都有个礼，若没有了这个礼，便一处也行不去。譬如父子、兄弟、夫妇天伦骨肉，胸中自然具有孝敬的心，若以礼让为虚，难道子坐父立、弟先兄后、夫戾妻乖可行得去么？所以父子、兄弟、夫妇都是至亲的人，尚且圣人制下这礼，要他无数周旋、无限委曲，至于亲戚酬酢、宾朋交际、邻里往来、岁时庆吊，何处少得礼的？若件件照礼上去，自然有个孝子顺孙、义夫节妇、贤人君子出来。一乡出了几个人，那一乡的风俗自然好了；一处出了几个人，那一处的风俗也自然好了。你只看那无礼的所在，无论远近，就传说某所在的风俗不好，不可与他通婚姻，不可与他结朋友，不可与他认亲戚，岂非不明礼让，贻笑四方？

皇上特要提醒你们遵依礼让，变移风俗，先从临民的有司把礼让的事尽力饬举，做个榜样。就如乡饮虽系古礼，也须尚齿尊贤，使百姓见了晓得宾主献酬，父兄在前、子弟在后；二丁致祭，先圣先贤、先农先啬，使百姓也晓得《诗》《书》礼乐的由来、衣食农桑的根本；朔望亲至学宫训率子弟，讲读律令训导愚民，使百姓也晓得贵贱尊卑、纪纲法度。你们百姓恪遵官长，勤听上谕，人人各循礼让，便处处的人传道你们这地方的风俗好，有礼有节，又谦又和，称扬羡慕，有瓜葛的都与你往来，未识面的都与你交结，没亲故的都与你订婚，可不是明礼让的好处么？你们听讲回去，切须实行，不可泛视。

读律

你们若晓得长幼尊卑，自然心和气顺，若不知礼让，必至凌竞犯法，试思律上所载：乡党序齿及乡饮酒礼已有定式，违者笞五十。凡斗殴以手足殴人，不成伤者笞二十，成伤及以他物殴人不成伤者笞四十，青肿赤为伤，非手足者其余皆为他物，即兵不用刃亦是。拔发方寸以上笞五十，若血从耳目中出及内损吐血者杖八十，以秽物污人头面者罪亦如之。折人一齿及手足一指、眇人一目、抉人一目、毁人耳鼻若破人骨及用汤火、铜铁汁伤人者杖一百，以污物灌入人口鼻内者罪亦如之，折二齿、二指以上及髡发者杖六十、徒一年，折人肋、眇人两目、堕人胎及刃伤人者杖八十、徒二年，折跌人肢体及瞎人一目者杖一百、徒三年，瞎人两目、折人两肢、损人二事以上及固因旧患令致笃疾若断人舌及毁败人阴阳者并杖一百、流三千里，仍将犯人财产一半断付被伤笃疾之人养赡。凡骂人者笞一十，互相骂者各笞一十。又婚礼，凡男女定婚之初若有残疾老幼庶出过房乞养者务要两家明白通知，各从所愿，写立婚书，依礼聘嫁，若许嫁女已报婚书及有私约而辄悔者笞五十，虽无婚书但曾受聘者亦是，若再许他人未成婚者杖七十，已成婚者杖八十，后定娶者男家知情与女家同罪，财礼入官，不知者不坐，追还后定娶之人财礼，女归前夫，前夫不愿者赔追财礼给还，其女仍归后夫，男家悔而再聘者罪亦如之，仍令娶前女，后聘听其别嫁，不追财礼。其未成婚男女有犯奸盗者不用此律。凡将妻妾受财典雇与人为妻妾者杖八十，典雇女者父杖六十，妇女不坐。凡居父母及夫丧而身自主婚嫁娶者杖一百，若居父母舅姑及夫丧服满愿守志，非女之祖父母、父母而强嫁之者杖八十，期亲强嫁者减二等，妇人不坐，追归前夫之家听从守志。凡同姓为婚者各杖六十、离异。凡居丧释服从吉参预筵宴者杖八十。惑于风水托故停枢在家经年暴露不葬者杖八十。修斋设醮，若男女混杂、饮酒食肉者家长杖八十。此皆不明礼让致干法律，则礼让之道不可不亟讲也。

讲约诗

为国须将礼让先，今人嚣薄久相沿。不知后辈尊前辈，翻使高年怕少年。鸡黍谁供家长馔，牛羊偏踏近邻田。莫嫌俗吏频频说，易俗移风慕昔贤。

九　《宣讲乡保条约》

材料来源：周振鹤撰集，顾美华点校：《圣谕广训集解与研究》，上海书店出版社 2006 年版，第 536—543 页。

材料说明：清代乡约组织的集会活动，集处理约内公共事务、宣讲"圣谕""律令"、教化约众敦睦和善（表扬好人好事、批评恶人恶事）、调处社会纠纷于一体。为了规范乡约的活动，地方官纷纷出台指导性文件。下面的材料是康熙四十四年广东省连山县李知县为规范本县乡约活动而制颁的指导性"约规"（史载为《圣谕宣讲乡保条约》），内容分为"自序""信誓""告示""簿示"四部分。其中"簿示"是记善、记恶、和处、悔过四种记录册样式，利用它们记下约众的有关行为表现，乡约组织在每月（月旦）集会时据此进行"公评"。

自序

窃以王道不过教养，而欲求教养兼举，家给风移至于有成，则莫善于乡约。广郡大邑，鳞次栉比，人民之众者无论已，即以千家之聚言之，庶类庞杂，村落星散，势既辽阔，传告为难，欲令家喻户晓，一一咸如令长之意，亦何可得？此乡约之设，所断不容一日或阙者也。自成周立制，地官大、小司徒，其属有乡老、党正、族师、闾胥、比长，其训督之法，月吉始和，悬象以施教法，挟日而敛，又以众庶之戒禁，听其辞讼，施其赏罚，诛其犯命者，劝善戢奸，亦既详且密矣。降及后世，慕其声教，绍述前规，递有增益，颇不乏人，宜乎世风民俗媲美前王。顾乃陵夷颓废，江河东下，日复一日，远逊不如者，则以上之所以倡之者未极谆切，而下之所以应之者不本于至诚也。今皇上殚竭睿虑，撰为"圣谕十六条"，广大精微，补《周礼》之未备，于教养之书彬彬乎可谓集大成矣。臣自草莽伏诵，仰钻有年，窃以躬逢尧、舜，深自欣幸，寤寐梦想，喟叹无已，今复仰承简命出宰百里，此正小臣来章竭力尽忠、宣布德音之时，岂敢以瑶僮瘴疠、风土陋恶，甘于菲薄以自负其夙昔？自昨秋履任，于鞅掌之暇已成《圣谕衍义》一书，雕版颁布，每逢朔望次日城市村墟遍为宣讲，又恐考查无方，劝惩不明，蛮乡荒徼不能骤为开悟，是有宣讲之名而无宣讲之实，涂饰具文，苟且塞责，不几仰辜圣天子惠爱元元之至意乎？爰又本之昔贤，分置记善、记恶、悔过、和处四簿，逐条遵照圣谕细为区别，挨户按名，人给一本，未讲之时令其自审，临讲之期令其公填。此法既立，庶乎深山穷谷，足迹不履城市之民，皆触目警心，俨如父兄、师保鉴临课督于其侧，其于相率为善或可从之无难也。条约既成，粗记其略如此。时康熙四十四年岁次乙酉夏月谷旦。

信誓

约正、约副、司讲、司书、甲长、地方人等齐赴圣谕牌位前跪，三叩首，朗声齐誓曰："某等身为官役，职司训督，今誓于神，务秉公正。如有善行登记不周，或湮没不彰、或谕扬过实者，天地神明阴施诛殛。人有恶行查访不实，或饰词遮掩、或驾词陷害者，天地神明丧其身家。调和处事不度情理，或偏憎偏爱、或市恩市利者，天地神明降施灾祸。人肯悔过不亟表扬，或微词讥刺、或隐言败毁者，天地神明减其福算。"既毕又三叩首，方据四簿禀报圣谕牌前，异日公同送县以凭查核施行。

告示

连山县正堂李　为宣讲圣谕，立法通行，劝善戒恶，共臻淳化事。照得教训不严则民俗易即于非，彰瘅未备则民心无由思奋。本县自去年下车以来，恭将十六条注为《衍义》并《三字歌》刊布士民，传诵遵行。但人之智愚不一，其知书达理者展卷了然，简编之内可得楷模，倘其鲁钝，必恃耳提面命，方能开豁私蔽、端彼行习，此朔望宣讲之举必不可缓也。然徒事讲解，不于民俗日用常行间立一稽查之法，则遵行者未见鼓舞，违背者未知创惩，将本县宣讲圣谕一事，不几视为具文而忽诸？除示定每月初二、十六日本县亲诣各村墟，传集士民恭行宣讲外，合再通饬为此示，仰该地头保人等知悉：尔等各立记善、记恶、和处、悔过四簿，将一切所管灶丁逐户填人各簿。其有克遵圣谕、专心为善者，于记善簿内注明某善某善；恣肆妄行、荡检逾闲者，于记恶簿内注明某恶某恶。逐件开填，勿因爱憎之偏，褒贬失真；毋事狗情之弊，熏莸相混。务有实事可查、邻证可据，方称月旦公评，足以劝戒小民。每于本县临村宣讲时，该头保率领灶丁并将前项四簿当官投递，本县查阅簿内善多者给赏花红，恶多者谅加责惩，要务使惟公惟平，劝戒得宜，忠良寡向隅之泣，顽梗无幸免之端。遵行之久，自然民各兴行，道一风齐，使连山小邑犹存三古遗风，是所跂予属望也。须至示者。

簿式

所有置簿式例，示列如下。

记善簿式

挨门逐户依次攒造，每户填写一页，注明父母、兄弟、妻子、左右邻甲，后一行开写：

一、某人仰遵圣谕"惇孝"一条，平日果能孝敬父母，先意承顺，记为上善；衣食丰足，奉养无缺，记为中善；服劳无过，不至违拗，记为下善。

二、某人仰遵圣谕"惇弟"一条，平日果能恭兄敬长，趋承禀奉，记为上善；亦能敬让，式好无尤，记为中善；不至怠慢，无敢放恣，记为下善。

三、某人仰遵圣谕"笃宗族"一条，平日果能尊祖敬宗，敦伦睦族，记为上善；礼让相接，皆有等序，记为中善；颇念同族，不至争竞，记为下善。

四、某人仰遵圣谕"和乡党"一条，平日果能奉养里老，周恤同乡，记为上善；排难解纷，有无相通，记为中善；各守本分，不至乖张，记为下善。

五、某人仰遵圣谕"重农桑"一条，平日果能男事耕农，女工蚕缫，记为上善；勤力营运，积劳糊口，记为中善；亦能勤作，不至懈怠，记为下善。

六、某人仰遵圣谕"尚节俭"一条，平日果能开源节流，创成家道，记为上善；省衣减食，不敢浪费，记为中善；稍知算计，不至欠缺，记为下善。

七、某人仰遵圣谕"隆学校"一条，平日果能履中蹈和，倡明大道，记为上善；兢兢自持，言行不苟，记为中善；闭户守拙，不涉外务，记为下善。

八、某人仰遵圣谕"黜异端"一条，平日果能遵奉经典，力辟邪教，记为上善；自守中正，不信彼教，记为中善；淡然相亲，不至陷溺，记为下善。

九、某人仰遵圣谕"讲法律"一条，平日果能恪循规矩，尽所当为，记为上善；遵守法度，惟恐违背，记为中善；亦能畏惧，不至放肆，记为下善。

十、某人仰遵圣谕"明礼让"一条，平日果能型仁讲让，亲逊成风，记为上善；卑以自牧，犯而不较，记为中善；恐至失礼，毋敢亵慢，记为下善。

十一、某人仰遵圣谕"务本业"一条，平日果能讲明正学，期于躬行，记为上善；安分农樵，无事他求，记为中善；专心工贾，不至懈怠，记为下善。

十二、某人仰遵圣谕"训子弟"一条，平日果能以经训子，得成道器，记为上善；家教端严，能使遵守，记为中善；安守本分，无至败荡，记为下善。

十三、某人仰遵圣谕"息诬告"一条，平日果能以礼律身，使人敬爱，记为上善；吃亏忍耻，不至相讼，记为中善；据情理诉，辨明即止，记为下善。

十四、某人仰遵圣谕"诫窝逃"一条，平日果能以德感化，使成仁里，记为上善；巡查地方，奸诡莫容，记为中善；戒饬乡邻，有犯即首，记为下善。

十五、某人仰遵圣谕"完钱粮"一条，平日果能早完国课，不烦催比，记为上善；按限遵完，亦无迟欠，记为中善；一催即纳，无事敲扑，记为下善。

十六、某人仰遵圣谕"联保甲"一条，平日果能型仁讲让，比户醇良，记为上善；联络邻保，贼盗消除，记为中善；查逐匪类，立拿送究，记为下善。

十七、某人仰遵圣谕"解仇忿"一条，平日果能宽和处众，使人相爱，记为上善；解冤释结，过而即忘，记为中善；偶有论辩，不至争斗，记为下善。

记恶簿式

亦照前簿挨门攒造。

一、某人于圣谕"悖孝悌"一条不能仰遵，平日忤逆父母，凌虐兄长，记为首恶；听妻妾言，菲薄父兄，记为次恶；奉养不周，侍接无礼，记为小恶。

二、某人于圣谕"笃宗族"一条不能仰遵，平日欺祖灭宗，犯上乱伦，记为首恶；背亲向疏，凌傲放纵，记为次恶；骄情傲气，不敬尊长，记为小恶。

三、某人于圣谕"和乡党"一条不能仰遵，平日武断乡曲，打骂街巷，记为首恶；好兴词讼，挟制邻舍，记为次恶；凡事专恣，不和乡党，记为小恶。

四、某人于圣谕"重农桑"一条不能仰遵，平日耻于耕织，败检从邪，记为首恶；田荒机废，懒惰自安，记为次恶；不勤不精，仅免饥寒，记为小恶。

五、某人于圣谕"尚节俭"一条不能仰遵，平日贪嫖恋赌，败荡家业，记为首恶；爱吃好穿，浪掷金银，记为次恶；食用过度，不知樽节，记为小恶。

六、某人于圣谕"隆学校"一条不能仰遵，平日诋毁先圣，丧败名节，记为首恶；轻身卑贱，结交匪类，记为次恶；举动佻急，言语粗疏，记为小恶。

七、某人于圣谕"黜异端"一条不能仰遵，平日造作异端，蒙蔽正道，记为首恶；扶同邪说，蛊惑人心，记为次恶；听众习邪，不行排黜，记为小恶。

八、某人于圣谕"讲法律"一条不能仰遵，平日败纲乱常，违条犯法，记为首恶；明知故犯，希图侥幸，记为次恶；见人犯法，不即劝改，记为小恶。

九、某人于圣谕"明礼让"一条不能仰遵，平日越礼犯分，败纲乱俗，记为首恶；倨傲不恭，律身无礼，记为次恶；怠气凌人，周旋失节，记为小恶。

十、某人于圣谕"务本业"一条不能仰遵，平日不守本分，东游西荡，记为首恶；见异而迁，弃置本业，记为次恶；顾此恋彼，贪心无定，记为小恶。

十一、某人于圣谕"训子弟"一条不能仰遵，平日纵容子弟作奸犯科，记为首恶；教训未周，致成不肖，记为次恶；虽经训诲，不严不改，记为小恶。

十二、某人于圣谕"息诬告"一条不能仰遵，平日捏条造款，谋害性命，记为首恶；遇事风生，逞其刁诈，记为次恶；喜人有事，不行劝解，记为小恶。

十三、某人于圣谕"诫窝逃"一条不能仰遵，平日勾引旗逃，拴害他人，记为首恶；窝藏逃丁，连累乡邻，记为次恶；知有窝隐，不行举报，记为小恶。

十四、某人于圣谕"完钱粮"一条不能仰遵，平日累年抗粮，任催不完，记为首恶；诡计躲避，洒派别户，记为次恶；每至违限，不早投纳，记为小恶。

十五、某人于圣谕"联保甲"一条不能仰遵，平日窝盗引线，惯行劫掠，记为首恶；明知窝家，不行出首，记为次恶；见人被劫，观望勿救，记为小恶。

十六、某人于圣谕"解仇忿"一条不能仰遵，平日蓄谋结党，构怨害命，记为首恶；记念旧仇，必图报复，记为次恶；遇事争竞，不肯和忍，记为小恶。

和处簿式

亦照前簿挨门攒造。

一、某人先曾家庭不睦，日相吵闹，今既恭聆圣谕"悖孝悌"一条，听凭族众调处，孝父恭兄，各尽伦理。

二、某人先曾同姓不睦，等于路人，今既恭聆圣谕"笃宗族"一条，听凭家长调处，亲疏相爱，各念一本。

三、某人先曾邻里乖张，日逐争竞，今既恭聆圣谕"和乡党"一条，听凭保练和处，各目谨饬，相安无事。

又，某人先曾损人利己，纵畜食人苗稼，今既恭聆圣谕"和乡党"一条，听从邻保调处，用心收养，不致累人。

又，某人先曾纵酒撒泼，打骂街邻，今既恭聆圣谕"和乡党"一条，听凭里老和处，戒酒忍性，各安本分。

四、某人先曾游手好闲，平空生事，今既恭聆圣谕"重农桑"一条，听凭头保调处，寻地耕种，尽力守分。

五、某人先曾不知省约，举债致斗，今既恭聆圣谕"尚节俭"一条，听凭中保和处，清楚旧欠，不复妄揭。

六、某人先曾出入衙门，好兴词讼，今既恭聆圣谕"隆学校"一条，听凭斋长和处，退身诵读，谨守学规。

七、某人先曾误信邪教，以致牵连，今既恭聆圣谕"黜异端"一条，听凭头保议处，一概斥绝，永断后患。

八、某人先曾恃强妄行，争斗告状，今既恭聆圣谕"讲法律"一条，听凭头地处息，循礼守法，毋敢放恣。

九、某人先曾凶傲自恣，凌辱同类，今既恭聆圣谕"明礼让"一条，听凭头地和处，认罪服礼，言归于好。

十、某人先曾东奔西逐，妒绝手艺，今既恭聆圣谕"务本业"一条，听凭同行和处，各揽各业，不致钻营。

十一、某人先曾纵容子弟，惹事致讼，今既恭聆圣谕"训子弟"一条，听凭头地和处，自行约束，永禁再犯。

十二、某人先曾惯兴词讼，诬告行奸，今既恭聆圣谕"息诬告"一条，听凭同事和处，自行引咎，永不挟仇。

十三、某人先曾潜留匪类，株连到官，今既恭聆圣谕"诫窝逃"一条，听凭头地议处，自行稽查，毋敢纵容。

十四、某人先曾欠粮躲差，致烦勾摄，今既恭聆圣谕"完钱粮"一条，听凭里老调处，照众承务，按限急公。

十五、某人先曾守望不勤，致烦查究，今既恭聆圣谕"联保甲"一条，听凭头地议处，自后加谨，不敢怠情。

十六、某人先曾念旧逞凶，因攘大祸，今既恭聆圣谕"解仇忿"一条，听凭邻佑调处，消释解散，永无争论。

悔过簿式

亦照前簿挨门填写。

一、某人向曾抵触父兄，今经宣讲圣谕"惇孝悌"一条，自行悔过，亲爱顿生，家庭无违。

二、某人向曾亵慢宗族，今经宣讲圣谕"笃宗族"一条，自行悔过，追念一本，敦睦无违。

三、某人向曾倨傲里邻，今经宣讲圣谕"和乡党"一条，自行悔过，谦逊自持，和顺无违。

四、某人向曾懒惰农桑，今经宣讲圣谕"重农桑"一条－，自行悔过，爱惜光阴，勤谨无违。

五、某人向曾花费金银，今经宣讲圣谕"尚节俭"一条，自行悔过，深知艰难，省约无违。

六、某人向曾行习不端，今经宣讲圣谕"隆学校"一条，自行悔过，知守学规，恪谨无违。

七、某人向曾听信邪教，今经宣讲圣谕"黜异端"一条，自行悔过，悟彼邪妄，守正无违。

八、某人向曾违条犯律，今经宣讲圣谕"讲法律"一条，自行悔过，畏议怀刑，谨饬无违。

九、某人向曾越礼犯法，今经宣讲圣谕"明礼让"一条，自行悔过，小心敬恤，言动无违。

十、某人向曾不干正事，今经宣讲圣谕"务本业"一条，自行悔过，循职安分，朝夕无违。

十一、某人向曾家训不严，今经宣讲圣谕"训子弟"一条，自行悔过，不事姑息，教诫无讳。

十二、某人向曾诬害平民，今经宣讲圣谕"息诬告"一条，自行悔过，公正和平，安静无违。

十三、某人向曾窝隐旗逃，今经宣讲圣谕"诚窝逃"一条，自行悔过，谨始虑终，稽查无违。

十四、某人向曾抗欠国课，今经宣讲圣谕"完钱粮"一条，自行悔过，急公尚义，完纳无违。

十五、某人向曾容留匪类，今经宣讲圣谕"联保甲"一条，自行悔过，察言观色，斥逐无违。

十六、某人向曾结仇报怨，今经宣讲圣谕"解仇忿"一条，自行悔过，强恕持平，安静无违。

以上四簿言之虽觉烦琐，行之极其简便，但恐视为虚文，不肯实践，有负九重教养斯民盛意，王法鬼神明诛阴谴，断在不赦。今本县与尔头保人等约：务本至诚，力行不倦。凡约中所为，从实直书，使良善之行虽微必录，奸险之状即隐亦彰。正论既明，感化自速，万勿视为具文，虚应故事，抑或自凭喜怒，窃恃威福，以败此段盛举也。又须逐户逐人，挨顺年月，照款造缴，毋致违错。倘有强暴灶丁自恐劣迹彰露，擅敢阻挠，许该头保人等另具禀折，递报本县以凭究处。其或该头保好恶不公，善恶倒置，查出一并责治，决不轻贷。

十　《泉郊会馆规约》

材料来源：周宗贤：《血浓于水的会馆》，台湾"行政院"文化建设委员会1988年版，第50—51页所附图录。又见于王日根《乡土之链：明清会馆与社会变迁》，天津人民出版社1996年版，第228—229页。

说明：泉郊会馆位于台湾鹿港镇，是明清时期在台的有泉字籍（如泉州）商人组建的同乡会馆。主祀天上圣母（海上保护神）。"郊"又叫"行郊"或"郊行"，是闽南及台湾对行商独用的俗称。

一、清历三月二十三日庆祝圣母寿诞，诸同人务须到馆，定签首，以主一月事务，期满一易，苦乐相承，自上而下，上流下接，不得藉口乏暇，致废公事，违者罚银六元，以充公费不贷。

二、签首分别正副、兼办，以签首既订何号，则前一号为签副，以正签管传船帮，副签管看银钱，至月满，副签即将银钱缴交正签核符，正签月订薪水四元，副签月订薪水二元，苟费不敷，应公同议填，毋致签首独亏。如有不遵，罚银一倍充公不贷。

三、延师协办公务，主断街衢口角是非，应择品行端方，闻众公举，年满一易，签首不得徇私自便请留，我同人亦不得硬荐，臻废公事，合应声明。

四、炉主统合郊事务，然就全年抽分核按起来，除缴生息公费外，所入不供所出，并无别款可筹，集众公议，惟将每只船，如四百石加抽分一百石，公议不易，此系专为公费不敷而设，关顾大局，倘有不遵，闻众公诛。

五、签首如有公事问众，诸同人均宜向前共商，公事公办，不得袖手，致废公事，违者罚银六元充公。

六、泉郊诸号船，每百石货额订抽银一元，以作公费，诸同人如有配载，应付出海收来交缴，不得隐匿，如有隐匿，察出罚银一倍充公。

七、船户如犯风水损失，有救起货额船货两摊，其杉磏茶叶药材，此无可稽之货，例应不在摊内，应与船另议，合应声明。

八、船户遭风损失器具，惟桅舵碇三款，应就照货若干，船主应开七分，货客应贴船三分，其余细款，胡混难稽，不在贴款，合应声明。

九、船户搁漏，货额湿损，缺本若干，货客应开七分，船主应贴货三分，船之修创，应费多少，船主应开七分，货客应贴船三分。

十、船户先后次第大小，分别帮期，不得奋先争载，赶纂出口，违者罚银，以充公费不贷。

十一、交关欠数，恃强横负，应当禀究，诸同人不论亲朋，能为苟完更妙，不得助纣为虐，察出罚酒筵赔罪。

十二、竹筏驳运，轻船重载，犯盗偷抢，以及风水等因就存余同筏，苦乐共之，查时失所，禀官报请查究，诸同人不论有无货额在内，各宜向前协力，不得袖手旁观，合应声明。

十一　《呈坎濊川文会会规》

材料来源：中国徽学研究中心所藏《罗氏宗谱罗氏支谱》（编号：110000065）是稀世孤本，原件为墨迹抄本。《呈坎濊川文会会规》是《呈坎濊川文会簿》的一部分，《呈坎濊川文会簿》与《罗氏宗谱·罗氏支谱》合订在一起。《罗氏宗谱》首题为《罗文献祠祀勋份崇厚支本族谱》，旁边又题"歙北濊川呈坎西宅罗文献祠祀勋份崇厚堂祖先本族谱"；《罗氏支谱》题为"宣统三年岁次辛亥冬月立呈坎嘉志堂树人记罗氏支谱"。2011年6月酷暑，我委托我的师弟魏文超博士前往安徽大学，经特别准许，将《呈坎濊川文会簿》全部拍照带回，我们因此得以细识原玉，在此特向安徽大学徽学研究中心致以诚挚的感谢。这里将《呈坎濊川文会簿》中的四个"序言"和"会规"两大部分（共有三大部分，第三部分是"会员录"）全文断句、标点、注释后迻录如下。原件为手写本，异体、草体、习惯写法甚多，其中暂时不能识读的字以□代替。

说明：

文会是中国传统社会一种重要的民间地缘社会组织，"文会"之名源于《论语·颜渊》中的"君子以文会友"一语。濊川文会创始于明嘉靖年间，一直延续至民国时期，存续四百余年。这里所转录的是崇祯年间徽州府歙县呈坎村（有濊川河流过）的《濊川文会会规》，该会规是古代民间法的典型代表，原是《濊川文会簿》中的一部分。《濊川文会簿》共94页，内容包括序言、会规、会员名录①三部分。这里迻录的是前两个部分。

---

① 入会名氏（第29—94页）。从明初洪武年间一直记到民国时期，计有524人，其排序以"到会之先后为次第"，每个会员的简历由"各家后人所开者"，表明会簿上所录名氏与名下之简历并非同步进行，简历是由后人补录而上的。从《文会簿》上所列500余人来看，庠生157人，监生216人，担任官职的有巡抚、兵马指挥、州同知、通判、知州、光禄寺卿、州训导、礼部主事、知县、文林郎、光禄寺署正等，其中不乏达官名人，如罗应鹤，明隆庆辛未年进士，官至监察御史，大理寺丞、保定巡抚，都察院右检都御史。罗人望，明天启乙丑年进士，武学博士。罗玠，明崇祯甲戌年进士，官至礼部主事。近现代有罗会坦，农科举人，钦点内阁中书，留学日本七年，当过孙中山的秘书和中华民国教育部主事，与留日返归乡里的罗运松一起于1905年创立徽州第一所新式学堂——呈坎濊川小学。

下面先对这两部分的内容略作介绍①。

序言：在第 1—17 页，共四个。第一个序题为"濠川文会原序"（第 1—4 页），写于明万历二年（1574 年），未署名，不知为何人所写，该序叙及濠川文会的创设及其产生的积极作用；第二个序在第 5 页，没有题目，落款为"会长罗应鹤书"，左侧盖有印章"闻野"二字，只有一张纸，写字的地方只有半张纸一个页面，该是罗应鹤留下来的唯一真迹。此序只讲了两句话：一是讲本会以"文"命名，其深远意义不是后人所能推测了解的，二是讲关于入会人员资格的具体规定；第三个序（第 6—11 页）题目只一字"序"，为罗所蕴亲撰，作于崇祯十三年，主要讲文会存在的问题、产生问题的原因、新定的会规，以及要求大家对新规必须切实执行，不得徇私情；第四个序（第 12—17 页）为后罗 26 世祖、进士、江南名士罗玠亲书，也是作于崇祯十三年，主要讲文会为什么要整顿改革。

会规：在第 19—27 页，共有 29 条，内容周详具体，对文会的收支项目、入会资格、会务管理、纠纷解决方式等都作了明确规定。其内容可分为四个方面：（1）会员的管理办法，包括第 20、21、29 条。规定有资格入会者主要有三类，一是科甲生监，二是生员封君，三是武科之俊且有文事者。三类的共同点是须有一定的文化水平。已取得功名的在任官员不得与会。其中第 20 条规定入会人员必须是进士、举人、贡生三种正途出身，以及监生、生员、受封封君和武科功名获得者。第 21 条讲客籍入会必须本人亲自到呈坎登记，否则不予认可。第 29 条讲年过 60 或仕宦远游在外而家中又无弟子者，文会不管他们。（2）活动经费支出办法和标准，包括第 1—19、22、23 条。第 1—13 条规定学子取得各种功名（考中秀才、举人、贡士、进士等）或选官归日，以及进士居家以后离家到官府赴任，文会行贺、宴叙和复礼的银两标准。会规对行贺、宴叙和复礼的银两作出严格规定，既保证行贺与款待热情隆重，又保证文会储藏活动经费充足。功名（学历）越高，文会行贺款待标准亦越高，本家复礼银两亦越多。例如参加乡试中举人归日，文会鼓乐礼服果酒行贺折银为 2 两，设宴众叙动银为 1.2 两，本家旬日内复礼入匣置田为 12 两；参加会试中贡士归日，文会鼓乐礼服果酒行贺折银为 3 两，设宴众叙动银为 1.6 两，本家旬日内复礼

---

① 这里的介绍参考了罗来平《解读〈濠川文会〉》（《合肥学院学报》2005 年第 3 期）和史五一、杜敏《徽州文会个案研究——以民国〈呈坎濠川文会簿〉为中心》（《安徽师范大学学报》2007 年第 6 期）。

入匣置田为 20 两。第 14—16 条分别是讲诰封建坊竖旗、会员父母（含妻）60 大寿和会员父母（含妻）丧礼，文会行贺吊唁动银标准。要求在保证行贺与款待热情隆重的前提上，尽可能节约开支。第 17 条规定会员家庭婚丧经济困难，补助不得超过 2 两，其他借贷一概不准。第 18 条规定科甲学子归日，司会（文会工作人员）要邀集会员迎接于村口文昌阁，本家要酒礼款待。第 19 条规定每年团拜聚餐的用银标准。第 22 条规定县太爷及其上级官员来村迎送招待标准无法预料，故须临时众议。第 23 条规定基本建设的开支临时众议。（3）财务管理，包括第 24、26—28 条。第 24 条规定文会田租收入的管理。第 26—28 条规定财务管理，要求司会人员每年派定 4 人，每年二月初一定期交接，移交时亏欠自行补上。管银匣（出纳）和管钥匙的人（会计）要分开，开匣上账必须 4 人同时到场。（4）纠纷解决办法、违规表现及罚则。主要是第 25、27、28 条。第 25 条规定，倘有人见利妄为、有辱斯文礼仪屡教不改，审理时罚银 1 两公用。倘有人侵犯村族利益，会员要起来据理力争，以维护村族的尊严和利益。退缩徇私情者罚银 2 两公用。如有不遵行者，鸣鼓攻之。第 27 条规定，重者"如营私及徇情假借，私自借当者，查出，罚银五两入匣公用。会众仍共督其赔偿，毋使稽迟岁月"。第 28 条规定，"（司会）本日上下年眼同交割，如当交不交，及当收不收者，俱罚银三两。"

序一：潆川文会原序①

潆川文会，实兵马指挥虎石公②倡之，率予辈十余人，岁考月试，鼓而翼之者，则国子典籍浴斋公③、儒林郎梦醒公④、新斋公、沧州司马真吾

---

① 《潆川文会原序》第 1—4 页，写于万历二年（1574 年），未署名，不知为何人所写。名录簿主人、新安名医、已故前罗 33 世祖罗敏修在空白页上遗言，认为该名录簿是罗应鹤留下来的，以为该序是罗应鹤所撰。但今有学者认为不是罗应鹤所写，写此序者是与罗琼宗同龄的文会第一代十几个学子中的某一个，罗应鹤只与罗琼宗的儿子罗必达同龄，属文会第二代学子，不在罗琼宗率领的"予辈十余人"之列。我们现在见到的这本名录簿和原序，是罗所蕴于明崇祯十三年（1640 年）对文会进行整顿改革后，重新抄录代代传承下来。参见罗来平《解读〈潆川文会〉》，《合肥学院学报》（社会科学版）2005 年第 3 期。

② 虎石公即罗琼宗，属前罗 21 世，以太学士任兵马指挥。

③ 斋公即罗沂宗，属前罗 21 世，嘉靖间由无为州选贡任国子监典籍。

④ 梦醒公即罗佐，属后罗 22 世。嘉靖间由县庠出贡，任浙江安吉州训导。

公①，督其事则存，诚公也。三阅寒暑，十余人者，悉升于郡邑学。乃景弦②遂领宾荐诸士盖奋励，若闻野③，若静泉，相继登第取青紫。迨今升太学者若干人，充弟子员者若干人。誉髦俊良，跄跄济济，飞鸿在即，兹会也可忽意耶？或曰汪洋圣涯，江海之浸，人治一经，异闻奇蕴，不相通习，如鲸吸骥饮，各饱其腹。秦魏之宣丽，燕赵之收藏，隋珠楚璧，鲁缟齐纨，各各韫椟，抡材摘实，巨细错陈，奔蹶殊途，立贴（贴？）脱颖，推测不及会，何为哉？噫！为是言者，是窥牖而未识九垓，登高而罔睹泰岱者也，夫昆顽荆确，弃乏砻磨，于（干）将莫邪，功次淬砺，千里之驹，试云蹄于乡陌，九霄之鸟，展风翼于重岗，乃若海窟探珠，若中伐璞，群沙未濯，照□何堪？追琢无泛，圭璋岂备，必俟夫□□□就组织已工具舟楫以济川怀文绣而补□，出靶离弦，断蛟犀而落雕鹗，和羹协律，调鼎鬻而□云门，铭功旂常，□声竹帛，率兹会为之也。独不闻乎，利器械，习坐作，改击刺变而化之，神而通之，百战而百胜也。诸贤以为然，相与同笔砚，丽泽请益，咀英吐芬，若春华之争香竞艳，精微阐奥，如□台之□宝落珍，会以作勤勤以成业，□之贤父兄金日，此木子弟也，置田④立籍，岁收所入，以供笔札，以通交际，庶几作成，有道而示法无穷，予是用告诸贤，略叙于首。万历二年八月吉日

　　序二⑤

　　会以文名，其义甚著，襄列籍中者，先笔或有深意，非后人所能测识，兹不具论。凡我同盟请自今为约嗣后列名文会，必甲科贡三正途，以及监生、生员、封君之以子贵者，若武科国家与文科并设，倘有射策乡

---

① 真吾公即罗应槐，属前罗 22 世，以贡任四川合州同知。

② 景弦，即罗必达。

③ 即罗应鹤。罗应鹤，字德鸣，号闻野。明隆庆辛未年（1571 年）进士，官至监察御史，大理寺丞，保定巡抚，都察院右金都御史。罗应鹤辞官归里，主持续建了东舒祠，参与濠川文会的建设，并制定了会规，保管了当时的文会簿。

④ 此田即会田，会田一般是租给族人耕种，租额"依宗祠例，照时值纳价银入匣，其收租视年丰歉"。

⑤ 此序在第 5 页，没有题目，落款为"会长罗应鹤书"，左侧盖有印章"闻野"二字，只有一张纸，写字的地方只有半张纸一个页面，该是罗应鹤留下来的唯一真迹。内容主要是两点：一是讲会以文命名其深远意义不是后人所能推测了解的，二是强调入会会员的资格要求。也有学者认为这不是单独的序，只是一个附录。参见史五一、杜敏《徽州文会个案研究——以民国〈呈坎濠川文会簿〉为中心》（《安徽师范大学学报》2007 年第 6 期）。

会，由武得隽者，正所谓有文事者，亦有武备，不妨同会。此外即簪组奕奕，自可另立一冠裳会，与诸登仕者庆吊往来，雅成佳会，不必强援文会，致名实不相副。诸同盟者宜永坚墨守毋得徇情。会长罗应鹤书。

序三①

予里之有文会，创始于嘉靖间。前此文事寥寥，至是彬蔚错起，会始克立。会立之后，景弦先生遂掇乡荐，中丞公暨宪副公接武登第，譬龙交奋，群哲嗣兴，一时谓会有力焉，盖明兴以来，予里山川风气蟠郁有年，而会适当其畜极而泄之时，未必会之力，而亦不可谓会无力也。久之，故事目之，坛坫因循，章程虚设，而观国□征，浸逊畴昔，一时又谓会事懈驰所致。此亦文运偶当閟秘而会事亦何可听其懈弛不修也，要以懈弛之繇又有数端②：其一则声气不联。草木臭味道袍襗，燥湿昵就，中有真焉。会中每岁例聚之外，仅庆吊祠祭，间一相晤，此外过后都疏，休戚不省，邂遇途次，作间者阔然之谭而退，襟契何因而合？其一则储偫不继。昔人置田设匣，逐岁累积，兢兢守府以备公用也。万历之季，颇致赢余，今之单竭，由来有渐。夫租挈故在也，所费亦非甚加繁也，自此力矫陋风，共相撙惜，其气或可驯复。其一则绳切不施。此会之设，绅衿始与中孙公采众议，立求益轩文会合来秀而共□马，所谓党有庠，家有塾，与此会表里耳。迩来求益讲丽浸归废阁杨子有言，刀砻诸玉错诸质在其中矣，否则辍亦有感于磨治之废也。今夫地号通都，方称才囿比肩得贤咫尺访艺见闻既弘楷模为便事郡恃险立疆，彼此方类多不相接予里居介溪谷，在诸乡又若别为一区，则造车合辙商略宜勤，且自鄂州公后劲欧苏，追步秦汉，遂为建炎以后文人第一，而朱氏茶院旧谱徽国先世实尝居此，贤泽家风犹有存者，子弟辈出，亦每有志中原旗鼓而不沾沾，一曲龟兹自囿。今群起而整顿遗绪，重新壁垒，当必有联翩阛阓，还旧观而焕新采者。惟是法久弊生，世移道易，旧立规条，间有增损，则皆合会面订，屡经删改，求为可久，若力行以为后来，倡是所望于诸贤，今日当吾世而先之矣。予承同社授简，敬述大意，因以识岁月云。崇祯十三年春甲子日罗所蕴敬书。

① 第三个序（第6—11页）题目只一字“序”，为罗所蕴亲撰，作于崇祯十三年，主要讲文会存在的问题和产生问题的原因，以及新定的会规大家必须切实执行，不得徇私情。

② 下面主要说了三个原因：一是会员相互联系、互相来往过少；二是文会经费入不敷出；三是制度不全，管理不严。

序四：濛川文会序①

里中文会如□第条贺吊仪则俾□□循循者无所考按已耳，自求益轩有念始合里中□□为文者集于一堂而言文事，闻初为会时，昧旦少长咸至，既夜半而外阖犹闭，家走一力篝灯而迷于路。无□人者，比余与会时已渐弛懈既至于今兹方则匣举，递□者屡□，今文会业□谋新。凡宜蹈故者，与宜更图者自能悉求惬适以垂久远若文章一事互为切正如隐？括之程米互相染尚如饮食之移味则余于今兹整顿如历望马。里中自南宋时即擅文名无论鄂州，实有经纬名士□昆之，□而其□，复不□法度，其文酷有制裁观小集中所附录者可既见也。近则中丞雅□木藻，其所述选益富于耄耋之□于此而言，造车于辙，高曾规矩具在，洵不如求星矧□顷□□文体备善弥多其人而笔墨之□俱不汶□每岁仲春之月，同人义稟□日□日延客至高下春先后散去即一岁之事讫矣变如乃今□事也。虽然以文为会者，人授一简祇□如昔人所云江南文制欲人弹，射第一□其击难而文之佳恶已毕现矣。若群星人与游如重见者占其隐者正复不易而欲于□严其切正端其染尚复□为所□，今里中夙有风俗，一饮几次而觥斝，杯豆必共以齿至嗜，酤酒好讴歌。□为衣冠所□□与于期会者无城□达之习矣，语曰：蓬生麻中不扶自直，白涉在泥与之皆黑。言□□所习也，里人盖得之星右蓝有青而录假之，青于蓝□地有□南昌绿作之，黄于地为人观蓝青地黄之独可假也，而识文章之事亦可以假则如余所云□文为□而谓递辍者，能后举也，以至非今兹所□谋新者哉。崇祯庚辰孟夏里人罗玠题。

会规

1. 入学②每人折彩旗银一两，礼服鼓乐果酒行贺。旧簿云"当即复银二两"，后来答礼一事，浸归废阁，惟优裕好事之家设席复礼③。嗣（事）后贫士固当相亮④，若力可以设席者，不必縻费。遵旧例，折席仪二两入匣置田，优裕好事者倍之。

2. 中乡试⑤归日，折表里银二两，鼓乐、礼服、果酒行贺，仍动匣内

---

① 第四个序（第12—17页）题为"濛川文会序"，为后罗26世祖、进士、江南名士罗玠亲书，也是作于崇祯十三年，主要讲文会为什么要整顿改革。原件为手写草书，有些字难以识读。

② 即学子进县学。县学即考中县庠，在州府县庠学习的学子曰生员，统曰秀才、诸生。

③ 复礼即回礼，亦即答谢之礼。

④ 亮：同谅，谅解，原谅。

⑤ 中乡试即考中举人。举人通称孝廉，第一名举人曰解元。

银一两二钱置酒众叙①。旬日内复银拾二两入匣置田。

3. 中会试②归日折表里银三两，鼓乐、礼服、果酒行贺，仍动匣内银一两六钱置酒众叙，旬日内复银二拾两入匣置田。

4. 补廪③，折酒席银五钱，吉服、果酒行贺，一月内复银一两入匣。

5. 出贡④归日，折表里银一两二钱，鼓乐、礼服、果酒行贺，仍动匣内银八钱置酒众叙，一月内复银二两四钱入匣。

6. 选贡⑤归日折表里银一两六钱，仍动匣内银一两置酒众叙行贺，如出贡礼，一日内复银复银八两入匣。

7. 纳监⑥归日，折绢帕银一两，礼服、鼓乐、果酒行贺。旧簿云"依文徵佺例，复田一亩。"今定复银五两，其生员援例不必举贺。

8. 举人选官归日，折表里银一两二钱，礼服、鼓乐、果酒行贺，仍动匣内银一两置酒众叙，旬日内复银三两入匣。

9. 进士⑦有再入京选官而归者，不必复贺，止（只）动匣内银一两二钱置酒洗尘。

10. 贡士选官归日，折表里银一两，礼服、鼓乐、果酒行贺，仍动匣内银一两置酒众叙，旬日内复银二两入匣。

11. 监生选官归日，折礼五钱，礼服、鼓乐、果酒行贺，仍动匣内银八钱置酒。听设酌复礼。

12. 甲科贡监升官不必举贺，如至家日，动匣内银置酒众叙，人以八分为率。临行动匣内银置攒盒酒水口钱行，人以五分为率。

13. 诰封建坊，用入学、纳监例，折礼行贺，复银三两入匣。如重封

---

① 即设宴款待。

② 中会试即考中贡士，取得参加殿试的资格。

③ 补廪：明代州、府、县学限额内录取者给廪食，吃皇粮免费就读，曰廪膳生。限额外录取者，不给廪食，需自费，曰增广生。廪膳生、增广生都是因成绩优秀才被录取者。

④ 凡屡试不第的贡生，可按年资轮次到京，由吏部选任杂职小官。某年轮着，就叫作"出贡"。

⑤ 州、府、县学从廪膳生和增广生中择取每次考试均优且年富力强者到官府任职或到京师国子监、太学、南雍、北雍学习，曰"选贡"，意为为国家选拔人才，以补岁贡贡生之不足。选贡比岁贡难，选中者地位、待遇更高。

⑥ 纳监：具有州、府、县学生员资格者，经捐纳银两入国子监、太学、南雍、北雍学习，曰"纳贡"；不具有生员资格的普通人捐纳入国子监、太学、南雍、北雍学习，曰例贡，生员曰监生、太学生。

⑦ 进士即殿试及第者，前三名分别称状元、榜眼、探花。

重建者，礼服、果酒贺之，不望报也。竖旗亦同。

14. 考选暨归后起官举贺，复礼依中乡试例。

15. 寿礼。凡在会父母六十以上者，折礼银三钱。如其家作贺，礼服、鼓乐、果酒行贺。其家不作贺，吉服、果酒行贺，自寿，折礼银五钱，余同前。妻寿亦如父母例行贺。俱听其置酳复礼。其在先达齿爵俱尊者，动匣内银撰文制轴，听其酌量复礼银入匣置田。

16. 丧礼。在会父母之丧，折香帛银三钱，易服行吊。如已有变，折祭礼六钱，易服吊哭。妻丧亦如父母丧，备礼作吊。其在先达齿爵俱尊者，动匣银撰文作祭，听其复礼银入匣置田。

17. 周给。旧簿云："在会婚丧不给者，会众谅处周之。"后来滥觞，遂开假贷之门，少则数金，甚且倾箧，此何可训也？今后此窦①断不可复开。如家果壁立，事系婚丧，集众议助，大都自一两至二两而止。若他事假贷，司会鸣众共拒之。②

18. 凡科甲及入学归日，司会③邀集候迎于水口文昌阁下，本家须以酒礼管待。

19. 每年正月集众文昌阁拜节，动匣内银一两二钱，置攒盒酒及糕粽之类；二月初三日，动匣内银八钱，付大圣堂办香烛，素斋设醮。④

20. 入会必须科甲生监，此外惟封君武科得与，中丞公有手书存乎旧簿。如以他途通籍，不得援草昧之日一二宽政以为口实。⑤

21. 客籍入泮⑥，必到家入会后，方书名。⑦ 如未归者，姑俟之。

22. 府县公祖父母官来往迎送酒席，俱临时集议，难以予定。⑧

23. 营建置造⑨，须集会众公议。

24. 凡租依宗祠例，照时值纳价银入匣。其收租视时年丰歉，随手入

---

① 窦：孔，洞；端倪。

② 此条规定对经济困难的会员家庭的婚丧大事，予以适当补助，其他借贷一概不准。

③ 司会：文会管理者，相当于说文会管理委员会及其工作人员。

④ 这是规定每年团拜聚餐和祭祀的开支标准。

⑤ 此条重申罗应鹤规定的入会人员资格，即必须是进士、举人、贡生三种正途出身，以及监生、生员、受封封君和武科功名获得者，不得有变，授人以口实。

⑥ 指濠川这个地方。

⑦ 这是说，客籍入会，必须本人亲自到呈坎登记，否则不予认可。

⑧ 县太爷及其上级官员来村迎送招待标准无法预料，故须临时众议。

⑨ 村族的基本建设。

账，须记月日。①

25. 斯文礼义相先得，毋自相争竞，犯者罚银一两公用。倘被他人侵侮，论理之曲直，当协力御之，以存体面，退缩徇私者罚银二两公用。如不遵行，众鸣鼓攻之。

26. 司会每年派定四人，其间家事不齐势必归优裕有力者管理。如交会日有亏欠，即坐在管理之人补足，庶②嗣后不致曲徇面情。

27. 司会每年派定四人，于中一人司匣，一人司钥。凡遇用开匣上账，必管会四位眼同。③ 如营私及徇情假借，私自借当者，查出，罚很五两，入匣公用。会众仍共督其赔偿④，毋使稽迟岁月。

28. 递年交会，旧日七月朔日，今因二月初三日设文昌醮，改期二月朔日⑤。本日动匣内银一两二钱，置酒众叙。除公用外，匣内所存银两有未置田者，本日上下年眼同交割，如当交不交及当收不收者，俱罚银三两。

29. 年过六十及仕官游学在外无子弟在家者，不在管会之列⑥。

十二　《乡饮酒礼》

资料来源：《明史》卷 56

说明：乡饮酒是古代中国乡里组织定期召集全村人聚餐宴饮的教化活动。周代即有，后来废弛，明代官方倡导复兴。这里是关于明代恢复"乡饮酒礼"的过程以及有关具体仪式规定的内容。

《礼记》曰："乡饮酒之礼废，则争斗之狱繁矣。"故《仪礼》所记，惟乡饮之礼达于庶民。自周迄明，损益代殊，而其礼不废。洪武五年，诏礼部奏定乡饮礼仪，命有司与学官率士大夫之老者，行于学校，民间里社亦行之。十六年，诏颁《乡饮酒礼图式》于天下，每岁正月十五日、十月初一日，于儒学行之。

---

① 这是讲文会田租收入的管理。文会田租收入要及时入账，租金同祠堂，并视丰年歉年可以有所不同。

② 庶：但愿，或许，表示希望发生或出现某事，进行推测，例如说"庶免于难"。

③ 管银匣的人和管钥匙的人（此二人相当于出纳和会计）要分开，开匣上账必须四人同时到场。

④ 徇私借贷或挪用，一经查出，不仅要退赔，而且还要罚银五两公用。

⑤ 这是规定每年二月初一定期交接。

⑥ 意思是这些人不在文会管理范围之内。调整范围。

其仪，以府州县长吏为主，以乡之致仕官有德行者一人为宾。择年高有德者为僎宾，其次为介，又其次为三宾，又其次为众宾，教职为司正。赞礼、赞引、读律，皆使能者。前期，设宾席于堂北两楹之间，少西，南面；主席于阼阶上，西面；介席于西阶上，东面；僎席于宾东，南面；三宾席于宾西，南面。皆专席不属。众宾六十以上者，席于西序，东面北上。宾多则设席于西阶，北面东上；僚佐席于东序，西面北上。设众宾五十以下者位于堂下西阶之西，当序，东面北上。宾多则又设位于西阶之南，北面东上。司正及读律者，位于堂下阼阶之南，北面西上。设主之赞者位于阼阶之东，西面北上。设主及僚佐以下次于东廊，宾介及众宾次于庠门之外，僎次亦在门外。设酒尊于堂上东南隅，加勺幂，用葛巾；爵洗于阼阶下东南；篚一于洗西，实以爵觯；盥洗在爵洗东。设卓案于堂上下席位前，陈豆于其上。六十者三豆，七十者四豆，八十者五豆，九十者六豆，堂下者二豆。主人豆如宾之数，皆实以菹醢。至期，宾将及门，执事者进报曰："宾至。"主人率僚属出迎于门外，主西面，宾以下皆东面。三揖三让，而后升堂，相向再拜，升坐。执事者报僎至，迎坐如前仪。赞礼唱司正扬觯。司正诣盥洗位，次诣爵洗位，取觯于篚，洗觯。升自西阶，诣尊所酌酒，进两楹之间，北面立。在坐者皆起，司正揖，僎宾以下皆报揖。司正乃举觯，言曰："恭惟朝廷，率由旧章。敦崇礼教，举行乡饮，非为饮食。凡我长幼，各相劝勉。为臣竭忠，为子尽孝，长幼有序，兄友弟恭。内睦宗族，外和乡里，无或废坠，以忝所生。"言毕，赞礼唱司正饮酒。饮毕，揖报如初。司正复位，僎宾以下皆坐。赞礼唱读律令，执事举律令案于堂之中。读律令者诣案前，北向立读，皆如扬觯仪。有过之人俱赴正席立听，读毕复位。赞礼唱供馔，执事者举馔案至宾前，次僎，次介，次主，三宾以下各以次举讫。赞礼唱献宾，主降诣盥洗及爵洗位，洗爵酌酒，至宾前，置于席。稍退，两拜，宾答拜。又诣僎前，亦如之。主退复位。赞礼唱宾酬酒，宾起，僎从之，诣盥洗爵洗位如仪。至主前，置爵。宾、僎、主皆再拜，各就坐。执事者于介、三宾、众宾以下，以次斟酒讫。赞礼唱饮酒，或三行，或五行。供汤三品毕。赞礼唱彻馔，在坐者皆兴。僎、主、僚属居东，宾、介、三宾、众宾居西，皆再拜。赞礼唱送宾，以次下堂，分东西行，仍三揖出庠门而退。

里中乡饮略同。

二十二年，命凡有过犯之人列于外坐，同类者成席，不许杂于善良之中，著为令。

参考文献

1. 《罗氏宗谱罗氏支谱》，安徽大学中国徽学研究中心藏（编号：110000065）。

2. 一凡藏书馆文献编委会编：《古代乡约及乡治法律文献十种》（3册），黑龙江人民出版社 2005 年版。

3. 刘海年、杨一凡主编：《中国珍稀法律典籍集成》，科学出版社 1994 年版。

4. 杨一凡、田涛主编：《中国珍稀法律典籍续编》，黑龙江人民出版社 2002 年版。

5. 王钰钦、周良泉主编：《徽州千年契约文书》（40 册），花山文艺出版社 1991 年版。

6. 田涛等主编：《田藏契约文书粹编》（3 册），中华书局 2001 年版。

7. 四川大学历史系、四川省档案馆主编：《清代乾嘉道巴县档案选编》，四川大学出版社 1989 年版。

8. 田涛等主编：《黄岩诉讼档案及调查报告》（上下卷），法律出版社 2004 年版。

9. 李华编：《明清以来北京工商会馆碑刻选编》，文物出版社 1980 年版。

10. 上海博物馆编：《上海碑刻资料选辑》，上海人民出版社 1980 年版。

11. 苏州历史博物馆编：《明清苏州工商业碑刻集》，江苏人民出版社 1981 年版。

12. 彭泽益编：《清代工商行业碑文集粹》，中州古籍出版社 1987 年版。

13. 北京市档案馆编：《北京会馆档案史料》，北京出版社 1997 年版。

14. 何智亚：《重庆湖广会馆历史与修复研究》，重庆出版社 2006

年版。

15. 周振鹤撰集，顾美华点校：《圣谕广训：集解与研究》，上海书店出版社 2006 年版。

16. （明）叶春及：《惠安政书》，福建人民出版社 1987 年版。

17. （明）余象斗编：《新刻天下四民便览三台万用正宗》，日本东京大学和蓬左文库收藏。

18. 中国社会科学院历史研究所文化室编：《明代通俗日用类书集刊》（16 册），西南师范大学出版社、东方出版社 2011 年版。

19. 胡朴安编：《中华全国风俗志》，中州古籍出版社 1990 年版。

20. 中国地方志集成编辑工作委员会编：《中国地方志集成·乡镇志专辑》，上海书店、江苏古籍出版社、巴蜀书店 1992 年版。

21. 陈会林：《地缘社会解纷机制研究》，中国政法大学出版社 2009 年版。

22. 范忠信、陈会林主编：《法理学》，中国政法大学出版社 2012 年版。

23. 费孝通：《乡土中国》，上海人民出版社 2006 年版。

24. 黄宗智：《清代的法律、社会与文化》，上海书店出版社 2007 年版。

25. 王日根：《明清民间社会的秩序》，岳麓书社 2003 年版。

26. 贺雪峰：《新乡土中国》，广西师范大学出版社 2003 年版。

27. 喻中：《乡土中国的司法图景》，中国法制出版社 2007 年版。

28. 刘娅：《解体与重构：现代化进程中的"国家—乡村社会"》，中国社会科学出版社 2004 年版。

29. 徐勇：《中国农村村民自治》，华中师范大学出版社 1997 年版。

30. 王禹：《我国村民自治研究》北京大学出版社 2004 年版。

31. 黄宗智主编：《中国乡村研究》（第 1—5 辑），商务印书馆、社会科学文献出版社 2003—2008 年版。

32. 贺卫方：《具体法治》，法律出版社 2002 年版。

33. 苏力：《送法下乡》，中国法大出版社 2000 年版。

34. 王铭铭、王斯福主编：《乡土社会的秩序、公正与权威》，中国政法大学出版社 1997 年版。

35. 赵旭东：《权力与公正：乡土社会的纠纷解决与权威多元》，天津古籍出版社 2003 年版。

36. 戴炎辉：《清代台湾之乡治》，联经出版事业股份有限公司 1979 年版。

37. 梁景之：《清代民间宗教与乡土社会》，中国社会科学出版社 2004 年版。

38. 黄辉：《中国村自治法的制度、实践与理念》，法律出版社 2009 年版。

39. 范忠信：《纠纷解决是和谐社会的第一要义》，《湖北大学学报》 2008 年第 6 期。

40. 周小平：《地方自治的法理学分析》，硕士学位论文，苏州大学， 2005 年。

41. 江振昌：《机制与变迁：中国信访制度的存废争议》，《远景基金会季刊》第 7 卷第 4 期，2006 年 10 月。

42. ［美］L. 科塞（Lewis A·Coser）：《社会冲突的功能》 (*The Functions Of Social Conflict*)，孙立平译，华夏出版社 1989 年版。

43. ［德］马克斯·韦伯：《儒教与道教》，王容芬译，商务印书馆 1995 年版。

44. ［美］昂格尔：《现代社会中的法律》，吴玉章、周汉华译，中国政法大学出版社 1994 年版。

45. ［美］博西格诺等：《法律之门》，邓子滨译，华夏出版社 2002 年版。

46. ［美］费正清：《美国和中国》，张里京译，商务印书馆 1987 年版。

47. ［美］高道蕴等：《美国学者论中国法律传统》，清华大学出版社 2004 年版。

48. ［美］戈尔德保等：《纠纷解决》，蔡彦敏等译，中国政法大学出版社 2005 年版。

49. ［美］罗伯特·C. 埃里克森：《无法律的秩序》，苏力译，中国政法大学出版社 2003 年版。

50. ［美］庞德：《通过法律的社会控制》，沈宗灵译，商务印书馆 1984 年版。

51. ［美］施坚雅：《中国封建晚期城市研究》，王旭等译，吉林教育出版社 1991 年版。

52. ［日］白川静：《中国古代民俗》，何乃英译，春风文艺出版社 1991 年版。

53. ［日］高见泽磨：《现代中国的纠纷与法》，何勤华等译，法律出版社 2003 年版。

54. ［日］和田清：《中国地方自治发达史》，东京汲古书院 1939 年版。

55. ［日］千鹤大师：《茶与悟》，张桂华译，中国长安出版社 2004 年版。

56. ［日］清水盛光：《中国乡村社会论》，岩波书店 1951 年版。

57. ［英］李约瑟，潘吉星主编：《李约瑟文集》，陈养正等译，辽宁科学技术出版社 1986 年版。

58. ［意］帕累托：《普通社会学纲要》，田时纲译，生活·读书·新知三联书店 2001 年版。

59. Lawrence M. Friedman, *American Law*, ch. 2, New York: W. W. Norton & Company, 1984.

60. ［日］仁井田陞：《北京工商ギルド资料集》，东京大学东洋文化研究所刊行 1976 年。

61. ［日］松本善海：《中国村落制度の史的研究》，东京岩波书店 1977 年版。

62. ［日］栗林宣夫：《清代前期的乡村管理》，《社会文化史学》1968 年第 5 期。

63. ［美］欧博文：《中国村民委员会组织法的贯彻执行情况探讨》，《社会主义研究》1994 年第 5 期。

64. 牛铭实：《从封建、郡县到自治：中国地方制度的演变》，《开放时代》2005 年第 2 期。

65. 王日根：《明清基层社会管理组织系统论纲》，《清史研究》1997 年第 2 期。

66. 徐勇：《村民自治的深化：权利保障与社区重建》，《学习与探索》2005 年第 4 期。

67. 阳相翼：《农村法治化进程中的障碍性因素分析》，《行政与法》2007 年第 2 期。

后　记

　　"读史不归诸政治，是谓无果；言治不求之历史，是谓无根。"① 这是严复转述西方学者之言，笔者深以为然。本书即是在传统法律文化研究领域正心诚意地探索耕耘（求根）、努力为现代社会的发展进步提供一点思路和资源（求治）的又一尝试。

　　本书由我的博士论文中的一部分内容改写而成。我的博士论文《明清地缘社会解纷机制研究》于五年前完成，其中的"解纷"概念取广义，包括纠纷的预防和调处，全文内容总体上包括"纠纷预防"和"纠纷调处"两大部分。当时为出版进行修改之后，篇幅倍增至60万余字，为了适应出版要求，不得不决定将两大部分内容分开出版。"纠纷调处"部分以《地缘社会解纷机制研究——以中国明清两代为中心》为名（这里的"解纷"是狭义的，即仅指"纠纷解决"），已于2009年由中国政法大学出版社出版。该书出版之后先后获得武汉市第十二届社会科学优秀成果一等奖和中国法学会第二届中国法学优秀成果奖三等奖，这给作者以极大的鼓励和信心，因此决定将原博士论文中的"纠纷预防"内容也整理出版，呈现在您面前的可谓前书的姊妹作。

　　此次整理，三历春秋。原本以为只是将博士论文中的"纠纷预防"内容析出即可，但在整理过程中发现工作远远不是这么简单。首先遇到的一个问题是：纠纷的预防与纠纷的解决在价值取向的应然问题上并不是一回事，纠纷预防并不像纠纷解决那样是必然的。也就是说，纠纷的解决是必须的，纠纷一旦发生，就应该得到有效解决。但纠纷的预防不一定是这样，并不是所有纠纷都一定要预防，因为纠纷的功能具有正面或负面的多样性，纠纷有积极纠纷与消极纠纷之分。预防纠纷既不可能避免全部纠纷，也不可能不加区别地进行。在现代社会，法律以权利为本位，公民的

---

　　① 严复：《政治讲义》，见王栻主编《严复集》第五册，中华书局1986年版，第1243页。

权利有时恰恰是可能要通过发生和解决纠纷来实现的，如果对纠纷不加区别地都"预防"掉，那就可能导致对权利救济途径的阻灭。但是现代社会又绝不是说纠纷越多越好，有些纠纷是必须预防或减少的，否则和谐社会就无从谈起。所以说，纠纷的解决应该是刚性的，而纠纷的预防则应该是柔性的。这个问题既是理论问题，也是现实问题，而且还不可避免地触及到当今"维稳"的敏感话题。这个问题如果不论说清楚，那么"纠纷预防机制"就成为一个伪命题，本书的立论就可能成为谬论。笔者在整理过程中，对这个问题作了长时间的认真思考，最后将思考结果表达于"自序"之中。此外，全书体系的架构、材料的取舍，也都需要重新安排，也并非析移即可了事。总之，写作至此，真有"事非经过不知难"之感！

中华民族不仅有追求社会和谐的传统，而且有实现这种和谐的智慧与手段，地缘社会的纠纷预防机制就是这种智慧与手段的重要组成部分。本书主要从法社会学的角度考察和解读地缘社会在明清时期参与社会纠纷预防的历史实情，探清它们通过哪些方式预防或减少当时社会纠纷的发生，从而保持了当时基层社会的相对稳定与和谐。在本书界定的五大"社会"形式（地缘社会、血缘社会、业缘社会、信缘社会、江湖社会）中，"地缘社会"是最基础最主要、最能与今天贯通的社会形式。世界著名史学家贝奈戴托·克罗齐讲："一切真历史都是当代史。"① 本书的研究除了可以拓展民间社会和社区纠纷问题的研究领域以及丰富中国法文化、历史学、社会学研究的内容之外，更重要的意义在于为中国当下建设和谐社会与法治社会提供传统方面的智力支撑和深度对策，特别是为民间自治机制的健全、社会消极矛盾的预警与化解机制的完善、消极群体性纠纷的防治等社会治理问题提供历史经验和优良的传统与本土资源。

黄宗羲说："圣学之难，不特造之者难，知之者亦难。其微言大义，苟非功夫积久，能见本体。"② 传统民间社会的纠纷预防机制不是"圣学"，但"造之者难，知之者亦难"的情形却是相同的！时间的久远，地域的广袤，情形的细碎复杂，资料的散乱佚毁，都给研究带来一定的困难。

笔者有幸师从范忠信教授攻读博士学位。以我博士学位论文为母体的

---

① ［意］贝奈戴托·克罗齐：《历史的理论和实际》，傅任敢译，商务印书馆2005年版，第2页。

② （明）黄宗羲：《移史馆论不宜立理学传书》，见沈善洪主编《黄宗羲全集》第10册，浙江古籍出版社1993年版，第211页。

本书，其基本思路和总体框架都源自当年范忠信教授的指导。2010 年范忠信教授移砚西湖，身居武昌南湖畔的笔者勉励自己要秉承导师的学术精神，努力做好自己的学术研究。此外，笔者的老师和领导陈景良教授一直以"用现实的眼光洞察法史，于法史研究中体悟现实"的研究范式要求我们，笔者深知此中学术理念之博大与光华，虽难达其境界，但一直以此为奋发的动力与目标。

　　本书的写作和出版得到了中南财经政法大学"学术专著出版基金"和教育部人文社会科学研究"传统中国的能动司法模式研究"（11YJA820004）项目的资助。在此对这些资助单位谨致谢忱！感谢中国社会科学出版社的指导和支持，感谢本书责任编辑田文、金泓等编辑的高尚劳动，正是他们的热情、敬业和执著才使得拙作得以如期面世。

　　本书参考和引用了许多中外专家学者的相关成果，对他们的开拓性研究和"巨人肩膀"之功，在此致以我最真诚的谢意和敬意！

　　"文章千古事，得失寸心知！"本书虽经苦思酝酿和数易其稿，但"始生之物，其类必丑"，浏览全篇，摩挲书稿，我那诚惶诚恐、如履薄冰的心境没有丝毫变化。而且对于书中的缺憾，我并非全部知晓，所以特别企盼学界同仁和读者诸君对其中的疏漏和谬误之处随时批评、赐教，在此我谨向您致由衷的感谢！

陈会林　谨识

2013 年 5 月于春风拂面之武昌晓南湖畔